신약성경 헬라어 교본

연습문제 해제

신약성경 헬라어 교본
연습문제 해제

초판 1쇄 인쇄   2014년 10월 1일
초판 1쇄 발행   2014년 10월 10일

지 은 이   장흥길
발 행 인   김명용
발 행 처   장로회신학대학교출판부
신   고   제1979-2호
주   소   143-756 서울특별시 광진구 광장로 5길 25-1(광장동 353)
전   화   02)450-0795
팩   스   02)450-0797
E-MAIL   ptpress@puts.ac.kr
디 자 인   자연DPS

가격 17,000원
ISBN 978-89-7369-357-3-93230

The Key to Exercises in the New Testament Greek for Beginners
Written by Hungkil Chang
Published Myung-Yong Kim
Presbyterian University and Theological Seminary Press
25-1, Gwangjang-Ro(ST) 5-Gil(RD), Gwangjin-Gu, Seoul, 143-756,
The Republic of Korea
Tel. 82-2-450-0795   Fax. 82-2-450-0797   email: ptpress@puts.ac.kr
http://www.puts.ac.kr

신약성경 헬라어 교본

연습문제 해제

장흥길 지음

장로회신학대학교출판부

일러두기

1. 문장의 번역은 문법적인 사항들을 반영한 직역을 원칙으로 하였다.
2. 분사의 경우 형용사적 동사라는 특징을 살려 낱말 설명 부분에서는 일관적으로 '~하는'으로 번역하였고, 다르게 번역해야 할 경우 특기할 만한 문법 사항과 함께 별도로 제시하였다.
3. 부정사의 경우 명사적 동사라는 특징을 살려 낱말 설명 부분에서는 일관적으로 '~하는 것'으로 번역하였고, 다르게 번역해야 할 경우 특기할 만한 문법 사항과 함께 별도로 제시하였다.
4. 가정법은 '~한다면,' 명령법은 '~하라'로 일관적으로 번역하였고, 다르게 번역해야 할 경우 특기할 만한 문법 사항과 함께 별도로 제시하였다.
5. 각 격(case)은 각각 '~은/는/이가'(주격), '~의'(속격), '~에게'(여격), '~을/를'(대격)으로 일괄 번역하였으며, 다르게 번역해야 할 경우 특기할 만한 문법 사항과 함께 별도로 제시하였다.
6. 자주 인용되는 문헌은 아래와 같이 약어(略語)로 표기하였다.

BDAG: Bauer, W., Arndt, W. F., Gingrich, F. W. and Danker, F. W. *A Greek-English Lexicon of the New Testament and Other Early Christian Literature*. Chicago: University of Chicago Press, ³2000.

BDF: Blass, F, Debrunner, A and Funk, Robert W. *A Greek Grammar of the New Testament*. Chicago: The University of Chicago Press, 1961.

Burton: Burton, Ernest. D. W. *Syntax of the Moods and Tenses in New Testament Greek*. Edinburgh: T & T Clark, 1898.

Goodwin: Goodwin, William W. *A Greek Grammar*. Eugene: Wipf and Stock Publisher, 1889.

Moule: Moule, C. F. D. *An Idiom Book of New Testament Greek.* New York: Cambridge University Press, [2]1994.

Porter: Porter, S. E. *Idioms of the Greek New Testament*. Sheffield: Sheffield Academic Press, [2]1994.

Robertson: Robertson, A. T. *A Grammar of the Greek New Testament in the Light of Historical Research*. Nashville: Broadman Press, 1934.

Smyth: Smyth, Herbert W. *Greek Grammar*. USA: Harvard University Press, 1920.

Wallace: Wallace, Daniel B. *Greek Grammar Beyond the Basics*. Michigan: Grand Rapids, 1996.

머리말

저자가 『신약성경 헬라어 교본 연습문제 해제』를 출판하게 된 주된 동기는 무엇보다도 저자의 『신약성경 헬라어 교본』을 가지고 신약성경 헬라어를 학습하는 분들이 연습문제를 풀이하는데 어려움이 있어 여러 번 저자에게 부탁한 요청이었다. 그러나 그 결정적인 동기는 2014년 초에 받은 한 통의 편지에 기인한다. 그 편지는 모 교도소에 수감된 한 분으로부터 온 것이었다. 편지의 내용은 이러하다. 편지를 보낸 분은 어떤 사정으로 수감된 자신이 수감 중 저자가 쓴 『신약성경 헬라어 교본』을 스스로 학습하게 되었는데, 몇 번을 읽어도 발음 등 지도하는 이가 없어서 많은 어려움을 겪었다는 하소연을 저자에게 하면서, 그와 함께 헬라어 단어를 익힐 수 있는 사전과 연습문제 해답집을 보내줄 수 있는지를 물었다. 답장을 하면서 저자는 그분에게 『신약성경 헬라어 교본』과 함께 출판되었던 『1102 신약성경 헬라어 단어집』을 보내드렸다. 그런데 문제는 연습문제를 풀이한 해제집이 없었다는 점이었다. 그것은 저자가 헬라어 교본을 출판할 당시 학습자에게 암묵적으로 위임한 사항이었는데, 초보자에게는 이 연습문제를 풀이하는 것이 쉽지 않았던 것이었다. 이에 저자는 『신약성경 헬라어 교본 연습문제 해제』를 출판하려는 마음을 품게 되었고 마침내 연습문제를 풀이하여 출판하게 되었다.

사실, 헬라어 교본을 공부하였다고 해서 신약성경의 본문에서 추려낸 연습문제를 바로 풀이하는 것은 이 교본을 이용하는 학습자에게는 여러 가지로 어려운 점이 많았을 것으로 생각한다. 이런 이유에서 『신약성경 헬라어 교본 연습문제 해제』는 『신약성경 헬라어 교본』 및 『1102 신약성경 헬라어 단어집』과 함께 3종의 책이 한 세트를 이루는 신약성경 헬라어 학습서라고 말할 수 있다. 본『신약성경 헬라어 교본 연습문제 해제』는 다음과 같은 특성을 띠고 있다.

첫째, 본 해제집은 그 첫 번째 요소인 해당 문법 사항(A)을 연습하는 도구이다. 이는 이미 습득한 문법 사항 지식을 학습자가 스스로 익힐 수 있도록 출제된 문제에 대한 해답을 제시한다.

둘째, 본 해제집은 해당 문법 사항을 신약성경의 본문에서 이해하고 신약성경의 본문을 그 문법 사항에 맞게 독해(B)하는 도구이다. 학습자는 제시된 독해 문장의 신약성경 내 출처를 괄호 안에 명기한 성구(聖句)에서 찾을 수 있다. 본 해제집은 성경 본문의 독해를 위해 먼저 모든 헬라어 단어를 분석하였으며, 그런 다음 우리말로 옮겼다. 연습문제를 신약성경의 본문 중에서 선별한 것은 신약성경 헬라어 문법을 공부한 사람들의 실질적 목적에 부합되게 신약성경 독해에 친숙하게 다가가기 위해서이다.

셋째, 본 해제집을 효과적으로 이용할 수 있도록 본서의 서두에『일러두기』를 붙였다. 특히 자주 인용된 참고문헌은 약어(略語)로 표기하였는데, 이는 단순한 인용 출처 이상으로 신약성경 헬라어 심화 학습을 위한 참고자료에 대한 안내이다.

마지막으로, 이 책이 출판되도록 여러 가지 도움을 준『한국성서학연구소』선임연구원인 장성민 박사에게 심심한 감사를 드리며, 본서가 세상에 나올 수 있도록 출판의 실무를 담당해주신 장로회신학대학교출판부의 직원 여러분들께도 감사드린다. 아무쪼록 본서가 이미 출판된『신약성경 헬라어 교본』및『1102 신약성경 헬라어 단어집』과 함께 신약성경 헬라어를 공부하는 모든 분들에게 조그만 도움과 보탬이 되길 바랄 뿐이다.

2014년 여름 광나루 선지동산에서
저 자 장 홍 길

차 례

차 례

신약성경 헬라어 교본

(장흥길 지음, 장로회신학대학교 출판부, ²2012)

연습문제 해제(解題)

연습문제 1

A. 문법

1. βλέπω 동사의 현재 능동태 직설법 변화를 해보시오.

구분	단수	복수
1인칭	βλέπω	βλέπομεν
2인칭	βλέπεις	βλέπετε
3인칭	βλέπει	βλέπουσι(ν)

2. 아래 도표의 동사를 분해(parsing) 하시오.

변화형동사	인칭	수	시제	태	법	현재능동태 1인칭단수	의미(뜻)
λαμβάνομεν	1인칭	복수	현재	능동태	직설법	λαμβάνω	우리가 받고 있다
διδάσκετε	2인칭	복수	현재	능동태	직설법	διδάσκω	너희가 가르치고 있다
ἔχω	1인칭	단수	현재	능동태	직설법	ἔχω	내가 가지고 있다

B. 아래 본문을 우리말로 옮기시오.

1. ὑμῶν δὲ μακάριοι οἱ ὀφθαλμοὶ ὅτι **βλέπουσιν** …(마 13:16)

   ὑμῶν : 2인칭 대명사 σύ [you]의 복수 속격. '너희의'

   δέ : 반의 접속사. '그러나'

   μακάριοι : 형용사 μακάριος [blessed, happy]의 남성, 복수, 주격. '복된'

   οἱ : 정관사(ὁ, ἡ, τό)의 남성, 복수, 주격. '그'

   ὀφθαλμοὶ : 남성명사 ὀφθαλμός [an eye]의 복수, 주격. '눈들이'

   ὅτι : 이유를 나타내는 접속사. '왜냐하면'

   βλέπουσιν : 동사 βλέπω [to see]의 현재, 능동태, 직설법, 3인칭, 복수, '그들
   이 보고 있다'

   > **해석** "너희의 눈들은 …을 보고 있기 때문에 복되다."

2. ἐγὼ δὲ ὅτι τὴν ἀλήθειαν **λέγω**, οὐ **πιστεύετέ** μοι. (요 8:45)

　ἐγώ : 1인칭 대명사 ἐγώ [I]의 단수, 주격. 강조의 의미를 가진다. (바로) '내가'

　δέ : 반의 접속사. '그러나'

　ὅτι : 이유를 나타내는 접속사. '왜냐하면'

　τὴν : 정관사(ὁ, ἡ, τό)의 여성, 단수, 대격. '그'

　ἀλήθειαν : 여성명사 ἀλήθεια [truth]의 단수, 대격. '진리를'

　λέγω : 동사 λέγω [to say, speak]의 현재, 능동태, 직설법, 1인칭, 단수. '내가
　　　　 말한다'

　οὐ : 부정어. '~아닌'

　πιστεύετε : 동사 πιστεύω [to believe]의 현재, 능동태, 직설법, 2인칭, 복수.
　　　　 목적어로 여격을 취한다. '너희가 믿는다'

　μοι : 1인칭 대명사 ἐγώ [I]의 단수, 여격('나에게'). 그러나 여격을 취하는 동사
　　　　 πιστεύετε의 목적어로서, '나를'로 번역해야 한다.

　해석　"내가 진리를 말하기 때문에, 너희는 나를 믿지 않는다."

3. σὺ **πιστεύεις** εἰς τὸν υἱὸν τοῦ ἀνθρώπου; (요 9:35)

　σύ : 2인칭 대명사 σύ [you]의 단수, 주격. 강조의 의미를 가진다. (바로) '너는'

　πιστεύεις : 동사 πιστεύω [to believe]의 현재, 능동태, 직설법, 2인칭, 단수.
　　　　 '네가 믿는다'

　εἰς : 대격을 목적으로 취하는 전치사 [in, into]. "πιστεύω εἰς+대격" 구문으
　　　　 로 사용되어 'to believe in'이라는 의미로 사용된다.

　τόν : 정관사(ὁ, ἡ, τό)의 남성, 단수, 대격. '그'

　υἱόν : 남성명사 υἱός [a son]의 단수, 대격. '아들을'

　τοῦ : 정관사(ὁ, ἡ, τό)의 남성, 단수, 속격. '그'

　ἀνθρώπου : 남성명사 ἄνθρωπος [a man]의 단수, 속격. '사람의'

　해석　"너는 인자를 믿느냐?"

4. τὸ φῶς τοῦ κόσμου τούτου βλέπει· (요 11:9)

   τό : 정관사(ὁ, ἡ, τό)의 중성, 단수, 대격. '그'

   φῶς : 중성 명사 φῶς [light]의 단수, 대격. '빛을'

   τοῦ : 정관사(ὁ, ἡ, τό)의 남성, 단수, 속격. '그'

   κόσμου : 남성명사 κόσμος [the world]의 단수, 속격. '세상의'

   τούτου : 지시대명사(οὗτος, αὕτη, τοῦτο [this])의 중성, 단수, 속격. '이것의'

   βλέπει : 동사 βλέπω [to see]의 현재, 능동태, 직설법, 3인칭, 단수. '그(녀)가
            보고 있다'

   해 석 "그는 이 세상의 빛을 보고 있다."

5. εἰρήνην ἔχομεν … (롬 5:1)

   εἰρήνην : 여성명사 εἰρήνη [peace]의 단수, 대격. '평화를'

   ἔχομεν : 동사 ἔχω [to have]의 현재, 능동태, 직설법, 1인칭, 복수. '우리가 가
            지고 있다'

   해 석 "우리는 …와 평화를 가지고 있다(누리고 있다)"

6. γινώσκετε τὸ πνεῦμα τοῦ θεοῦ· (요일 4:2)

   γινώσκετε : 동사 γινώσκω [to know, realize]의 현재, 능동태, 직설법, 2인
               칭, 복수. '너희가 알고 있다.'

   τό : 정관사(ὁ, ἡ, τό)의 중성, 단수, 대격. '그'

   πνεῦμα : 중성 명사 πνεῦμα [a spirit, the Spirit]의 단수, 대격. '영을'

   τοῦ : 정관사(ὁ, ἡ, τό)의 남성, 단수, 속격. '그'

   θεοῦ : 남성명사 θεός [a god, God]의 단수, 속격. '하나님의'

   해 석 "너희는 하나님의 영을 알고 있다."

연습문제 2

A. 문법

1. ἀπόστολος, ὁ의 명사 변화를 해보시오.

격	단수	복수
1	ἀπόστολος	ἀπόστολοι
4	ἀπόστολον	ἀποστόλους
2	ἀπόστολου	ἀποστόλων
3	ἀποστόλῳ	ἀποστόλοις

2. ἱερόν, τό의 명사 변화를 해보시오.

격	단수	복수
1	ἱερόν	ἱερά
4	ἱερόν	ἱερά
2	ἱεροῦ	ἱερῶν
3	ἱερῷ	ἱεροῖς

3. καρδία, ἡ의 명사 변화를 해보시오.

격	단수	복수
1	καρδία	καρδίαι
4	καρδίαν	καρδίας
2	καρδίας	καρδιῶν
3	καρδίᾳ	καρδίαις

4. δόξα, ἡ의 명사 변화를 해보시오.

격	단수	복수
1	δόξα	δόξαι
4	δόξαν	δόξας
2	δόξης	δοξῶν
3	δόξῃ	δόξαις

5. ἐτολή, ἡ의 명사 변화를 해보시오.

격	단수	복수
1	ἐτολή	ἐτολαί
4	ἐτολήν	ἐτολάς
2	ἐτολῆς	ἐτολῶν
3	ἐτολῇ	ἐτολαῖς

6. 아래 도표의 명사를 분해(parsing)하시오.

변화형명사	성	수	격	단수 주격	의미(뜻)
ἄνθρωπον	남성	단수	대격	ἄνθρωπος	사람을
δῶρα	중성	복수	주격/대격	δῶρον	선물들이/선물들을
δόξης	여성	단수	속격	δόξα	영광의
ὧραι	여성	복수	주격	ὧρα	시간들이
γραφάς	여성	복수	대격	γραφή	글들을

B. 아래 문장을 우리말로 옮기시오.

1. υἱοὶ λαμβάνουσι δῶρα.

υἱοί : 남성명사 υἱός [a son]의 주격, 복수. '아들들이'

λαμβάνουσι : 동사 λαμβάνω [to take, take hold of]의 현재, 능동태,
직설법, 3인칭, 복수. '그들이 받고 있다'

δῶρα : 중성 명사 δῶρον [a gift]의 복수, 대격. '선물들을'

해석 "아들들이 선물들을 받고 있다."

2. δοῦλοι καὶ ἀπόστολοι λέγουσιν ἀδελφῷ.

δοῦλοι : 남성명사 δοῦλος [a slave]의 복수, 주격. '노예들이'

καί : 순접 접속사. '그리고'

ἀπόστολοι : 남성명사 ἀπόστολος [a messenger, an apostle]의 복수, 주격.
    '사도들이'

λέγουσιν : 동사 λέγω [to say]의 현재, 능동태, 직설법, 3인칭, 복수.
    '그(녀)들이 말하고 있다'

ἀδελφῷ : 남성명사 ἀδελφός [a brother]의 단수, 여격. '형제에게'

해 석 "노예들과 사도들이 형제에게 말하고 있다."

3. ἐλάλησεν ὁ Ἰησοῦς ἐν παραβολαῖς τοῖς ὄχλοις ···(마 13:34)

ἐλάλησεν : 동사 λαλέω [to speak]의 단순과거, 능동태, 직설법, 3인칭, 단
    수. '그가 말했다'

ὁ : 정관사(ὁ, ἡ, τό)의 남성, 단수, 주격. '그'

Ἰησοῦς : 고유명사 Ἰησοῦς [Jesus, Joshua]의 남성, 단수, 주격. '예수가'

ἐν : 여격을 취하는 전치사. '~안에(in),' 본문에서는 수단이나 방식을 나
    타낸다.

παραβολαῖς : 여성명사 παραβολή [a parable]의 복수, 여격. 전치사 ἐν과
    함께 쓰여 주동사인 ἐλάλησεν의 수단이나 방식을 표현한다.
    ἐν παραβολαῖς='비유들로'

τοῖς : 정관사(ὁ, ἡ, τό)의 남성, 복수, 여격. '그'

ὄχλοις : 남성명사 ὄχλοις [a crowd, multitude]의 복수, 여격.
    '무리들에게'

해 석 "예수는 무리들에게 비유들로 말씀하셨다 ···."

4. κύριος ἐστιν ὁ υἱὸς τοῦ ἀνθρώπου καὶ τοῦ σαββάτου. (막 2:28)

κύριος : 남성명사 κύριος [a lord, the Lord]의 주격, 단수. '주인/주님'

ἐστιν : 동사 εἰμί [to be] 현재, 능동태, 직설법, 3인칭, 단수. '그(녀)는 ~
    이다/있다'

ὁ : 정관사(ὁ, ἡ, τό)의 남성, 단수, 주격. '그'

υἱός : 남성명사 υἱός [a son]의 단수, 주격. '아들이'

τοῦ : 정관사(ὁ, ἡ, τό)의 중성, 단수, 속격. '그'

ἀνθρώπου : 남성명사 ἄνθρωπος [a man]의 단수, 속격. '사람의.' ὁ υἱός

τοῦ ἀνθρώπου='사람의 아들, 즉 인자(人子)'

καί : 순접접속사(and). 본문에서는 접속사가 아니라 강조를 위해서 '또
한'(also, even)이라는 의미로 사용되었다. καὶ τοῦ σαββάτου='또한
안식일의'(even of the sabbath, NRSV)

σαββάτου : 중성 명사 σάββατον [the Sabbath] 단수, 속격. '안식일의'

해 석 "인자는 또한 안식일의 주인이기도 하다."

5. ἐν ἀρχῇ ἦν ὁ λόγος, καὶ ὁ λόγος ἦν πρὸς τὸν θεόν, καὶ θεὸς ἦν ὁ λόγος.
(요 1:1)

ἐν : 여격을 취하는 전치사. '~안에(in),' 본문에서는 시간이나 때를 나타
낸다.

ἀρχῇ : 여성명사 ἀρχή [a beginning]의 단수, 여격. 전치사 ἐν과 함께 쓰
여 시간이나 때를 나타낸다. ἐν ἀρχῇ='처음에/태초에'(in the
beginning)

ἦν : 동사 εἰμί [to be] 미완료, 능동태, 직설법. '그(녀)가 ~였다/있었다'

ὁ : 정관사(ὁ, ἡ, τό)의 남성, 단수, 주격. '그'

λόγος : 남성명사 λόγος [a word, the Word]의 주격, 단수. '말씀이'

καί : 순접 접속사(and).

πρός : 대격, 속격, 여격을 취하는 전치사(to, toward, with). 본문에서는
대격을 취하여 'with'의 뜻으로 쓰였다.

τόν : 정관사(ὁ, ἡ, τό)의 남성, 단수, 대격. '그'

θεόν : 남성명사 θεός [a god, God]의 단수, 대격. '하나님을.' πρὸς τὸν
θεόν='그 하나님과 함께'

θεός : 남성명사 θεός [a god, God]의 단수, 주격. '하나님이.' 본문에서는
주어가 아니라 주격 보어로 쓰였다.

해석 "태초에 말씀이 있었다. 그리고 그 말씀은 하나님과 함께 있었다. 그리고 그 말씀은 하나님이었다."

6. ὁ θεὸς ἀγάπη ἐστίν. (요일 4:8)

ὁ : 정관사(ὁ, ἡ, τό)의 중성, 단수, 대격. '그'

θεός : 남성명사 θεός [a god, God]의 단수, 주격. '하나님이.'

ἀγάπη : 여성명사 ἀγάπη [love]의 주격, 단수. '사랑이.' 본문에서는 주어가 아니라 보어로 쓰였다.

ἐστίν : 동사 εἰμί [to be] 현재, 능동태, 직설법, 3인칭, 단수. '그(녀)는 ~이다/있다'

해석 "하나님은 사랑이시다."

연습문제 3

A. 문법

1. 아래 도표의 형용사를 분해(parsing)하시오.

변화형형용사	성	수	격	단수주격	의미(뜻)
ἀγαθάς	여성	복수	대격	ἀγαθή	선한
πιστῇ	중성	단수	여격	πιστή	신실한
δίκαιαι	여성	복수	주격	δικαία	의로운
ἄλλα	중성	복수	주격/대격	ἄλλο	다른
μικραί	여성	복수	주격	μικρά	작은

2. 다음의 명사 또는 형용사에 맞게 관사를 붙이시오.

<u>οἱ</u> λόγοι   <u>τῆς</u> ὁδοῦ   <u>τὰ</u> δῶρα

<u>ταῖς</u> πισταῖς   <u>τὸ</u> ἱερόν   <u>ὁ</u> κύριος

B. 아래 문장을 우리말로 옮기시오.

1. οἱ νεκροὶ οὐκ ἔχουσιν δόξαν.

    οἱ : 정관사(ὁ, ἡ, τό)의 남성, 복수, 주격. '그'

    νεκροί : 형용사 νεκρός [dead]의 남성, 주격, 복수. 명사적으로 사용되었
        다. οἱ νεκροί='죽은 자들이'

    οὐκ : 부정어. '~이 아닌(not)'

    ἔχουσιν : 동사 ἔχω [to have]의 현재, 능동태, 직설법, 3인칭, 복수. '그들
        이 가지고 있다'

    δόξαν : 여성명사 δόξα [glory]의 단수, 대격. '영광을'

    해석 "그 죽은 자들은 영광을 가지고 있지 않다."

2. σὺ εἶ ὁ υἱός μου ὁ ἀγαπητός (막 1:11)

    σύ : 2인칭 대명사 σύ [you]의 단수, 주격. '너는'

εἶ : 동사 εἰμί [to be] 현재, 능동태, 직설법, 2인칭, 단수. '너는 ~이다'

ὁ : 정관사(ὁ, ἡ, τό)의 남성, 단수, 주격. '그'

υἱός : 남성명사 υἱός [a son]의 단수, 주격. '아들이'

μου : 1인칭 대명사 ἐγώ [I]의 단수, 속격. '나의'

ἀγαπητός : 형용사 ἀγαπητός [beloved]의 남성, 단수, 주격. '사랑하는'

> **해석** "너는 나의 사랑하는 아들이다"

3. πολλοὶ δὲ ἔσονται πρῶτοι ἔσχατοι καὶ οἱ ἔσχατοι πρῶτοι. (막 10:31)

πολλοί : 형용사 πολλύς [much, many]의 남성, 복수, 주격. '많은 자들이'

δέ : 역접 접속사. '그러나'(but)

ἔσονται : 동사 εἰμί [to be] 미래, 중간태, 직설법, 3인칭, 복수. '그(녀)들이 ~일 것이다'

πρῶτοι : 형용사 πρῶτος [first]의 남성, 복수, 주격. 명사적으로 사용되었다. '첫째의, 처음의.' πολλοί πρῶτοι = '여러 첫째들이'(many who are first, NRSV)

ἔσχατοι : 형용사 ἔσχατος [last]의 남성, 복수, 주격. 동사 ἔσονται의 보어로 사용되었다. '말째가, 마지막의'

> **해석** "여러 첫째들이 말째가 될 것이고, 여러 말째들이 첫째가 (될 것이다)"

4. ὁ ἀγαθὸς ἄνθρωπος ἐκ τοῦ ἀγαθοῦ θησαυροῦ τῆς καρδίας προφέρει τὸ ἀγαθόν, καὶ ὁ πονηρὸς ἐκ τοῦ πονηροῦ προφέρει τὸ πονηρόν· (눅 6:45)

ὁ : 정관사(ὁ, ἡ, τό)의 남성, 단수, 주격. '그'

ἀγαθός : 형용사 ἀγαθός [good]의 남성, 단수, 주격. '선한'

ἄνθρωπος : 남성명사 ἄνθρωπος [a man]의 단수, 주격. '사람이'

ἐκ : 속격을 취하는 전치사. '~로부터'(from)

τοῦ : 정관사(ὁ, ἡ, τό)의 남성, 단수, 속격. '그'

ἀγαθοῦ : 형용사 ἀγαθός [good]의 남성, 단수, 속격. '선한'

θησαυροῦ : 남성명사 θησαυρός [storehouse, treasure]의 단수, 속격. '보고(寶庫)로부터'

τῆς : 정관사(ὁ, ἡ, τό)의 여성, 단수, 속격. '그'

καρδίας : 여성명사 καρδία [heart]의 단수, 속격. '마음의'

προφέρει : 동사 προφέρω [to bring forth]의 현재, 능동태, 직설법, 3인칭, 단수. '그(녀)가 가져온다'

τό : 정관사(ὁ, ἡ, τό)의 중성, 단수, 대격. '그'

ἀγαθόν : 형용사 ἀγαθός [good]의 중성, 단수, 대격. 명사적으로 사용되어 동사 προφέρει의 목적어 역할을 한다. '선한 것을'

πονηρός : 형용사 πονηρός [evil]의 남성, 단수, 주격. '악한'

πονηροῦ : 형용사 πονηρός [evil]의 남성, 단수, 속격. '악한.' ἐκ τοῦ πονηροῦ는 앞선 ἐκ τοῦ ἀγαθοῦ θησαυροῦ τῆς καρδίας와의 중복을 피하기 위해서 θησαυροῦ τῆς καρδίας가 생략된 표현으로 볼 수 있다. ἐκ τοῦ πονηροῦ='(마음의) 악한 (보고)로부터'

πονηρόν : 형용사 πονηρός [evil]의 중성, 단수, 대격. 앞의 ἀγαθόν과 마찬가지로 명사적으로 사용되어, 동사 προφέρει의 목적어 역할을 한다. '악한 것을'

해 석 "선한 사람은 마음의 선한 보고(寶庫)로부터 선한 것을 가져온다. 그리고(그러나) 악한 자는 (마음의) 악한 (보고)로부터 악한 것을 가져온다."

5. πέμψω τὸν υἱόν μου τὸν ἀγαπητόν· (눅 20:13)

πέμψω : 동사 πέμπω [to send]의 미래, 능동태, 직설법, 1인칭, 단수. '내가 보낼 것이다'

τό : 정관사(ὁ, ἡ, τό)의 남성, 단수, 대격. '그'

υἱόν : 남성명사 υἱός [a son]의 단수, 대격. '아들을'

μου : 1인칭 대명사 ἐγώ [I]의 단수, 속격. '나의'

ἀγαπητόν : 형용사 ἀγαπητός [beloved]의 남성, 단수, 대격. '사랑하는'

해 석 "나는 나의 사랑하는 아들을 보낼 것이다."

6. κακὰ τοῖς ἁγίοις σου ἐποίησεν ἐν Ἰερουσαλήμ· (행 9:13)

κακά : 형용사 κακός [bad, evil]의 중성, 복수, 대격. 명사적으로 사용되
었고, 동사 ἐποίησεν의 목적어 역할을 한다. '악한 일들을'

τοῖς : 정관사(ὁ, ἡ, τό)의 남성, 복수, 여격. '그들에게'

ἁγίοις : 형용사 ἅγιος [holy]의 남성, 복수, 여격. 명사적으로 사용되었
다. '거룩한 자들에게, 성도들에게'

σου : 2인칭 대명사 σύ [you]의 단수, 속격. '너의, 당신의'

ἐποίησεν : 동사 ποιέω [to do, make]의 단순과거, 능동태, 직설법, 3인칭,
단수. '그(녀)가 행하였다'

ἐν : 여격을 취하는 전치사. '~안에'(in, within)

Ἰερουσαλήμ : 여성명사 Ἰερουσαλύμα [Jerusalem]의 단수, 여격. ἐν
Ἰερουσαλήμ = '예루살렘에, 예루살렘 내에'

해석 "그(바울)는 예루살렘에 있는 당신의 성도들에게 악한 일들을
행했습니다."

7. ὁ νόμος ἅγιος καὶ ἡ ἐντολὴ ἁγία καὶ δικαία καὶ ἀγαθή. (롬 7:12)

ὁ : 정관사(ὁ, ἡ, τό)의 남성, 단수, 주격. '그'

νόμος : 남성명사 νόμος [law]의 남성, 단수, 주격. '율법이(은)'

ἅγιος : 형용사 ἅγιος [holy]의 남성, 단수, 주격. 서술적으로 사용되었다.
'거룩하다'

ἡ : 정관사(ὁ, ἡ, τό)의 여성, 단수, 주격. '그'

ἐντολή : 여성명사 ἐντολή [commandment]의 단수, 주격. '계명이(은)'

ἁγία : 형용사 ἅγιος [holy]의 여성, 단수, 주격. 서술적으로 사용되었다.
'거룩하다'

δικαία : 형용사 δίκαιος [just, right, righteous]의 여성, 단수, 주격. 서술
적으로 사용되었다. '의롭다'

ἀγαθή : 형용사 ἀγαθός [good]의 여성, 단수, 주격. 서술적으로 사용되었
다. '선하다'

해석 "율법은 거룩하다. 그리고 계명은 거룩하고 의롭고 선하다."

8. πιστὸς ὁ θεός (고전 1:9)

　πιστός : 형용사 πιστός [faithful, believing]의 남성, 단수, 주격. 서술적으
　　　　　로 사용되었다. '신실하다'

　ὁ : 정관사(ὁ, ἡ, τό)의 남성, 단수, 주격. '그'

　θεός : 남성명사 θεός [a god, God]의 단수, 주격. '하나님이'

　해 석　"하나님은 신실하시다"

연습문제 4

■ 아래 문장을 우리말로 옮기시오.

1. περὶ δὲ τῆς ἡμέρας ἐκείνης καὶ ὥρας οὐδεὶς οἶδεν (마 24:36)

   περί : 속격과 대격을 취하는 전치사. 여기서는 속격과 함께 쓰여 '~에 대하여'(concerning, about)라는 뜻으로 쓰였다.

   τῆς : 정관사(ὁ, ἡ, τό)의 여성, 단수, 속격. '그'

   ἡμέρας : 여성명사 ἡμέρα [a day]의 단수, 속격. '날의.'

   ἐκείνης : 지시대명사(ἐκεῖνος, ἐκείνη, ἐκεῖνο)의 여성, 단수, 속격. '그것의.'

   ὥρας : 여성명사 ὥρα [an hour]의 단수, 속격. '시간의.' περὶ τῆς ἡμέρας ἐκείνης καὶ ὥρας ='그 날과 시간에 관하여는'

   οὐδείς : 부정대명사(οὐδείς, οὐδεμία, οὐδέν[no one, nothing, no])의 남성, 단수, 주격. '누구도 ~아닌'

   οἶδεν : 동사 οἶδα [to know]의 현재완료, 능동태, 직설법, 3인칭, 단수. 완료형태지만 현재의 의미를 가진다. '그(녀)가 알고 있다.' οὐδεὶς οἶδεν='아무도 알지 못한다'

   > **해석** "그 날과 시간에 대해서는 아무도 알지 못한다."

2. ἦλθεν Ἰησοῦς ἀπὸ Ναζαρὲτ τῆς Γαλιλαίας ⋯ (막 1:9)

   ἦλθεν : 동사 ἔρχομαι [to come, go]의 단순과거, 능동태, 직설법, 3인칭, 단수. '그가 왔다'

   Ἰησοῦς : 고유명사 Ἰησοῦς [Jesus, Joshua]의 남성, 단수, 주격. '예수가'

   ἀπό : 속격을 취하는 전치사(from). '~로부터'

   Ναζαρὲτ : 고유명사 Ναζαρά, Ναζαρέθ [Nazareth]의 여성, 단수, 속격. '나사렛의'

   τῆς : 정관사(ὁ, ἡ, τό)의 여성, 단수, 속격. '그'

   Γαλιλαίας : 고유명사 Γαλιλαία [Galilee]의 여성, 단수, 속격. '갈릴리의.'
   ἀπὸ Ναζαρὲτ τῆς Γαλιλαίας='갈릴리의 나사렛으로부터'

3. πιστεύετε ἐν τῷ εὐαγγελίῳ. (막 1:15)

 πιστεύετε : 동사 πιστεύω [to believe]의 현재, 능동태, 명령법, 2인칭, 복
    수. '너희는 믿어라'

 ἐν : 여격을 취하는 전치사. '~안에'(in, within). 여기서는 "πιστεύω ἐν+
   여격" 구문으로 사용되어 'to believe in'이라는 관용적인 표현으로
   사용된다.

 τῷ : 정관사(ὁ, ἡ, τό)의 중성, 단수, 여격. '그'

 εὐαγγελίῳ : 중성 명사 εὐαγγέλιον [good new, glad tidings, the Gospel]의
    단수, 여격. '복음에게'

 해석 "너희는 복음을 믿어라."

4. ἐξῆλθεν ἐξ αὐτοῦ. (막 1:26)

 ἐξῆλθεν : 동사 ἐξέρχομαι [to go out, come out]의 단순과거, 능동태, 직
    설법, 3인칭, 단수. '그(녀)가 나갔다'

 ἐξ : 속격을 취하는 전치사(from). 모음 앞에 쓰여서 ἐκ가 아니라 ἐξ로 표기
   되었다. '~로부터'

 αὐτοῦ : 3인칭 대명사(αὐτός, αὐτή, αὐτό)의 남성, 단수, 속격. '그의.' ἐξ
    αὐτοῦ ='그로부터, 그에게서'

 해석 "그[악령]가 그에게서 나갔다"

5. ἦλθον εἰς τὴν οἰκίαν Σίμωνος καὶ Ἀνδρέου μετὰ Ἰακώβου καὶ
 Ἰωάννου. (막 1:29)

 ἦλθον : 동사 ἔρχομαι [to come, go]의 단순과거, 능동태, 직설법, 3인칭,
    복수. '그(녀)들이 갔다'

 εἰς : 대격을 취하는 전치사 [in, into]. '~안으로, ~에게로'

 τήν : 정관사(ὁ, ἡ, τό)의 여성, 단수, 대격. '그'

 οἰκίαν : 여성명사 οἰκία [a house]의 단수, 대격. '집을.' εἰς τὴν οἰκίαν=
    '집으로'

Σίμωνος : 고유명사 Σίμων [Simon]의 남성, 단수, 속격. '시몬의'

᾽Ανδρέου : 고유명사 ᾽Ανδρέας [Andrew]의 남성, 단수, 속격. '안드레의'

μετά : 속격과 대격을 취하는 전치사(with, after). 여기서는 속격을 취하
　　　여 '~와 더불어, ~함께'라는 뜻으로 쓰였다.

᾽Ιακώβου : 고유명사 ᾽Ιάκωβος [James]의 남성, 단수, 속격. '야고보의'

᾽Ιωάννου : 고유명사 ᾽Ιωάννης [John]의 남성, 단수, 속격. '요한의.' μετὰ
　　　᾽Ιακώβου καὶ ᾽Ιωάννου='야고보 및 요한과 더불어'

해 석 "그들은 야고보 및 요한과 더불어 시몬과 안드레의 집에 들어
　　　갔다."

6. τὸ σάββατον **διὰ** τὸν ἄνθρωπον ἐγένετο καὶ οὐχ ὁ ἄνθρωπος **διὰ** τὸ
σάββατον· (막 2:27)

τὸ : 정관사(ὁ, ἡ, τό)의 중성, 단수, 주격. '그'

σάββατον : 중성 명사 σάββατον [the Sabbath] 단수, 주격. '안식일이'

διά : 속격과 대격을 취하는 전치사(through, on account of). 여기서는 대
　　　격을 취하여 '~을 위하여'라는 뜻으로 쓰였다.

τὸν : 정관사(ὁ, ἡ, τό)의 남성, 단수, 대격. '그'

ἄνθρωπον : 남성명사 ἄνθρωπος [a man]의 단수, 대격. '사람을'

ἐγένετο : 동사 γίνομαι [to become, be]의 단순과거, 중간태, 직설법, 3인
　　　칭, 단수. '그(녀)가 되었다, 있었다.' γίνομαι 동사는 통상
　　　become으로 번역되지만, 신약성경에서는 주격 술어 없이 쓰이
　　　는 경우가 많으므로 '일어나다'(to happen), '생겨나다'(to be
　　　born, be produced), '~이 되다'(to become something) 등 매우
　　　다양한 의미를 갖는다. 보다 자세하는 설명과 예문들을 위해서
　　　는 117과 "γίνομαι의 용법" 및 BDAG, s.v. "γίνομαι"를 보라.
　　　본문에서는 '존재하게 되었다'(to come into existence)는 뜻에서
　　　'만들어졌다'(to be created)는 의미로 쓰였다. BDAG, s.v.
　　　"γίνομαι," 197, 항목 2를 보라.

οὐχ : 부정어. '~아닌'

ὁ : 정관사(ὁ, ἡ, τό)의 남성, 단수, 주격. '그'

ἄνθρωπος : 남성명사 ἄνθρωπος [a man]의 단수, 주격. '사람이'

해석 "안식일이 사람을 위해서 만들어졌다. 그리고 사람이 안식일을 위해서 (지어진 것이) 아니다."

7. καὶ ὁ Ἰησοῦς μετὰ τῶν μαθητῶν αὐτοῦ ἀνεχώρησεν πρὸς τὴν θάλασσαν (막 3:7)

ὁ : 정관사(ὁ, ἡ, τό)의 남성, 단수, 주격. '그'

Ἰησοῦς : 고유명사 Ἰησοῦς [Jesus, Joshua]의 남성, 단수, 주격. '예수가'

μετά : 속격과 대격을 취하는 전치사(with, after). 여기서는 속격을 취하여 '~와 더불어, ~함께'라는 뜻으로 쓰였다.

τῶν : 정관사(ὁ, ἡ, τό)의 남성, 복수, 속격. '그'

μαθητῶν : 남성명사 μαθητής [a disciple]의 복수, 속격. '제자들의'

αὐτοῦ : 3인칭 대명사(αὐτός, αὐτή, αὐτό)의 남성, 단수, 속격. '그의'

ἀνεχώρησεν : 동사 ἀναχωρέω [to depart, withdraw]의 단순과거, 능동태, 직설법, 3인칭, 단수. '그가 물러갔다'

πρός : 속격, 여격, 대격을 모두 취하는 전치사(toward, near, by, advantageous for). 여기서는 대격을 취하여 '~를 향하여'라는 뜻으로 사용되었다. 그러나 πρός는 유사한 의미로 사용되는 εἰς와 분명한 의미상의 차이가 있다. 거칠게 구별하자면, εἰς가 '진입'(entry)이라는 개념을 포함하는 반면, πρός는 '~까지'(up to)라는 뜻으로 '도달하는 데에서 멈추는 정도'의 의미를 나타내는 경향이 있다. 따라서 πρὸς τὴν θάλασσαν='바닷가에까지'라는 뜻이다. Moule, 67을 보라.

τήν : 정관사(ὁ, ἡ, τό)의 여성, 단수, 대격. '그'

θάλασσαν : 여성명사 θάλασσα [the sea]의 단수, 대격. '바다를'

해석 "그리고 예수는 자기 제자들과 함께 바닷가에까지 물러났다."

8. ἐν τῷ κόσμῳ ἦν, καὶ ὁ κόσμος δι' αὐτοῦ ἐγένετο (요 1:10)

ἐν : 여격을 취하는 전치사. '~안에'(in, within)

τῷ : 정관사(ὁ, ἡ, τό)의 남성, 단수, 여격. '그'

κόσμῳ : 남성명사 κόσμος [the world]의 단수, 여격. '세상에게.' ἐν τῷ
  κόσμῳ='세상에, 세상 안에'

ἦν : 동사 εἰμί [to be] 미완료, 능동태, 직설법, 3인칭, 단수. '그(녀)가 있
  었다, ~였다'

κόσμος : 남성명사 κόσμος [the world]의 단수, 주격. '세상이'

δι' : 속격과 대격을 취하는 전치사(through, on account of). 여기서는 속
  격을 취하여 '~을 통하여'라는 뜻으로 쓰였다.

αὐτοῦ : 3인칭 대명사(αὐτός, αὐτή, αὐτό)의 남성, 단수, 속격. '그의.' δι'
  αὐτοῦ='그를 통하여'

ἐγένετο : 동사 γίνομαι [to become, be]의 단순과거, 중간태, 직설법, 3인
  칭, 단수. '그(녀)가 되었다, 있었다.' γίνομαι 동사는 통상
  become으로 번역되지만, 신약성경에서는 주격 술어 없이 쓰이
  는 경우가 많으므로 '일어나다'(to happen), '생겨나다'(to be
  born, be produced), '~이 되다'(to become something) 등 매우
  다양한 의미를 갖는다. 보다 자세하는 설명과 예문들을 위해서
  는 117과 "γίνομαι의 용법" 및 BDAG, s.v. "γίνομαι"를 보라.
  본문에서는 '생겨나게 되었다'(to come into being)는 뜻에서
  '지어졌다'(to be created)는 의미로 쓰였다. R. E. Brown, *The
  Gospel according to John I-XII*(AB; New York: Doubleday, 1966),
  6; BDAG, s.v. "γίνομαι," 197, 항목 2를 보라.

해석 "그가 세상에 계셨다. 그리고 세상은 그를 통하여 지어졌다."

9. δόξαν παρὰ ἀνθρώπων οὐ λαμβάνω (요 5:41)

δόξαν : 여성명사 δόξα [glory]의 단수, 대격. '영광을'

παρά : 속격, 여격, 대격을 모두 취하는 전치사(from, beside, with,
  alongside of). 여기서는 속격을 취하여 '~로부터'라는 뜻으로 사

용되었다. παρά가 속격과 함께 쓰일 경우, 신약성경에서는 거의 대부분 인격체와 함께 쓰이며 출처(from)나 매개(from, by)를 의미한다. 그러나 직접성을 강조하는 ἀπό에 비해 παρά는 기본적으로 '~의 곁으로부터 나오는 움직임'(movement from beside)이나 '~로부터 발산되는'(emanation from) 등 간접성을 내포하는 어감을 지닌다. 예를 들어 누가복음 1장 45절의 τοῖς λελαλημένοις … παρὰ κυρίου는 '주님으로부터 말씀된 것들에게'라는 뜻이지만, 전치사 παρά에는 주님이 직접 말씀하신 것이 아니라 이전 단락 (1:26 이하)이 보여주는 것처럼 천사라는 '매개'를 통해 간접적으로 말씀하셨다는 의미가 내포되어 있다. Moule, 51 참조.

ἀνθρώπων : 남성명사 ἄνθρωπος [a man]의 복수, 속격. '사람들의.' παρὰ ἀνθρώπων='사람들로부터.'

οὐ : 부정어. '~아닌'

λαμβάνω : 동사 λαμβάνω [to take]의 현재, 능동태, 직설법, 1인칭, 단수. '내가 취한다'

해석 "나는 사람들로부터 영광을 취하지 않는다."

10. Παῦλος ἀπόστολος οὐκ ἀπ' ἀνθρώπων οὐδὲ δι' ἀνθρώπου ἀλλὰ διὰ Ἰησοῦ Χριστοῦ καὶ θεοῦ πατρὸς τοῦ ἐγείραντος αὐτὸν ἐκ νεκρῶν (갈 1:1)

Παῦλος : 고유명사 Παῦλος [Paul]의 남성, 단수, 주격. '바울이'

ἀπόστολος : 남성명사 ἀπόστολος [an apostle]의 단수, 주격. '사도가'

οὐκ : 부정어. '~아닌'

ἀπ' : 속격을 취하는 전치사(from). '~로부터.' 유사한 의미를 가진 전치사 ἐκ와 의미 차이를 구별하는 것은 쉽지 않으며, 오히려 의미가 겹치는 경우가 많다. 구태여 구별하자면, ἐκ가 '내부로부터'(from within)라는 뜻이라면 ἀπό는 '일반적인 출발 지점'(the general starting point)을 지시한다. 예를 들어 마가복음 1장 35절의 ἐξῆλθεν καὶ ἀπῆλθεν εἰς ἔρημον τόπον은 "그가 [집이라는 특정 장소에서] 나와서, [어디인지 적시되지 않은 출발점으로부터] 광야로 나갔다"라는 뜻이다. BDF, § 209; Moule, 71-72 참조.

ἀνθρώπων : 남성명사 ἄνθρωπος [a man]의 복수, 속격. '사람들의'

οὐδέ : 부정어(not, not even). '~가 아닌'

δι' : 속격과 대격을 취하는 전치사(through, on account of). 여기서는 속격을 취하여 '~을 통하여'라는 뜻으로 쓰였다.

ἀνθρώπου : 남성명사 ἄνθρωπος [a man]의 단수, 속격. '사람의'

ἀλλά : 반의접속사(but, except). '그러나, 오히려'

Ἰησοῦ : 고유명사 Ἰησοῦς [Jesus, Joshua]의 남성, 단수, 속격. '예수의.'

Χριστοῦ : 남성명사 Χριστος [Christ]의 단수, 속격. '그리스도의'

θεοῦ : 남성명사 θεός [a god, God]의 단수, 속격. '하나님의'

πατρός : 남성명사 πατήρ [father]의 단수, 속격. '아버지의.' διὰ Ἰησοῦ Χριστοῦ καὶ θεοῦ πατρός='예수 그리스도와 하나님 아버지를 통하여'

τοῦ : 정관사(ὁ, ἡ, τό)의 남성, 단수, 속격. '그'

ἐγείραντος : 동사 ἐγείρω [to raise up]의 단순과거, 능동태, 분사, 남성, 단수, 속격. 관형적(체언을 수식하는 용법)으로 사용되었으며, 앞에 나오는 명사 θεοῦ πατρός를 꾸민다. διὰ … θεοῦ πατρὸς τοῦ ἐγείραντος='~를 일으키신 하나님 아버지를 통하여'

αὐτόν : 3인칭 대명사(αὐτός, αὐτή, αὐτό)의 남성, 단수, 대격. '그를'

ἐκ : 속격을 취하는 전치사(from). '~로부터'

νεκρῶν : 형용사 νεκρός [dead]의 남성, 속격, 복수. 명사적으로 사용되었다. '죽은 자들의.' ἐκ νεκρῶν='죽은 자들로부터.' διὰ … θεοῦ πατρὸς τοῦ ἐγείραντος αὐτὸν ἐκ νεκρῶν='그를 죽은 자들로부터 일으키신 하나님 아버지를 통하여'

해석 "사람으로부터도 아니요, 사람을 통해서도 아니라, 오히려 예수 그리스도와 그를 죽은 자들로부터 일으키신 하나님 아버지를 통한 사도인 바울(또는 '통해 사도가 된 바울'로 의역할 수 있다)"

연습문제 5

■ 아래 문장을 우리말로 옮기시오.

1. ὑμεῖς ἐστε τὸ ἅλας τῆς γῆς· (마 5:13)

   ὑμεῖς : 2인칭 대명사 σύ [you]의 복수, 주격. 강조의 의미가 있다. '(다른 누가 아니라 바로) 너희가'

   ἐστε : 동사 εἰμί [to be] 현재, 능동태, 직설법, 2인칭, 복수. '~이다, 있다'

   τό : 정관사(ὁ, ἡ, τό)의 중성, 단수, 주격. '그'

   ἅλας : 중성명사 ἅλας [salt]의 단수, 주격. 동사 ἐστε의 보어로 사용되었다. '소금이'

   τῆς : 정관사(ὁ, ἡ, τό)의 여성, 단수, 속격. '그'

   γῆς : 여성명사 γῆ [the earth, land]의 단수, 속격. '땅의'

   해석　"너희는 땅의 소금이다."

2. ὅτι σὺ εἶ ὁ ἅγιος τοῦ θεοῦ. (요 6:69)

   ὅτι : 종속 접속사(that, because, since). 여기서는 동사의 목적절을 이끈다.

   σύ : 2인칭 대명사 σύ [you]의 단수, 주격. '너는, 당신은'

   εἶ : 동사 εἰμί [to be] 현재, 능동태, 직설법, 2인칭, 단수. '그(녀)는 ~이다, 있다'

   ὁ : 정관사(ὁ, ἡ, τό)의 남성, 단수, 주격. '그'

   ἅγιος : 형용사 ἅγιος [holy]의 남성, 단수, 주격. '거룩한'

   τοῦ : 정관사(ὁ, ἡ, τό)의 남성, 단수, 속격. '그'

   θεοῦ : 남성명사 θεός [a god, God]의 단수, 속격. '하나님의'

   해석　"당신이 하나님의 거룩한 자라는 것"(을 알았습니다)

3. ἐγώ εἰμι ἡ ὁδὸς καὶ ἡ ἀλήθεια καὶ ἡ ζωή· (요 14:6)

ἐγώ : 1인칭 대명사 ἐγώ [I]의 단수, 주격. 강조의 의미를 가진다. (다른 누가 아니라 바로) '나는, 내가'

εἰμι : 동사 εἰμί [to be] 현재, 능동태, 직설법, 1인칭, 단수. '나는 ~이다, 있다'

ἡ : 정관사(ὁ, ἡ, τό)의 여성, 단수, 주격. '그'

ὁδός : 여성명사 ὁδός [a way, road, journey]의 단수, 주격. 동사 εἰμι의 보어로 사용되었다.

ἀλήθεια : 여성명사 ἀλήθεια [truth]의 단수, 주격. 동사 εἰμι의 보어로 사용되었다.

ζωή : 여성명사 ὁδός [life]의 단수, 주격. 동사 εἰμι의 보어로 사용되었다.

해석 "나는 길이고, 진리이고, 생명이다."

4. ἐν τούτῳ ἐστὶν ἡ ἀγάπη (요일 4:10)

ἐν : 여격을 취하는 전치사. '~안에'(in, within)

τούτῳ : 지시대명사(οὗτος, αὕτη, τοῦτο [this])의 중성, 단수, 여격. '이것에게.' ἐν τούτῳ='여기에'

ἐστίν : 동사 εἰμί [to be] 현재, 능동태, 직설법, 3인칭, 단수. '그(녀)가 ~이다, 있다'

ἡ : 정관사(ὁ, ἡ, τό)의 여성, 단수, 주격. '그'

ἀγάπη : 여성명사 ἀγάπη [love]의 주격, 단수. '사랑이'

해석 "사랑은 여기에 있다."

연습문제 6

A. 문법

1. ἡμεῖς의 단수 대격을 쓰시오.   μέ

2. σέ의 복수 여격을 쓰시오.   ὑμῖν

3. ὑμῶν의 단수 속격을 쓰시오.   σοῦ

4. αὐτός의 중성 복수 대격을 쓰시오.   αὐτοῖς

5. αὐτός의 여성 단수 속격을 쓰시오.   αὐτῆς

B. 아래 문장을 우리말로 옮기시오.

1. ἐγὼ ἐβάπτισα ὑμᾶς ὕδατι, αὐτὸς δὲ βαπτίσει ὑμᾶς ἐν πνεύματι ἁγίῳ. (막 1:8)

   ἐγώ : 1인칭 대명사 ἐγώ [I]의 단수, 주격. 강조의 의미를 가진다. (다른 누가 아니라 바로) '나는, 내가'

   ἐβάπτισα : 동사 βαπτίζω [to baptize]의 단순과거, 능동태, 직설법, 1인 칭, 단수. '내가 세례(침례)를 베푼다'

   ὑμᾶς : 2인칭 대명사 σύ [you]의 복수, 대격. '너희를'

   ὕδατι : 중성 명사 ὕδωρ [water]의 단수, 여격. 수단의 의미로 사용된 여격이다. '물로'

   αὐτός : 3인칭 대명사(αὐτός, αὐτή, αὐτό)의 남성, 단수, 주격. 강조의 의미로 사용되었다. (다른 누가 아니라 바로) '그가, 그는'

   βαπτίσει : 동사 βαπτίζω [to baptize]의 미래, 능동태, 직설법, 3인칭, 단수. '그(녀)가 세례를 베풀 것이다'

   ἐν : 여격을 취하는 전치사. '~안에'(in, within). 수단이나 매개를 표현한다.

   πνεύματι : 중성 명사 πνεῦμα [a sprit, the Spirit]의 단수, 여격. '성령에게'

ἁγίῳ : 형용사 ἅγιος [holy]의 남성, 단수, 주격. '거룩한.' ἐν πνεύματι ἁγίῳ='성령으로'

해석 "나는 물로 너희에게 세례를 베푼다. 그러나 그는 성령으로 너희에게 세례를 베풀 것이다."

2. ὁ δὲ εἶπεν **αὐτῇ**· θυγάτηρ, ἡ πίστις **σου** σέσωκέν **σε**· (막 5:34)

ὁ : 정관사(ὁ, ἡ, τό)의 남성, 단수, 주격. 대명사처럼 사용되어 동사 εἶπεν 의 주어 역할을 한다. '그가'

εἶπεν : 동사 λέγω [to say]의 단순과거, 능동태, 직설법, 3인칭, 단수. '그 (녀)가 말했다'

αὐτῇ : 3인칭 대명사(αὐτός, αὐτή, αὐτό)의 여성, 단수, 여격. '그녀에게'

θυγάτηρ : 여성명사 θυγάτηρ [a daughter]의 단수, 주격/호격. '딸아!'

ἡ : 정관사(ὁ, ἡ, τό)의 여성, 단수, 주격. '그'

πίστις : 여성명사 πίστις [faith, belief, trust]의 단수, 주격. '믿음이'

σου : 2인칭 대명사 σύ [you]의 단수, 속격. '너의'

σέσωκεν : 동사 σῴζω [to save]의 현재완료, 능동태, 직설법, 3인칭, 단수. '그(녀)가 구원하였다'

σε : 2인칭 대명사 σύ [you]의 단수, 대격. '너를'

해석 "그러나 그가 그녀에게 말했다. 딸아! 너의 믿음이 너를 구원 하였다."

3. ἤνεγκα τὸν υἱόν **μου** πρὸς **σέ** (막 9:17)

ἤνεγκα : 동사 φέρω [to carry, bring, bear, lead]의 단순과거, 능동태, 직 설법, 1인칭, 단수. '내가 데리고 왔다'

τόν : 정관사(ὁ, ἡ, τό)의 남성, 단수, 대격. '그'

υἱόν : 남성명사 υἱός [a son]의 단수, 대격. '아들을'

μου : 1인칭 대명사 ἐγώ [I]의 단수, 속격. '나의'

πρός : 속격, 여격, 대격을 모두 취하는 전치사(toward, near, by, advantageous for). 여기서는 대격을 취하여 '~를 향하여'라는 뜻 으로 사용되었다.

σέ : 2인칭 대명사 σύ [you]의 단수, 대격. '당신을' πρὸς σέ = '당신에게'

해 석　"내가 나의 아들을 당신에게 데리고 왔다."

4. ἤρξατο λέγειν ὁ Πέτρος **αὐτῷ**· ἰδοὺ **ἡμεῖς** ἀφήκαμεν πάντα καὶ
   ἠκολουθήκαμέν **σοι**. (막 10:28)

   ἤρξατο : 동사 ἄρχω [to rule, mid. to begin]의 단순과거, 중간태, 직설법,
   　　　　 3인칭, 단수. '그(녀)가 시작했다'

   λέγειν : 동사 λέγω [to say, speak]의 현재, 능동태, 부정사. '말하는 것'

   ὁ : 정관사(ὁ, ἡ, τό)의 남성, 단수, 주격. '그'

   Πέτρος : 고유명사 Πέτρος [Peter]의 남성, 단수, 주격. '베드로가'

   αὐτῷ : 3인칭 대명사(αὐτός, αὐτή, αὐτό)의 남성, 단수, 여격. '그에게'

   ἰδού : 감탄사(See! Behold! Look!), '보라!'

   ἡμεῖς : 1인칭 대명사 ἐγώ [I]의 복수, 주격. 강조의 의미를 가진다. (다른
   　　　　 누가 아니라 바로) '우리는, 우리가'

   ἀφήκαμεν : 동사 ἀφίημι [to let go, forgive, permit]의 단순과거, 능동태,
   　　　　 직설법, 1인칭, 복수. '우리가 버렸다'

   πάντα : 형용사 πᾶς, πᾶσα, πᾶν [all, every, all things]의 중성, 복수, 대격.
   　　　　 명사적으로 사용되었다. '모든 것을'

   ἠκολουθήκαμέν : 동사 ἀκολουθέω [to follow]의 현재완료, 능동태, 직설
   　　　　 법, 1인칭, 복수. 여격을 취한다. '우리가 따랐다'

   σοι : 2인칭 대명사 σύ [you]의 단수, 여격. '당신에게.' ἠκολουθήκαμέν σοι =
   　　　　 '우리가 당신을 따랐다'

   해 석　"베드로가 그에게 말하기 시작했다. '보십시오! 우리는 모든
   　　　　 것을 버리고 당신을 따랐습니다.'"

5. **αὐτὸς** δὲ Ἰησοῦς οὐκ ἐπίστευεν **αὐτὸν αὐτοῖς** διὰ τὸ **αὐτὸν** γινώσκειν
   πάντας … (요 2:24)

   αὐτός : 3인칭 대명사(αὐτός, αὐτή, αὐτό)의 남성, 단수, 속격. 강조의 의미
   　　　　 를 지닌다. (다른 누가 아니라 바로, 친히) '그가

Ἰησοῦς : 고유명사 Ἰησοῦς [Jesus, Joshua]의 남성, 단수, 주격. '예수가'

οὐκ : 부정어. '~아닌'

ἐπίστευεν : 동사 πιστεύω [to believe, have faith]의 미완료, 능동태, 직설
법, 3인칭, 단수. '그(녀)가 믿었다'

αὐτόν : 3인칭 대명사(αὐτός, αὐτή, αὐτό)의 남성, 단수, 대격. '그를'

αὐτοῖς : 3인칭 대명사(αὐτός, αὐτή, αὐτό)의 남성, 복수, 여격. '그들에게'

διά : 속격과 대격을 취하는 전치사(through, on account of). 여기서는 대
격을 취하여 '~때문에'라는 뜻으로 쓰였으며, 원인이나 이유를 나
타낸다. BDF, § 402(1)을 보라.

τό : 정관사(ὁ, ἡ, τό)의 중성, 단수, 대격. '그.' 부정사와 함께 사용되는
관사는 통상 격변화를 하지 않는 부정사의 명사적인 특징과 격을 명
확하게 하는 역할을 하지만, 전치사와 함께 사용될 경우 해당 전치
사의 용법과 그 전치사가 지배하는 격에 따라 다양한 의미로 사용될
수 있다. BDF, § 402-404를 보라.

αὐτόν : 3인칭 대명사(αὐτός, αὐτή, αὐτό)의 남성, 단수, 대격. 부정사의
의미상의 주어로 사용되었으며, 이에 따라 형태는 대격이지만
주격으로 번역해야 한다. '그가'

γινώσκειν : 동사 γινώσκω [to know]의 현재, 능동태, 부정사. '아는 것.'
διὰ τὸ αὐτὸν γινώσκειν='그가 알기 때문에'

πάντας : 형용사 πᾶς, πᾶσα, πᾶν [all, every, all things]의 남성, 복수, 대
격. 명사적으로 사용되었다. '모든 자들을'

해석 "예수는 친히 모든 자들을 알기 때문에 자신을 그들에게 의지
하지 않았다."

6. Ἰησοῦς **αὐτὸς** οὐκ ἐβάπτιζεν ἀλλ' οἱ μαθηταὶ **αὐτοῦ** … (요 4:2)

Ἰησοῦς : 고유명사 Ἰησοῦς [Jesus, Joshua]의 남성, 단수, 주격. '예수가'

αὐτός : 3인칭 대명사(αὐτός, αὐτή, αὐτό)의 남성, 단수, 주격. 강조의 의미
를 지닌다. (다른 누가 아니라 바로, 친히) '그가'

οὐκ : 부정어. '~아닌'

ἐβάπτιζεν : 동사 βαπτίζω [to baptize]의 미완료, 능동태, 직설법, 3인칭,
단수. '그(녀)가 세례를 베풀었다'

ἀλλ’ : 반의접속사(but, except). ‘그러나, 오히려’

οἱ : 정관사(ὁ, ἡ, τό)의 남성, 복수, 주격. ‘그’

μαθηταί : 남성명사 μαθητής [a disciple]의 복수, 주격. ‘제자들이’

αὐτοῦ : 3인칭 대명사(αὐτός, αὐτή, αὐτό)의 남성, 단수, 속격. ‘그의.’

해석 "예수가 친히 세례를 베풀었던 것이 아니라 오히려 그의 제자
들이 …"

7. ἐντολὴν καινὴν δίδωμι ὑμῖν, ἵνα ἀγαπᾶτε ἀλλήλους, καθὼς ἠγάπησα
ὑμᾶς ἵνα καὶ ὑμεῖς ἀγαπᾶτε ἀλλήλους. (요 13:34)

ἐντολὴν : 여성명사 ἐντολή [commandment]의 단수, 대격. ‘계명을’

καινήν : 형용사 καινός [new]의 여성, 단수, 대격. ‘새로운’

δίδωμι : 동사 δίδωμι [to give]의 현재, 능동태, 직설법, 1인칭, 단수. ‘내
가 준다’

ὑμῖν : 2인칭 대명사 σύ [you]의 복수, 여격. ‘너희에게’

ἵνα : 종속접속사(in order that). 가정법을 취하여 목적을 나타낸다. ‘~하
기 위하여’

ἀγαπᾶτε : 동사 ἀγαπάω [to love]의 현재, 능동태, 가정법, 2인칭, 복수.
‘너희가 사랑하도록’

ἀλλήλους : 상호대명사 ἀλλήλων [one another]의 남성, 복수, 대격. ‘서로를’

καθώς : 종속접속사(as, just as, even as). ‘~와 같이, ~처럼’

ἠγάπησα : 동사 ἀγαπάω [to love]의 단순과거, 능동태, 직설법, 1인칭, 단
수. ‘내가 사랑하였다.’ καθὼς ἠγάπησα ὑμᾶς=‘내가 너희를 사
랑한 것같이’

ὑμᾶς : 2인칭 대명사 σύ [you]의 복수, 대격. ‘너희를’

καί : 순접접속사(and, also). 여기서는 also라는 강조의 의미로 사용되었다.

ὑμεῖς : 2인칭 대명사 σύ [you]의 복수, 주격. ‘너희들이.’ καὶ ὑμεῖς=‘너
희도’

해석 "나는 너희가 서로 사랑하도록, 즉 내가 너희를 사랑한 것같이
너희도 서로 사랑하도록 너희에게 새로운 계명을 준다."

8. πιστεύετέ **μοι** ὅτι ἐγὼ ἐν τῷ πατρὶ καὶ ὁ πατὴρ ἐν **ἐμοί**· εἰ δὲ μή, διὰ τὰ ἔργα **αὐτὰ** πιστεύετε. (요 14:11)

πιστεύετε : 동사 πιστεύω [to believe, have faith]의 현재, 능동태, 명령법, 2인칭, 복수. '너희는 믿어라!'

μοι : 1인칭 대명사 ἐγώ [I]의 단수, 여격. 동사 πιστεύετε의 목적으로 사용되었다. '나를'

ὅτι : 종속접속사(that, because). 여기서는 that의 의미로 사용되었다.

ἐγώ : 1인칭 대명사 ἐγώ [I]의 단수, 주격. '나는, 내가'

ἐν : 여격을 취하는 전치사. '~안에'(in, within)

τῷ : 정관사(ὁ, ἡ, τό)의 남성, 단수, 여격. '그'

πατρί : 남성명사 πατρήρ [father]의 단수, 여격. '아버지에게.' ἐν τῷ πατρί = '아버지 안에'

ὁ : 정관사(ὁ, ἡ, τό)의 남성, 단수, 주격. '그'

πατὴρ : 남성명사 πατρήρ [father]의 단수, 주격. '아버지가'

ἐμοί : 1인칭 대명사 ἐγώ [I]의 단수, 여격. 전치사 다음에 와서 강조형이 쓰였다. '나에게.' ἐν ἐμοί = '내 안에'

εἰ : 종속접속사(if). '만일'

μή : 부정어(not). 직설법 이외의 서법들에서 사용되며, 동사 πιστεύετε를 부정한다. '아닌.' εἰ δὲ μή = '그러나 만일 (믿지) 못하겠거든'

διά : 속격과 대격을 취하는 전치사(through, on account of). 여기서는 대격을 취하여 '~ 때문에, ~에 근거하여'라는 뜻으로 쓰였다.

τά : 정관사(ὁ, ἡ, τό)의 중성, 복수, 대격. '그'

ἔργα : 중성명사 ἔργον [work, deed]의 복수, 대격. '일들을'

αὐτά : 3인칭 대명사(αὐτός, αὐτή, αὐτό)의 중성, 복수, 대격. 강조를 위해서 사용되었다. '그것들 자체를'

> **해석** "너희는 내가 아버지 안에, 아버지는 내 안에 (계시다는 것을) 믿어라! 그러나 만일 (믿지) 못하겠거든 그 일들 자체로 말미암아 믿어라!"

9. ἀναβαίνω πρὸς τὸν πατέρα **μου** καὶ πατέρα **ὑμῶν** καὶ θεόν μου καὶ θεὸν
   ὑμῶν. (요 20:17)

   ἀναβαίνω : 동사 ἀναβαίνω [to go up, move to a higher place]의 현재,
   　　　　　 능동태, 직설법, 1인칭, 단수. 현재 시제로서 진행의 의미를
   　　　　　 가지며, 동시에 목적지에 아직 도달하지 못했다는 뜻에서 미
   　　　　　 래의 의미도 내포한다. '내가 올라갈 것이다' BDF, §323(3)
   　　　　　 참조.

   πρός : 속격, 여격, 대격을 모두 취하는 전치사(toward, near, by,
   　　　 advantageous for). 여기서는 대격을 취하여 '~를 향하여'라는 뜻
   　　　 으로 사용되었다.

   τόν : 정관사(ὁ, ἡ, τό)의 남성, 단수, 대격. '그'

   πατέρα : 남성명사 πατήρ [father]의 단수, 대격. '아버지를'

   μου : 1인칭 대명사 ἐγώ [I]의 단수, 속격. '나의.' πρὸς τὸν πατέρα μου=
   　　　 '나의 아버지에게로'

   καί : 순접접속사(and, also). 여기서는 동격을 표현하기 위해서 사용되었
   　　　 다. '곧, 다시 말해'

   ὑμῶν : 2인칭 대명사 σύ [you]의 복수, 속격. '너희의'

   θεόν : 남성명사 θεός [a god, God]의 단수, 대격. '하나님을'

   해석 "나는 나의 아버지 곧 너희의 아버지이자, 나의 하나님 곧 너
   　　　 희의 하나님에게로 올라갈 것이다."

10. **αὐτοὶ** λαοὶ **αὐτοῦ** ἔσονται, καὶ **αὐτὸς** ὁ θεὸς μετ' **αὐτῶν** ἔσται … (계
    21:3)

    αὐτοί : 3인칭 대명사(αὐτός, αὐτή, αὐτό)의 남성, 복수, 주격. 강조의 의
    　　　 미로 사용되었다. (다른 누가 아니라 바로) '그들이'

    λαοί : 남성명사 λαός [a people]의 복수, 주격. 동사 ἔσονται의 보어로 사
    　　　 용되었다. '백성들이'

    αὐτοῦ : 3인칭 대명사(αὐτός, αὐτή, αὐτό)의 남성, 단수, 속격. '그의'

    ἔσονται : 동사 εἰμί [to be] 미래, 중간태, 직설법, 3인칭, 복수. '그(녀)
    　　　　 들이 ~가 될 것이다, ~일 것이다'

αὐτός : 3인칭 대명사(αὐτός, αὐτή, αὐτό)의 남성, 단수, 주격. 강조의 의
　　　미로 사용되었다. '그가 친히'

ὁ : 정관사(ὁ, ἡ, τό)의 남성, 단수, 주격. '그'

θεός : 남성명사 θεός [a god, God]의 단수, 주격. '하나님이'

μετ' : 속격과 대격을 취하는 전치사(with, after). 여기서는 속격을 취하
　　　여 '～와 더불어, ～함께'라는 뜻으로 쓰였다.

αὐτῶν : 3인칭 대명사(αὐτός, αὐτή, αὐτό)의 남성, 복수, 속격. '그들의.'
　　　μετ' αὐτῶν='그들과 함께'

ἔσται : 동사 εἰμί [to be] 미래, 중간태, 직설법, 3인칭, 단수. '그(녀)가
　　　～가 될 것이다, ～일 것이다'

해석　"바로 그들이 그의 백성들이 될 것이다. 그리고 하나님이 친
　　　히 그들과 함께 있을 것이다."

연습문제 7

A. 문법

1. οὗτος의 여성 복수 속격을 쓰시오.　　　　τούτων

2. ταύτη의 중성 단수 대격을 쓰시오.　　　　τοῦτο

3. ταῦτα의 남성 단수 여격을 쓰시오.　　　　τούτοις

4. τούτῳ의 여성 복수 주격을 쓰시오.　　　　αὗται

5. ἐκεῖνος의 중성 단수 대격을 쓰시오.　　　ἐκεῖνο

6. ἐκείνη의 남성 복수 속격을 쓰시오.　　　ἐκείνων

B. 아래 문장을 우리말로 옮기시오.

1. καὶ ἔλεγον αὐτῷ· ἐν ποίᾳ ἐξουσίᾳ ταῦτα ποιεῖς; ἢ τίς σοι ἔδωκεν τὴν
ἐξουσίαν ταύτην ἵνα ταῦτα ποιῇς; (막 11:28)

ἔλεγον : 동사 λέγω [to say]의 단순과거, 능동태, 직설법, 3인칭, 단수.

αὐτῷ : 3인칭 대명사(αὐτός, αὐτή, αὐτό)의 중성, 복수, 대격.

ἐν : 여격을 취하는 전치사. '~안에'(in, within). 여기서는 수단이나 도구
　　를 나타낸다(by). BDAG, s.v. "ἐν," 328, 5번 항목 참조.

ποίᾳ : 의문대명사 ποῖος [what sort of, what]의 여성, 단수, 여격.

ἐξουσίᾳ : 여성명사 ἐξουσία [authority]의 단수, 여격. ἐν ποίᾳ ἐξουσίᾳ=
　　　　'무슨 권한으로'

ταῦτα : 지시대명사(οὗτος, αὕτη, τοῦτο)의 중성, 복수, 대격. '이것들을'

ποιεῖς : 동사 ποιέω [to do, make]의 현재, 능동태, 직설법, 2인칭, 단수.
　　　　'너는 ~한다'

ἤ : 접속사 '또는'(or)

τίς : 의문대명사 τίς, τί [who, which, what]의 남성, 단수, 주격. '누가'

σοι : 2인칭 대명사 σύ [you]의 단수, 여격. '너에게'

ἔδωκεν : 동사 δίδωμι [to give]의 단순과거, 능동태, 직설법, 3인칭, 단수.
  '그(녀)가 주었다'

τήν : 정관사(ὁ, ἡ, τό)의 여성, 단수, 대격. '그'

ἐξουσίαν : 여성명사 ἐξουσία [authority]의 단수, 대격. '권한을, 권위를'

ταύτην : 지시대명사(οὗτος, αὕτη, τοῦτο)의 여성, 단수, 대격. '이'

ἵνα : 접속사(in order that). 가정법을 이끌어서, '~하도록'

ταῦτα : 지시대명사(οὗτος, αὕτη, τοῦτο)의 중성, 복수, 대격. '이것들을'

ποιῇς : 동사 ποιέω [to do, make]의 현재, 능동태, 가정법, 2인칭, 단수.
  '네가 ~한다면'

해석 "그리고 그들이 그에게 말했다. '너는 무슨 권한으로 이것들
을 행하느냐? 또는 누가 너에게 이것들을 행하도록 권한을
주었느냐?'"

2. περὶ δὲ τῆς ἡμέρας **ἐκείνης** ἢ τῆς ὥρας οὐδεὶς οἶδεν, οὐδὲ οἱ ἄγγελοι
ἐν οὐρανῷ οὐδὲ ὁ υἱός, εἰ μὴ ὁ πατήρ. (막 13:32)

περί : 속격과 대격을 취하는 전치사. 속격과 함께 쓰여 '~에 관하
  여'(concerning, about), 대격과 함께 쓰여 '~주위에'(around)라는
  뜻이다. 여기서는 속격과 함께 '~에 관하여'라는 뜻으로 쓰였다.
  περὶ τῆς ἡμέρας ἐκείνης ἢ τῆς ὥρας='그 날 또는 그 시간에 관하
  여는'

τῆς : 정관사(ὁ, ἡ, τό)의 여성, 단수, 속격. '그'

ἡμέρας : 여성명사 ἡμέρα [a day]의 단수, 속격. '날의'

ἐκείνης : 지시대명사(ἐκεῖνος, ἐκείνη, ἐκεῖνο)의 여성, 단수, 속격. '그'

ἤ : 접속사 '또는'(or)

ὥρας : 여성명사 ὥρα [an hour]의 단수, 속격. '시간의'

οὐδείς : 부정대명사(οὐδείς, οὐδεμία, οὐδέν)의 남성, 단수, 주격. '아무도
  ~아닌'

οἶδεν : 동사 οἶδα [to know]의 현재완료, 능동태, 직설법, 3인칭, 단수. '그(녀)가 안다'

οὐδέ : 부정어(not even, neither)

οἱ : 정관사(ὁ, ἡ, τό)의 남성, 복수, 주격. '그'

ἄγγελοι : 남성명사 ἄγγελος [an angel]의 남성, 복수, 주격. '천사들이'

ἐν : 여격을 취하는 전치사. '~안에'(in, within). 여기서는 장소나 위치를 나타낸다. BDAG, s.v. "ἐν," 326, 1번 항목 참조.

οὐρανῷ : 남성명사 οὐρανός [heaven]의 단수, 여격. '하늘에'

ὁ : 정관사(ὁ, ἡ, τό)의 남성, 단수, 주격. '그'

υἱός : 남성명사 υἱός [a son]의 단수, 주격. '아들이'

εἰ : 종속접속사(if). '만일'

μή : 부정어(not). 직설법 이외의 서법들에서 사용되며, 여기서는 εἰ와 함께 쓰여 '~를 제외하고'(except, if not)라는 뜻이다. 대부분의 경우 별도의 동사 없이 사용된다. BDAG, s.v. "εἰ," 278, 6.i.α 항목 참조.

πατήρ : 남성명사 πατήρ [father]의 단수, 주격. '아버지가'

해석 "그 날 또는 그 시간에 관하여는 아무도 알지 못한다. 아버지를 제외하고는 하늘에 있는 천사들도, 아들도 (알지) 못한다."

3. ἀληθῶς **οὗτος** ὁ ἄνθρωπος υἱὸς θεοῦ ἦν. (막 15:39)

ἀληθῶς : '진실로'(truly)라는 뜻의 부사.

οὗτος : 지시대명사(οὗτος, αὕτη, τοῦτο)의 남성, 단수, 주격. '이.'

ὁ : 정관사(ὁ, ἡ, τό)의 남성, 단수, 주격. '그'

ἄνθρωπος : 남성명사 ἄνθρωπος [a man]의 단수, 주격. '사람이' 여기서는 주어 οὗτος의 보어로 쓰였다.

υἱός : 남성명사 υἱός [a son]의 단수, 주격. '아들이' 여기서는 주어 οὗτος ὁ ἄνθρωπος의 보어로 쓰였다.

θεοῦ : 남성명사 θεός [a god, God]의 단수, 속격. '하나님의'

ἦν : 동사 εἰμί [to be] 미완료, 능동태, 직설법, 3인칭, 단수. '그(녀)는 ~였다'

해석 "진실로 이 사람은 하나님의 아들이었다."

4. οὐκ ἦν ἐκεῖνος τὸ φῶς (요 1:8)

οὐκ : 부정어(not)

ἦν : 동사 εἰμί [to be] 미완료, 능동태, 직설법, 3인칭, 단수. '그(녀)는 ~
였다'

ἐκεῖνος : 지시대명사(ἐκεῖνος, ἐκείνη, ἐκεῖνο)의 남성, 단수, 주격. 독립적
으로 쓰여 '그는'이라는 뜻이다.

τό : 정관사(ὁ, ἡ, τό)의 중성, 단수, 주격. '그'

φῶς : 중성명사 φῶς [light] 의 단수, 주격. '빛이' 주어 ἐκεῖνος의 보어이다.

해 석   "그는 그 빛이 아니었다."

5. καὶ διὰ τοῦτο ἐδίωκον οἱ Ἰουδαῖοι τὸν Ἰησοῦν, ὅτι ταῦτα ἐποίει ἐν
σαββάτῳ. (요 5:16)

διά : 속격과 대격을 취하는 전치사(through, on account of). 여기서는 대
격을 취하여 '~ 때문에, ~에 근거하여'라는 뜻으로 쓰였다.

τοῦτο : 지시대명사(οὗτος, αὕτη, τοῦτο)의 중성, 단수, 대격. '이' διὰ
τοῦτο='이것 때문에'

ἐδίωκον : 동사 διώκω [to persue, persecute] 미완료, 능동태, 직설법, 3인
칭, 복수. '그(녀)들이 박해하고 있었다' 여기서는 행동의 시작
을 나타내는 미완료(inceptive imperfect)로 사용되어 '박해하기
시작했다'라는 뜻이다. Moule, 9; R. E. Brown, *The Gospel
according to John I-XII*, 212 참조.

οἱ : 정관사(ὁ, ἡ, τό)의 남성, 복수, 주격. '그'

Ἰουδαῖοι : 형용사 Ἰουδαῖος [Jewish]의 남성, 복수, 주격. 그러나 신약성
경에서는 주로 명사 없이 독립적으로 쓰여 '유대인'(a Jew,
Judean)을 뜻한다. BDAG, s.v. "Ἰουδαῖος," 478, 2 항목 참조.
'유대인들이'

τόν : 정관사(ὁ, ἡ, τό)의 남성, 단수, 대격. '그'

Ἰησοῦν : 고유명사 Ἰησοῦς [Jesus, Joshua]의 남성, 단수, 대격. '예수를'

ὅτι : 접속사(that, because). 여기서는 이유를 나타낸다. '~ 때문에'

ταῦτα : 지시대명사(οὗτος, αὕτη, τοῦτο)의 중성, 복수, 대격. '이것들을'

ἐποίει : 동사 ποιέω [to do, make]의 미완료, 능동태, 직설법, 3인칭, 단
　　　　수. '그(녀)가 행하고 있었다'

ἐν : 여격을 취하는 전치사. '~안에'(in, within). 여기서는 때를 나타낸다.

σαββάτῳ : 중성명사 σάββατον [the Sabbat]의 단수, 여격. ἐν σαββάτῳ =
　　　　'안식일에'

해석 "그리고 이것 때문에 유대인들이 예수를 박해하기 시작했다.
　　　　왜냐하면 그는 안식일에 이것들을 행하고 있었기 때문이었다."

6. ταῦτα εἶπεν ἐν συναγωγῇ … (요 6:59)

ταῦτα : 지시대명사(οὗτος, αὕτη, τοῦτο)의 중성, 복수, 대격. '이것들을'

εἶπεν : 동사 λέγω [to say]의 단순과거, 능동태, 직설법, 3인칭, 단수. '그
　　　　(녀)가 말했다'

ἐν : 여격을 취하는 전치사. '~안에'(in, within). 여기서는 장소를 나타낸다.

συναγωγῇ : 여성명사 συναγωγή [a synagogue]의 단수, 여격. ἐν συναγωγῇ
　　　　= '회당에서'

해석 "그는 회당에서 이것들을 말했다."

7. ἐν ἐκείνῃ τῇ ἡμέρᾳ γνώσεσθε ὑμεῖς ὅτι ἐγὼ ἐν τῷ πατρί μου καὶ ὑμεῖς
ἐν ἐμοὶ κἀγὼ ἐν ὑμῖν. (요 14:20)

ἐν : 여격을 취하는 전치사. '~안에'(in, within). 여기서는 때를 나타낸다.

ἐκείνῃ : 지시대명사(ἐκεῖνος, ἐκείνη, ἐκεῖνο)의 여성, 단수, 여격.

τῇ : 정관사(ὁ, ἡ, τό)의 여성, 단수, 여격. '그'

ἡμέρᾳ : 여성명사 ἡμέρα [a day]의 단수, 여격. '날에게.' ἐν ἐκείνῃ τῇ
　　　　ἡμέρᾳ = '그 날에'

γνώσεσθε : 동사 γινώσκω [to know]의 미래, 중간태, 직설법, 2인칭, 복수.
　　　　'너희가 알 것이다'

ὑμεῖς : 2인칭 대명사 σύ [you]의 복수, 주격. '너희들이'

ὅτι : 접속사(that, because). 여기서는 동사 γνώσεσθε의 목적절을 이끈다.

ἐγώ : 1인칭 대명사 ἐγώ [I]의 단수, 주격. '내가'

ἐν : 여격을 취하는 전치사. '~안에'(in, within)

τῷ : 정관사(ὁ, ἡ, τό)의 남성, 단수, 여격. '그'

πατρί : 남성명사 πατρήρ [father]의 단수, 여격. '아버지에게.' ἐν τῷ
    πατρί μου='나의 아버지 안에'

μου : 1인칭 대명사 ἐγώ [I]의 단수, 속격.

ἐμοί : 1인칭 대명사 ἐγώ [I]의 단수, 여격. '나에게' ἐν ἐμοί='내 안에'

κἀγώ : 1인칭 대명사 ἐγώ [I]의 단수, 주격. καί+ἐγώ가 축약된 형태이다
    (coronis). '나도'

ὑμῖν : 2인칭 대명사 σύ [you]의 복수, 여격. '너희에게' ἐν ὑμῖν='너희 안에'

해석 "그 날에는 내가 나의 아버지 안에, 너희가 내 안에, 나도 너
희 안에 (있다는 것을) 너희가 알 것이다."

8. αὕτη ἐστὶν ἡ ἐντολὴ ἡ ἐμή (요 15:12)

αὕτη : 지시대명사(οὗτος, αὕτη, τοῦτο)의 여성, 단수, 주격. '이것이'

ἐστὶν : 동사 εἰμί [to be] 현재, 능동태, 직설법, 3인칭, 단수. '그(녀)가 ~
    이다'

ἡ : 정관사(ὁ, ἡ, τό)의 여성, 단수, 주격. '그'

ἐντολή : 여성명사 ἐντολή [commandment]의 단수, 주격. '계명이' 여기
    서는 주어 αὕτη의 보어로 쓰였다.

ἐμή : 1인칭 소유형용사(ἐμός, ἐμή, ἐμόν)의 여성, 단수, 주격. '나의'

해석 "이것이 나의 계명이다."

9. ἡ βασιλεία ἡ ἐμὴ οὐκ ἔστιν ἐκ τοῦ κόσμου τούτου· (요 18:36)

ἡ : 정관사(ὁ, ἡ, τό)의 여성, 단수, 주격. '그'

βασιλεία : 여성명사 βασιλεία[kingom]의 단수, 주격. '왕국이'

ἐμή : 1인칭 소유형용사(ἐμός, ἐμή, ἐμόν)의 여성, 단수, 주격. '나의'

οὐκ : 부정어(not)

ἔστιν : 동사 εἰμί [to be]의 현재, 능동태, 직설법, 3인칭, 단수. '그(녀)는
    ~이다'

ἐκ : 속격을 취하는 전치사(from). 여기서는 기원이나 출처, 소속을 뜻한
　　다. BDAG, s.v. "ἐκ," 296, 3 항목 참조.
τοῦ : 정관사(ὁ, ἡ, τό)의 남성, 단수, 속격. '그'
κόσμου : 남성명사 κόσμος [the world]의 단수, 속격. '세상의'
τούτου : 지시대명사(οὗτος, αὕτη, τοῦτο)의 남성, 단수, 속격. '이.' ἐκ τοῦ
　　κόσμου τούτου = '이 세상으로부터 온/이 세상에 속한'

해 석　　"나의 왕국은 이 세상으로부터 오지 않았다."

연습문제 8

A. 문법

1. ἀκούω 동사의 현재, 중간태/수동태, 직설법 변화를 해보시오.

구분	단수	복수
1인칭	ἀκούομαι	ἀκουόμεθα
2인칭	ἀκούῃ	ἀκούεσθε
3인칭	ἀκούεται	ἀκούονται

2. 아래 도표의 동사를 분해(parsing)하시오.

변화형 동사	인칭	수	시제	태	법	현재능동태 1인칭단수	의미(뜻)
λύονται	3인칭	복수	현재	중간 /수동태	직설법	λύω	그(녀)들이 푼다 / 그(녀)들이 풀린다
ἀγόμεθα	1인칭	복수	현재	중간 /수동태	직설법	ἄγω	우리가 인도한다 / 우리가 인도된다
σώζῃ	2인칭	단수	현재	중간 /수동태	직설법	σώζω	네가 구원한다 / 네가 구원 받는다

B. 아래 문장을 우리말로 옮기시오.

1. τῷ λόγῳ τοῦ κυρίου **ἀγόμεθα** εἰς τὴν ἐκκλησίαν τοῦ θεοῦ.

τῷ : 정관사(ὁ, ἡ, τό)의

λόγῳ : 남성명사 λόγος [a word]의 단수, 여격. '말씀에게.' 여기서는 수
단의 여격으로 사용되었다. τῷ λόγῳ τοῦ κυρίου='주님의 말씀으
로'(주님의 말씀이라는 수단/매개를 통하여)

τοῦ : 정관사(ὁ, ἡ, τό)의 남성, 단수, 속격. '그'

κυρίου : 남성명사 κύριος [Lord, lord, master]의 단수, 속격. '주님의'

ἀγόμεθα : 동사 ἄγω [to lead]의 현재, 중간/수동태, 직설법, 1인칭, 복수.
'우리가 인도된다'

εἰς : 대격을 취하는 전치사(into).

τήν : 정관사(ὁ, ἡ, τό)의 여성, 단수, 대격. '그'

ἐκκλησίαν : 여성명사 ἐκκλησία [assembly, congregation]의 단수, 대격.
　　　　　　'교회를'

τοῦ : 정관사(ὁ, ἡ, τό)의 남성, 단수, 속격. '그'

θεοῦ : 남성명사 θεός [God, a god]의 단수, 속격. '하나님의.'

해석　"우리는 주님의 말씀으로 하나님의 교회로 인도된다."

2. σώζωσθε ὑπὸ τοῦ θεοῦ ἀπὸ τῶν ἁμαρτιῶν ὑμῶν.

σώζωσθε : 동사 σώζω [to save]의 현재, 중간/수동태, 직설법, 2인칭, 복
　　　　　수. '너희들이 구원을 받는다'

ὑπό : 속격(by)과 대격(under, below)을 취하는 전치사. 여기서는 속격을
　　　취하여 '~에 의하여'(by)라는 뜻으로 사용되었다. ὑπὸ τοῦ θεοῦ=
　　　'하나님에 의하여'

τοῦ : 정관사(ὁ, ἡ, τό)의 남성, 단수, 속격. '그'

θεοῦ : 남성명사 θεός [God, a god]의 단수, 속격. '하나님의.'

ἀπό : 속격을 취하는 전치사(from).

τῶν : 정관사(ὁ, ἡ, τό)의 여성, 복수, 속격. '그'

ἁμαρτιῶν : 여성명사 ἁμαρτία [sin, a sinful deed]의 복수, 속격. '죄들의'

ὑμῶν : 2인칭 대명사 σύ [you]의 복수, 속격. '너희들의'

해석　"너희들은 하나님에 의해서 너희의 죄들로부터 구원을 받는다."

3. διδάσκομαι τοῖς ἀποστόλοις τοῦ κυρίου.

διδάσκομαι : 동사 διδάσκω [to teach]의 현재, 중간/수동태, 직설법, 1인
　　　　　　칭, 단수. '내가 가르침을 받는다'

τοῖς : 정관사(ὁ, ἡ, τό)의 남성, 복수, 여격. '그'

ἀποστόλοις : 남성명사 ἀπόστολος [envoy, messenger, apostle]의 복수, 여
　　　　　　격. '사도들에게'

τοῦ : 정관사(ὁ, ἡ, τό)의 남성, 단수, 속격. '그'

κυρίου : 남성명사 κύριος [Lord, lord, master]의 단수, 속격. '주님의'

해 석 "나는 주님의 사도들에게 가르침을 받는다."

4. καὶ **συνάγονται** οἱ ἀπόστολοι πρὸς τὸν Ἰησοῦν καὶ ἀπήγγειλαν αὐτῷ πάντα ⋯ (막 6:30)

συνάγονται : 동사 συνάγω [to gather together]의 현재, 중간/수동태, 직
설법, 3인칭, 단수. '그(녀)들이 모인다.' '역사적 현재'
(historical present)로서 화자(話者)가 마치 현장에 있는 것처
럼 과거 사건을 생생하게 묘사하기 위해서 사용된다. 특히
복음서에서 매우 자주 쓰이며 과거형으로 번역하는 것이
자연스럽다. Burton, 9 참조.

οἱ : 정관사(ὁ, ἡ, τό)의 남성, 복수, 주격. '그'

ἀπόστολοι : 남성명사 ἀπόστολος [envoy, messenger, apostle]의 복수, 주
격. '사도들이'

πρός : 속격, 여격, 대격을 모두 취하는 전치사(toward, near, by,
advantageous for). 여기서는 대격을 취하여 '~를 향하여'라는 뜻
으로 사용되었다.

τόν : 정관사(ὁ, ἡ, τό)의 남성, 단수, 대격. '그'

Ἰησοῦν : 고유명사 Ἰησοῦς [Jesus, Joshua]의 단수, 대격. '예수를.' πρὸς
τὸν Ἰησοῦν = '예수에게'

ἀπήγγειλαν : 동사 ἀπαγγέλω [announce, report]의 단순과거, 능동태, 직
설법, 3인칭, 복수. '그(녀)들이 보고했다'

αὐτῷ : 3인칭 대명사(αὐτός, αὐτή, αὐτό)의 남성, 단수, 여격. '그에게'

πάντα : 형용사 πᾶς, πᾶσα, πᾶν [all, every, all things]의 중성, 복수, 대격.
명사적으로 사용되었다. '모든 것을'

해 석 "그리고 사도들이 예수에게로 모였다. 그리고 그에게 모든 것
을 보고했다."

5. τίς **δύναται** σωθῆναι; (막 10:26)

τίς : 의문대명사 τίς, τί(who, which)의 남성, 단수, 주격. '누가?'

50

신약성경 헬라어 교본 연습문제 해제

δύναται : 동사 δύναμαι [to be powerful, be able to]의 현재, 중간태, 직
설법, 3인칭, 단수. '그(녀)가 할 수 있다'

σωθῆναι : 동사 σώζω [to save]의 수동태 부정사. '구원 받는 것'

해 석 "누가 구원을 받을 수 있는가?"

연습문제 9

■ 아래 문장을 우리말로 옮기시오.

1. Οὐ πᾶς ὁ λέγων μοι· κύριε κύριε, εἰσελεύσεται εἰς τὴν βασιλείαν τῶν οὐρανῶν ⋯ (마 7:21)

   οὐ : 부정어(not)

   πᾶς : 형용사 πᾶς, πᾶσα, πᾶν [all, every, all things]의 남성, 단수, 주격. '모든 자'

   ὁ : 정관사(ὁ, ἡ, τό)의 남성, 단수, 주격. '그'

   λέγων : 동사 λέγω [to say, speak]의 현재, 능동태, 분사, 남성, 단수, 주격. '말하는.' 여기서는 명사 역할을 하는 독립적 용법으로 사용되었다. ὁ λέγων = '말하는 자'

   μοι : 1인칭 대명사 ἐγώ [I]의 단수, 여격. '나에게'

   κύριε : 남성명사 κύριος [Lord, lord, master]의 단수, 호격. '주여!' 분사 λέγων의 목적어로서 직접 인용문이다. κύριε κύριε="주여! 주여!"

   εἰσελεύσεται : 동사 εἰσέρχομαι [to go into, come in]의 미래, 중간태, 직설법, 3인칭, 단수. '그(녀)가 들어갈 것이다'

   εἰς : 대격을 취하는 전치사(into).

   τήν : 정관사(ὁ, ἡ, τό)의 여성, 단수, 대격. '그'

   βασιλείαν : 여성명사 βασιλεία [kingdom]의 단수, 대격. '왕국을, 통치를'

   τῶν : 정관사(ὁ, ἡ, τό)의 남성, 복수, 속격. '그'

   οὐρανῶν : 남성명사 οὐρανός [heaven]의 복수, 속격. '하늘들의'

   해석 "나에게 '주여! 주여!'라고 말하는 자들이 모두 천국에 들어가지는 못할 것이다."

2. ἡ μαρτυρία σου οὐκ ἔστιν ἀληθής. (요 8:13)

   ἡ : 정관사(ὁ, ἡ, τό)의 여성, 단수, 주격. '그'

   μαρτυρία : 여성명사 μαρτυρία [a testimony, evidence]의 단수, 주격. '증언이'

σου : 2인칭 대명사 σύ [you]의 단수, 속격. '너의'

οὐκ : 부정어(not)

ἔστιν : 동사 εἰμί [to be] 현재, 능동태, 직설법, 3인칭, 단수. '그(녀)가 ~
이다, 있다'

ἀληθής : 형용사 ἀληθής [true]의 여성, 단수, 주격. '참된'

해 석 "너의 증언은 참되지 않다."

3. ἐν τούτῳ ἐστὶν ἡ ἀγάπη, οὐχ ὅτι ἡμεῖς ἠγαπήκαμεν τὸν θεὸν ἀλλ' ὅτι
αὐτὸς ἠγάπησεν ἡμᾶς ⋯ (요일 4:10)

ἐν : 여격을 취하는 전치사(in, within)

τούτῳ : 지시대명사(οὗτος, αὕτη, τοῦτο [this])의 중성, 단수, 여격. '이것
에게.' ἐν τούτῳ='여기에'

ἐστίν : 동사 εἰμί [to be] 현재, 능동태, 직설법, 3인칭, 단수. '그(녀)가 ~
이다, 있다'

ἡ : 정관사(ὁ, ἡ, τό)의 여성, 단수, 주격. '그'

ἀγάπη : 여성명사 ἀγάπη [love]의 주격, 단수. '사랑이'

οὐχ : 부정어(not)

ὅτι : 종속접속사(that, because, since). 여기서는 설명적 보족어구(epexegetical
phrase)를 이끄는 접속사로 사용되었으며, 설명하는 내용이 실제적
인 사실임을 강조한다. '즉, 말하자면' 정도로 옮길 수 있다. BDF,
§ 394; BDAG, s.v. "ὅτι," 732, 항목 2.a 참조.

ἡμεῖς : 1인칭 대명사 ἐγώ [I]의 복수, 주격. '우리가'

ἠγαπήκαμεν : 동사 ἀγαπάω [to love]의 현재완료, 능동태, 직설법, 1인칭,
복수. '우리가 사랑하였다.' 단순과거와 현재완료는 둘 다 과
거의 사건을 지칭하지만, 단순과거가 과거의 사건 자체를 지
칭하는 반면 현재완료는 과거 사건의 결과가 현재에도 존속
하고 있음을 지칭한다. 그러나 여기서는 ἠγαπήκαμεν이 현재
완료이긴 하지만 곧바로 이어지는 단순과거형 ἠγάπησεν과
의미상의 차이는 거의 없다. Moule, 14; Burton, 42 참조.

τόν : 정관사(ὁ, ἡ, τό)의 남성, 단수, 대격. '그'

θεόν : 남성명사 θεός [God, a god]의 단수, 대격. '하나님을'

ἀλλ' : 역접접속사(but, except).

αὐτός : 3인칭 대명사(αὐτός, αὐτή, αὐτό)의 남성, 단수, 주격. '그가'

ἠγάπησεν : 동사 ἀγαπάω [to love]의 단순과거, 능동태, 직설법, 3인칭,
            단수. '그(녀)가 사랑하였다'

ἡμᾶς : 1인칭 대명사 ἐγώ [I]의 복수, 대격. '우리를'

해석 "사랑은 여기에 있다. 즉 우리가 하나님을 사랑한 것이 아니
라 오히려 그가 우리를 사랑하셨다."

연습문제 10

A. 문법

아래 도표의 동사를 분해(parsing)하시오.

변화형 동사	인칭	수	시제	태	법	현재능동태 1인칭단수	의미(뜻)
πορεύῃ	2인칭	단수	현재	중간태	직설법	πορεύομαι	네가 가고 있다
ἐξέρχονται	3인칭	복수	현재	중간태	직실법	ἐξέρχομαι	그(녀)들이 나가고 있다
γίνεσθε	2인칭	복수	현재	중간태	직설법	γίνομαι	너희들이 되고 있다

B. 아래 문장을 우리말로 옮기시오.

1. διὰ τοῦτο καὶ ὑμεῖς γίνεσθε ἕτοιμοι, ὅτι ᾗ οὐ δοκεῖτε ὥρᾳ ὁ υἱὸς τοῦ
   ἀνθρώπου ἔρχεται. (마 24:44)
   διά : 속격(through)과 대격(because of, by means of)을 취하는 전치사. 여
      기서는 대격과 함께 쓰여 '~ 때문에'라는 뜻이다. διὰ τοῦτο = '이
      때문에'
   τοῦτο : 지시대명사(οὗτος, αὕτη, τοῦτο [this])의 중성, 단수, 대격.
   καί : 순접접속사(and). 여기서는 강조의 의미로 사용되었다(also). καὶ
      ὑμεῖς = '너희도'
   ὑμεῖς : 2인칭 대명사 σύ [you]의 복수, 주격. '너희는'
   γίνεσθε : 동사 γίνομαι [to become]의 현재, 중간태, 명령법, 2인칭, 복
      수. '너희는 ~가 되어라'
   ἕτοιμοι : 형용사 ἕτοιμος [ready, prepared]의 남성, 복수, 주격. '준비된'
   ὅτι : 접속사(that, because). 여기서는 이유를 설명하는 절을 이끈다
      (because).
   ᾗ : 관계대명사(ὅς, ἥ, ὅ)의 여성, 단수, 여격. ὥρᾳ와 연결되어 '~하는 시
      간에'(at which)라는 뜻이다.
   οὐ : 부정어(not)

δοκεῖτε : 동사 δοκέω [to think]의 현재, 능동태, 직설법, 2인칭, 복수. '너희들이 알고 있다'

ὥρᾳ : 여성명사 ὥρα [an hour]의 단수, 여격. '시간에' 시간의 여격 (temporal dative)으로 사용되었다. BDF, § 200 참조. ᾗ οὐ δοκεῖτε ὥρᾳ='너희가 알지 못하는 시간에'

ὁ : 정관사(ὁ, ἡ, τό)의 남성, 단수, 주격. '그'

υἱός : 남성명사 υἱός [a son]의 단수, 주격. '아들이'

τοῦ : 정관사(ὁ, ἡ, τό)의 남성, 단수, 속격. '그'

ἀνθρώπου : 남성명사 ἄνθρωπος [a man]의 단수, 속격. '사람의' ὁ υἱὸς τοῦ ἀνθρώπου='사람의 아들/인자(人子)'

ἔρχεται : 동사 ἔρχομαι [to go, come]의 현재, 중간태, 직설법, 3인칭, 단수. '그(녀)가 오고 있다.' 역사적 현재와 유사하게, 현재시제가 미래 사건을 생생하게 묘사하기 위해서 사용될 수 있다. Burton, § 14; BDF, §323(3) 참조.

해석 "이러므로 너희도 준비하라! 왜냐하면 너희가 알지 못하는 때에 인자가 올 것이기 때문이다."

2. οὐκ ἀποκρίνῃ οὐδέν; (막 15:4)

οὐκ : 부정어(not)

ἀποκρίνῃ : 동사 ἀποκρίνω [to answer]의 현재, 중간태, 직설법, 2인칭, 단수. '네가 답변한다'

οὐδέν : 부정대명사(οὐδείς, οὐδεμία, οὐδέν)의 중성, 단수, 대격. '아무것도 아닌'(nothing)

해석 "너는 아무 대답도 하지 않느냐?"

3. ἔρχεται ἡ βασιλεία τοῦ θεοῦ … (눅 17:20)

ἔρχεται : 동사 ἔρχομαι [to go, come]의 현재, 중간태, 직설법, 3인칭, 단수. '그(녀)가 오고 있다'

ἡ : 정관사(ὁ, ἡ, τό)의 여성, 단수, 주격. '그'

βασιλεία : 여성명사 βασιλεία[kingom]의 단수, 주격. '왕국이'

τοῦ : 정관사(ὁ, ἡ, τό)의 남성, 단수, 속격. '그'

θεοῦ : 남성명사 θεός [God, a god]의 단수, 속격. '하나님의'

> **해석** "하나님의 나라가 임하고 있다."

4. Νυνὶ δὲ **πορεύομαι** εἰς Ἰερουσαλὴμ διακονῶν τοῖς ἁγίοις. (롬 15:25)

νυνί : 부사(now)

δέ : 역접접속사(but)

πορεύομαι : 동사 πορεύομαι [to go, proceed]의 현재, 중간태, 직설법, 1
인칭, 단수. '내가 가고 있다'

εἰς : 대격을 취하는 전치사(into, toward), 여기서는 여행의 목적지를 표
현하기 위해서 사용되었다. BDAG, s.v. "εἰς," 290, 항목 1.a 참조.
εἰς Ἰερουσαλήμ='예루살렘을 향하여'

Ἰερουσαλήμ : 고유명사 Ἰεροσόλυμα [Jerusalem]의 여성, 단수, 대격. '예
루살렘을.'

διακονῶν : 동사 διακονέω [to wait upon, serve]의 현재, 능동태, 분사,
남성, 단수, 주격. '섬기는.' 여기서는 '모금을 통한 봉사'라는
구체적인 의미로 쓰였다. 현재분사지만 모금의 시초부터 전
달까지의 전 과정을 표현하는 지속적인 의미가 아니라 단순
한 전달 행위를 표현하며, 예루살렘 방문의 목적을 나타낸다.
장흥길, 『로마서』(한국장로교총회창립 100주년기념 표준주
석; 서울: 한국장로교출판사, 2014), 310; E. Käsemann/G.
W. Bromiley (trans.), *Commentary on Romans* (Grand Rapids:
Eerdmans Publishing Co., 1980), 398; *TDNT*, IV, s.v.
"διακονέω," by Strathmann, 227 참조. διακονῶν τοῖς ἁγίοις
= '성도들을 섬기려고'

τοῖς : 정관사(ὁ, ἡ, τό)의 남성, 복수, 여격. '그'

ἁγίοις : 형용사 ἅγιος [holy]의 남성, 복수, 여격. 독립적으로 사용되어
명사처럼 쓰였다. '성도들에게'

> **해석** "그러나 이제 나는 성도들을 섬기려고 예루살렘을 향하여 가
> 고 있다."

연습문제 11

■ 아래 문장을 우리말로 옮기시오.

1. ἔκβαλε πρῶτον ἐκ τοῦ ὀφθαλμοῦ σοῦ τὴν δοκόν. (마 7:5)

   ἔκβαλε : 동사 ἐκβάλλω [to cast out]의 단순과거, 능동태, 명령법, 2인칭, 단수. '너는 내버려라'

   πρῶτον : 부사(first). '먼저'

   ἐκ : 속격을 취하는 전치사(from). ἐκ τοῦ ὀφθαλμοῦ σοῦ = '너의 눈으로부터'

   τοῦ : 정관사(ὁ, ἡ, τό)의 남성, 단수, 속격. '그'

   ὀφθαλμοῦ : 남성명사 ὀφθαλμός [an eye]의 단수, 속격. '눈의'

   σοῦ : 2인칭 대명사 σύ [you]의 단수, 속격. '너의'

   τήν : 정관사(ὁ, ἡ, τό)의 여성, 단수, 대격. '그'

   δοκόν : 여성명사 δοκός [a beam of timber, log]의 단수, 대격. '대들보를'

   > **해석** "먼저 너의 눈으로부터 대들보를 내버려라."

2. οὐδεὶς ἐπιγινώσκει τὸν υἱὸν εἰ μὴ ὁ πατήρ, οὐδὲ τὸν πατέρα τις ἐπιγινώσκει εἰ μὴ ὁ υἱός … (마 11:27)

   οὐδείς : 부정대명사(οὐδείς, οὐδεμία, οὐδέν)의 남성, 단수, 주격. '아무도 아닌'(nobody)

   ἐπιγινώσκει : 동사 ἐπιγινώσκω [to come to know]의 현재, 능동태, 직설법, 3인칭, 단수. '그(녀)가 알고 있다'

   τόν : 정관사(ὁ, ἡ, τό)의 남성, 단수, 대격. '그'

   υἱόν : 남성명사 υἱός [a son]의 단수, 대격. '아들을'

   εἰ : 종속접속사(if). '만일'

   μή : 부정어(not). 직설법 이외의 서법들에서 사용되며, 여기서는 εἰ와 함께 '~를 제외하고'(except, if not)라는 뜻으로 쓰였다. 대부분의 경우 별도의 동사 없이 사용된다. BDAG, s.v. "εἰ," 278, 6.i.α 항목 참조.

   ὁ : 정관사(ὁ, ἡ, τό)의 남성, 단수, 주격. '그'

πατήρ : 남성명사 πατήρ [a father]의 단수, 주격. '아버지가'

οὐδέ : 부정어(and not, not even, nor)

τόν : 정관사(ὁ, ἡ, τό)의 남성, 단수, 대격. '그'

πατέρα : 남성명사 πατήρ [a father]의 단수, 대격. '아버지를'

τις : 부정대명사 τις, τι [someone, something]의 남성, 단수, 주격. '누군
가가'

υἱός : 남성명사 υἱός [a son]의 단수, 주격. '아들이'

> **해 석** "아버지 외에는 그 누구도 아들을 알지 못하며, 아들과 … 외
> 에는 누구도 아버지를 알지 못한다."

3. ἕως αὐτὸς ἀπολύει τὸν ὄχλον. (막 6:45)

ἕως : 어떤 사건이 완결되는 시점이나 공간적인 종점(up to a given point)
을 표현하는 불변화사(particle). 전치사와 접속사 모두로 사용된다
(until). ἕως가 접속사로 쓰일 경우 직설법이나 가정법과 함께 사용
되는데, 단순히 과거 사건을 지칭할 때는 항상 직설법 단순과거가
쓰인다(마 24:39; 요 9:18 등). 그러나 직설법 현재가 쓰이면 ἕως는
'~까지'가 아니라 '~하는 동안'이라는 의미로서, '동시 상황'을 표
현하거나 '선취된'(proleptic) 미래를 현재 시제로 생생하게 묘사한
다. 여기서도 ἕως-현재 직설법은 동시 상황을 나타낸다. '그가 친히
무리를 해산시키는 동안에.' Porter, 241; Robertson, 975-76. 참조.

αὐτός : 3인칭 대명사(αὐτός, αὐτή, αὐτό)의 남성, 주격, 단수. '그가.' 강조
의 의미로 사용되었다.

ἀπολύει : 동사 ἀπολύω [to dismiss, release]의 현재, 능동태, 직설법, 3인
칭, 단수. '그(녀)가 해산시키고 있다'

τόν : 정관사(ὁ, ἡ, τό)의 남성, 단수, 대격. '그'

ὄχλον : 남성명사 ὄχλος [a crowd, multitude]의 단수, 대격. '무리를'

> **해 석** "그가 친히 무리를 해산시키는 동안에"

4. ὅτι ἰδοὺ **ἀναβαίνομεν** εἰς Ἰεροσόλυμα, καὶ ὁ υἱὸς τοῦ ἀνθρώπου **παραδοθήσεται**
   τοῖς ἀρχιερεῦσιν καὶ τοῖς γραμματεῦσιν, καὶ **κατακρινοῦσιν** αὐτὸν θανάτῳ καὶ
   παραδώσουσιν αὐτὸν τοῖς ἔθνεσιν. (막 10:33)

   ὅτι : 종속접속사(that, because, since). 여기서는 앞 절의 '그에게 일어날
      일들'(τὰ μέλλοντα αὐτῷ συμβαίνειν)을 부연하는 설명적 보족어구
      (epexegetical phrase)를 이끄는 접속사로 사용되었으며, 설명하는 내
      용이 실제적인 사실임을 강조한다. '즉, 말하자면' 정도로 옮길 수 있
      다. BDF, § 394; BDAG, s.v. "ὅτι," 732, 항목 2.a 참조.

   ἰδού : 감탄사(behold! Look!).

   ἀναβαίνομεν : 동사 ἀναβαίνω [to go up]의 현재, 능동태, 직설법, 1인칭,
      복수. '우리가 올라가고 있다.'

   εἰς : 대격을 취하는 전치사(into, toward), 여기서는 여행의 목적지를 표
      현하기 위해서 사용되었다. BDAG, s.v. "εἰς," 290, 항목 1.a 참조. εἰς
      Ἰερουσαλήμ='예루살렘을 향하여'

   Ἰεροσόλυμα : 고유명사 Ἰεροσόλυμα [Jerusalem]의 여성, 단수, 대격. '예
      루살렘을.'

   ὁ : 정관사(ὁ, ἡ, τό)의 남성, 단수, 주격. '그'

   υἱός : 남성명사 υἱός [a son]의 단수, 주격. '아들이'

   τοῦ : 정관사(ὁ, ἡ, τό)의 남성, 단수, 속격. '그'

   ἀνθρώπου : 남성명사 ἄνθρωπος [a man]의 단수, 속격. '사람의'

   παραδοθήσεται : 동사 παραδίδωμι [to hand over]의 미래, 수동태, 직설
      법, 3인칭, 단수. '그(녀)가 넘겨질 것이다'

   τοῖς : 정관사(ὁ, ἡ, τό)의 남성, 복수, 여격. '그'

   ἀρχιερεῦσιν : 남성명사 ἀρχιερεύς [a high priest]의 복수, 여격. '대제사
      장들에게'

   γραμματεῦσιν : 남성명사 γραμματεύς [a scribe]의 복수, 여격. '서기관들
      에게'

   κατακρινοῦσιν : 동사 κατακρίνω [to condemn]의 미래, 능동태, 직설법,
      3인칭, 복수. '그(녀)들이 판결할 것이다'

   αὐτὸν : 3인칭 대명사(αὐτός, αὐτή, αὐτό)의 남성, 단수, 대격. '그를'

θανάτῳ : 남성명사 θάνατος [death]의 단수, 여격. '죽음에'

παραδώσουσιν : 동사 παραδίδωμι [to hand over]의 미래, 능동태, 직설법, 3인칭, 복수. '그(녀)들이 넘겨줄 것이다'

ἔθνεσιν : 남성명사 ἔθνος [nation, gentiles]의 복수, 여격. '이방인들에게'

해 석 "보라! 우리는 예루살렘을 향하여 올라가고 있다. 그리고 인자는 대제사장들과 서기관들에게 넘겨질 것이다. 그리고 그들은 그에게 사형선고를 내리고 그를 이방인들에게 넘겨줄 것이다."

5. συνάγει καρπὸν εἰς ζωὴν αἰώνιον. (요 4:36)

συνάγει : 동사 συνάγω [to gather together]의 현재, 능동태, 직설법, 3인칭, 단수. '그(녀)가 모으고 있다'

καρπόν : 남성명사 καρπός [fruit]의 단수, 대격. '열매를'

εἰς : 대격을 취하는 전치사(into, toward), 여기서는 목표나 목적을 표현하기 위해서 사용되었다. BDAG, s.v. "εἰς," 290, 항목 4.a 참조.

ζωήν : 여성명사 ζωή [life]의 단수, 대격. '생명을'

αἰώνιον : 형용사 αἰώνιος [eternal]의 여성, 단수, 대격. '영원한'

해 석 "그가 영생에 이르는 열매를 모으고 있다."

연습문제 12

■ 아래 문장을 우리말로 옮기시오.

1. ἄρχω τῆς βασιλείας.

ἄρχω : 동사 ἄρχω [to rule]의 현재, 능동태, 직설법. 속격을 목적으로 취
한다. '내가 다스리고 있다'

τῆς : 정관사(ὁ, ἡ, τό)의 여성, 단수, 속격. '그'

βασιλείας : 여성명사 βασιλεία [kingdom]의 단수, 속격. '왕국의.' 동사
ἄρχω의 목적어이다.

> **해석** "나는 그 왕국을 다스리고 있다."

2. οὗτός ἐστιν ὁ υἱός μου ὁ ἀγαπητός, ἀκούετε αὐτοῦ. (막 9:7)

οὗτός : 지시대명사(οὗτος, αὕτη, τοῦτο [this])의 남성, 단수, 주격. '이'

ἐστιν : 동사 εἰμί [to be]의 현재, 능동태, 직설법, 3인칭, 단수. '그(녀)가
~이다, 있다'

ὁ : 정관사(ὁ, ἡ, τό)의 남성, 단수, 주격. '그'

υἱός : 남성명사 υἱός [a son]의 단수, 주격. '아들이'

μου : 1인칭 대명사 ἐγώ [I]의 단수, 속격. '나의'

ἀγαπητός : 형용사 ἀγαπητός [beloved]의 남성, 단수, 주격. '사랑하는.'
관사와 함께 쓰인 한정적 용법이다. ὁ υἱός μου ὁ ἀγαπητός
= '나의 사랑하는 아들'

ἀκούετε : 동사 ἀκούω [to hear]의 현재, 능동태, 명령법, 2인칭, 복수. '너
희는 들어라'

αὐτοῦ : 3인칭 대명사(αὐτός, αὐτή, αὐτό)의 남성, 단수, 속격. '그의.' 동사
ἀκούετε의 목적어이다.

> **해석** "이는 나의 사랑하는 아들이다. 너희는 그의 말을 들어라!"

3. εἶπεν δὲ αὐτῷ· εἰ Μωϋσέως καὶ τῶν προφητῶν οὐκ **ἀκούουσιν**, οὐδ᾽ ἐάν τις ἐκ νεκρῶν ἀναστῇ πεισθήσονται. (눅 16:31)

εἶπεν : 동사 λέγω [to say, speak]의 단순과거, 능동태, 직설법, 3인칭, 단수. '그(녀)가 말했다'

αὐτῷ : 3인칭 대명사(αὐτός, αὐτή, αὐτό)의 남성, 단수, 여격. '그에게'

εἰ : 직설법을 이끄는 종속접속사(if). '만일'. 신약성경에서 'εἰ+직설법'은 대체적으로 현재적인 사실을 전제하며, 이 경우 '~하기 때문에' (since)로 번역하는 것이 자연스럽다. 이에 반해 'ἐάν+가정법'은 아직은 현실화되지 않은 특정한 상황이나 기대를 전제하는 표현이다. BDF, § 371, 372 참조. εἰ Μωϋσέως καὶ τῶν προφητῶν οὐκ ἀκούουσιν='그들은 모세와 선지자들을 경청하고 있지 않기 때문에'

Μωϋσέως : 고유명사 Μωϋσῆς [Moses]의 단수, 속격. '모세의' 여기서는 동사 ἀκούουσιν의 목적어로 사용되었다.

τῶν : 정관사(ὁ, ἡ, τό)의 남성, 복수, 속격. '그'

προφητῶν : 남성명사 προφήτης [a prophet]의 복수, 속격. '선지자들의.' 여기서는 Μωϋσέως와 더불어 동사 ἀκούουσιν의 목적어로 사용되었다.

οὐκ : 부정어(not)

ἀκούουσιν : 동사 ἀκούω [to hear]의 현재, 능동태, 직설법, 3인칭, 복수. '그(녀)들이 듣고 있다'

οὐδ᾽ : 부정어 οὐδε(not even, neither)의 축약형.

ἐάν : 가정법을 이끄는 종속접속사(if). 위의 εἰ에 대한 설명을 보라.

τις : 부정대명사(someone, something)의 남성, 단수, 주격. '누군가'

ἐκ : 속격을 취하는 전치사(from).

νεκρῶν : 형용사 νεκρός [dead]의 남성, 복수, 속격. 독립적으로 사용되어 명사처럼 쓰였다. '죽은 자들의.' ἐκ νεκρῶν ='죽은 자들로부터'

ἀναστῇ : 동사 ἀνίστημι [to cause to rise, raise]의 단순과거, 능동태, 가정법, 3인칭, 단수. '그(녀)가 일어난다면'

πεισθήσονται : 동사 πείθω [to persuade]의 미래, 수동태, 직설법, 3인칭, 복수. '그(녀)들이 설득될 것이다.' 수동태지만 능동적으

로 설득당하기를 거부한다는 의미가 함축되어 있다(they will not be open to persuasion). BDF, § 101 참조. 또한 D 사본 등의 πιστεύσουσιν(믿지 [않을] 것이다)이라는 이독(異讀)도 참조.

해 석 "그가 그에게 말했다. 그들은 모세와 선지자들을 경청하고 있지 않기 때문에, 누군가 죽은 자들로부터 일어난다고 해도 그들은 설득당하지 않을 것이다."

4. λέγει αὐτῇ ὁ Ἰησοῦς· πίστευέ μοι, γύναι, ὅτι ἔρχεται ὥρα ὅτε οὔτε ἐν τῷ ὄρει τούτῳ οὔτε ἐν Ἰεροσολύμοις προσκυνήσετε τῷ πατρί. (요 4:21)

λέγει : 동사 λέγω [to say, speak]의 현재, 능동태, 직설법, 3인칭, 단수. '그(녀)가 말한다'

αὐτῇ : 3인칭 대명사(αὐτός, αὐτή, αὐτό)의 여성, 단수, 여격. '그녀에게'

ὁ : 정관사(ὁ, ἡ, τό)의 남성, 단수, 주격. '그'

Ἰησοῦς : 고유명사 Ἰησοῦς [Jesus, Joshua]의 주격, 단수. '예수가'

πίστευε : 동사 πιστεύω [to believe, have faith]의 현재, 능동태, 명령법, 2인칭, 단수. '너는 믿어라'. 직접목적어로 여격을 취하거나 'πιστεύω ἐν+여격'의 형태를 취한다.

μοι : 1인칭 대명사 ἐγώ [I]의 단수, 여격. '나에게.' 여기서는 동사 πίστευε의 목적어로 사용되었다. πίστευέ μοι='나를 믿어라'

γύναι : 여성명사 γύνη [a woman, wife]의 단수, 호격. '여자여'

ὅτι : 종속접속사(that, because, since). 여기서는 설명적 보족어구(epexegetical phrase)를 이끄는 접속사로 사용되었다. BDF, § 394; BDAG, s.v. "ὅτι," 732, 항목 2.a 참조.

ἔρχεται : 동사 ἔρχομαι [to come, go]의 현재, 중간태, 직설법, 3인칭, 단수. '그(녀)가 오고 있다'

ὥρα : 여성명사 ὥρα [an hour]의 단수, 주격. '시간이'

ὅτε : 시간을 나타내는 종속접속사(when)

οὔτε : 부정어(not, neither)

ἐν : 여격을 취하는 전치사(in, within)

τῷ : 정관사(ὁ, ἡ, τό)의 중성, 단수, 여격. '그'

ὄρει : 중성명사 ὄρος [a mountain]의 단수, 여격. '산에게'

τούτῳ : 지시대명사(οὗτος, αὕτη, τοῦτο)의 중성, 단수, 여격. '이.' ἐν τῷ
　　　ὄρει τούτῳ = '이 산에서'

Ἱεροσολύμοις : 고유명사 Ἱεροσόλυμα [Jerusalem]의 중성, 복수, 여격.
　　　= '예루살렘에서'

προσκυνήσετε : 동사 προσκυνέω [to worship]의 미래, 능동태, 직설법, 2
　　　인칭, 복수. '너희가 예배할 것이다'

πατρί : 남성명사 πατήρ [a father]의 단수, 여격. '아버지에게'

> **해석** "예수가 그녀에게 말했다. 여자여, 나를 믿어라. 너희가 이 산
> 도 아니고 예루살렘도 아닌 곳에서 아버지께 예배하게 될 때
> 가 오고 있다."

5. διὰ τί ὑμεῖς οὐ **πιστεύετέ** μοι; (요 8:46)

διά : 속격(through)과 대격(because of, by means of)을 취하는 전치사. 여
　　　기서는 대격과 함께 쓰여 '~ 때문에'라는 뜻이다. διὰ τί = '무엇
　　　때문에'

τί : 의문대명사 τίς, τί [who, which, what]의 중성, 단수, 대격. '무엇을'

ὑμεῖς : 2인칭 대명사 σύ [you]의 복수, 주격. '너희가'

οὐ : 부정어(not)

πιστεύετε : 동사 πιστεύω [to believe]의 현재, 능동태, 직설법, 2인칭, 복
　　　수. '너희가 믿고 있다.' 여격과 대격을 목적으로 취한다.

μοι : 1인칭 대명사 ἐγώ [I]의 단수, 여격. '나에게' πιστεύετέ μοι = '너
　　　희는 나를 믿고 있다'

> **해석** "너희는 무엇 때문에 나를 믿지 않느냐?"

연습문제 13

A. 문법

1. ἀποθνήσκω 동사의 미완료 능동태 직설법 변화를 해보시오.

구분	단수	복수
1인칭	ἀπέθνῃσκον	ἀπεθνήσκομεν
2인칭	ἀπέθνῃσκες	ἀπεθνήσκετε
3인칭	ἀπέθνῃσκεν	ἀπέθνῃσκον

2. εἰμί의 미완료 직설법 변화를 해보시오.

구분	단수	복수
1인칭	ἤμην	ἦμεν
2인칭	ἦς	ἦτε
3인칭	ἦν	ἦσαν

3. 아래 도표의 동사를 분해(parsing)하시오.

변화형동사	인칭	수	시제	태	법	현재능동태 1인칭단수	의미(뜻)
ἦς	2인칭	단수	미완료	능동태	직설법	εἰμί	네가 있었다
κατέβαινον	3인칭	복수	미완료	능동태	직설법	καταβαίνω	그(녀)들이 올라가고 있었다
ἠσθίετε	2인칭	복수	미완료	능동태	직설법	ἐσθίω	너희들이 먹고 있었다

B. 아래 문장을 우리말로 옮기시오.

1. ἦσαν γὰρ πολλοὶ καὶ ἠκολούθουν αὐτῷ. (막 2:15)

   ἦσαν : 동사 εἰμί [to be]의 미완료, 능동태, 직설법, 3인칭, 복수. '그(녀) 들이 ~있었다'

γάρ : 접속사(for). '왜냐하면'

πολλοί : 형용사 πολύς, πολλή, πολύ [many, much]의 남성, 복수, 주격. 독립적으로 사용되어 명사처럼 쓰였다. '많은 자들이'

ἠκολούθουν : 동사 ἀκολουθέω [to follow]의 미완료, 능동태, 직설법, 3인 칭, 복수. '그(녀)들이 따르고 있었다.' 여격을 목적으로 취한다.

αὐτῷ : 3인칭 대명사(αὐτός, αὐτή, αὐτό)의 남성, 단수, 여격. 동사 ἠκολούθουν의 목적으로 사용되었다.

해석 "왜냐하면 많은 자들이 있어 그를 따르고 있었기 때문이었다."

2. καὶ δαιμόνια πολλὰ **ἐξέβαλλον** (막 6:13)

δαιμόνια : 중성명사 δαιμόνιον [a demon]의 복수, 대격. '악령들을'

πολλά : 형용사 πολύς, πολλή, πολύ [many, much]의 중성, 복수, 대격. '많은'

ἐξέβαλλον : 동사 ἐκβάλλω [to cast out]의 미완료, 능동태, 직설법, 3인칭, 복수. '그(녀)들이 내쫓고 있었다'

해석 "그리고 그들은 많은 악령들을 내쫓았다."

3. ὁ Ἰησοῦς εἶπεν· ἄνθρωπός τις **κατέβαινεν** ἀπὸ Ἰερουσαλὴμ εἰς Ἰεριχὼ καὶ λῃσταῖς περιέπεσεν (눅 10:30)

ὁ : 정관사(ὁ, ἡ, τό)의 남성, 단수, 주격. '그'

Ἰησοῦς : 고유명사 Ἰησοῦς [Jesus, Joshua]의 단수, 주격. '예수가'

εἶπεν : 동사 λέγω [to say, speak]의 단순과거, 능동태, 직설법, 3인칭, 단수. '그(녀)가 말했다'

ἄνθρωπος : 남성명사 ἄνθρωπος [a man]의 단수, 주격. '사람이'

τις : 부정대명사(someone)의 남성, 단수, 주격. '어떤 자가'

κατέβαινεν : 동사 καταβαίνω [to go down]의 미완료, 능동태, 직설법, 3인칭, 단수. '그(녀)가 내려가고 있었다'

ἀπό : 속격을 취하는 전치사(from).

Ἰερουσαλήμ : 고유명사 Ἱεροσόλυμα [Jerusalem]의 여성, 단수, 속격. '예
루살렘의.' ἀπὸ Ἰερουσαλήμ = '예루살렘으로부터'

εἰς : 대격을 취하는 전치사(into, toward), 여기서는 여행의 목적지를 표
현하기 위해서 사용되었다. BDAG, s.v. "εἰς," 290, 항목 1.a 참조.
εἰς Ἰεριχώ = '여리고를 향하여'

Ἰεριχώ : 고유명사 Ἰεριχώ [Jericho]의 여성, 단수, 대격. '여리고를'

λῃσταῖς : 남성명사 λῃστής [a robber]의 복수, 여격. '강도들에게.' 여기서
는 동사 περιέπεσεν의 목적어로 사용되었다.

περιέπεσεν : 동사 περιπίπτω [to encounter]의 단순과거, 능동태, 직설법,
3인칭, 단수. '그(녀)가 만났다.' 문자적으로는 '~의 손아귀
로 떨어지다/~에 연루되다'라는 뜻으로서 여격과 함께 쓰
인다. BDAG, s.v. "περιπίπτω," 804 참조.

> **해석** "예수가 말했다. '어떤 사람이 예루살렘으로부터 여리고를 향
> 하여 내려가고 있었다. 그리고 그는 강도들을 만났다.'"

4. Ἤκουον δὲ ταῦτα πάντα οἱ Φαρισαῖοι φιλάργυροι ὑπάρχοντες καὶ
ἐξεμυκτήριζον αὐτόν. (눅 16:14)

Ἤκουον : 동사 ἀκούω [to hear]의 미완료, 능동태, 직설법, 3인칭, 복수.
'그(녀)들이 듣고 있었다'

ταῦτα : 지시대명사(οὗτος, αὕτη, τοῦτο [this])의 중성, 복수, 대격. '이'

πάντα : 형용사 πᾶς, πᾶσα, πᾶν [all, every, all things]의 중성, 복수, 대격.
'모든 것들을'

οἱ : 정관사(ὁ, ἡ, τό)의 남성, 복수, 주격. '그'

Φαρισαῖοι : 남성명사 Φαρισαῖος [a Pharisee]의 복수, 주격. '바리새인들이'

φιλάργυροι : 형용사 φιλάργυρος [fond of money]의 남성, 복수, 주격.
'돈을 좋아하는'

ὑπάρχοντες : 동사 ὑπάρχω [to be, exist]의 현재, 능동태, 분사, 남성, 복
수, 주격. '~인'

ἐξεμυκτήριζον : 동사 ἐκμυκτηρίζω [to ridicule, sneer]의 미완료, 능동태,
직설법, 3인칭, 복수. '그(녀)들이 비웃고 있었다'

αὐτόν : 3인칭 대명사(αὐτός, αὐτή, αὐτό)의 남성, 단수, 대격. '그를'

해석 "그러나 바리새인들은 이 모든 것을 듣고 있었다. 그들은 돈을 좋아하는 자들로서 그를 비웃고 있었다."

5. ἐκεῖνος δὲ ἔλεγεν περὶ τοῦ ναοῦ τοῦ σώματος αὐτοῦ. (요 2:21)

ἐκεῖνος : 지시대명사(ἐκεῖνος, ἐκείνη, ἐκεῖνο)의 남성, 단수, 주격. '그가'

ἔλεγεν : λέγω [to say, speak]의 미완료, 능동태, 직설법, 3인칭, 단수. '그 (녀)가 말하고 있었다.' 여기서 미완료는 동작/발언의 의도를 표현하려는 것이다('말하고자 했다'). R. E. Brown, *The Gospel according to John I-XII*, 116 참조.

περί : 속격과 대격을 취하는 전치사. 속격과 함께 쓰일 경우 어떤 활동이나 내적인 마음의 과정이 지칭하거나 관계하는 대상을 표현하며(about, concerning), 대격과 함께 쓰일 경우에는 주로 장소나 위치를 나타낸다(about, around). BDAG, s.v. "περί," 797-98 참조.

τοῦ : 정관사(ὁ, ἡ, τό)의 남성, 단수, 속격. '그'

ναοῦ : 남성명사 ναός [a temple]의 단수, 속격. '성전의'

σώματος : 중성명사 σῶμα [a body]의 단수, 속격. '몸의.' 여기서는 ναοῦ와 동격으로 사용되었다. περὶ τοῦ ναοῦ τοῦ σώματος αὐτοῦ= '성전인 그의 몸에 관하여'

αὐτοῦ : 3인칭 대명사(αὐτός, αὐτή, αὐτό)의 남성, 단수, 속격. '그의'

해석 "그는 성전인 그의 몸에 관하여 말하고 있었다(말하고자 했다)."

연습문제 14

A. 문법

1. ἀποθνήσκω 동사의 미완료 중간태/수동태 직설법 변화를 해보시오.

구분	단수	복수
1인칭	ἀπέθνῃσκομην	ἀπεθνήσκομεθα
2인칭	ἀπέθνῃσκου	ἀπεθνήσκεσθε
3인칭	ἀπέθνῃσκετο	ἀπέθνῃσκοντο

2. 아래 도표의 동사를 분해(parsing)하시오.

변화형 동사	인칭	수	시제	태	법	현재능동태 1인칭단수	의미(뜻)
ἐγράφοντο	3인칭	복수	미완료	중간/수동태	직설법	γράφω	그들이 쓰고 있었다
ἐδέχου	2인칭	단수	미완료	중간/수동태	직설법	δέχομαι	너희가 영접하고 있었다
ἐξήρχεσθε	2인칭	복수	미완료	중간/수동태	직설법	ἐξέρχομαι	너희가 나가고 있었다

B. 아래 문장을 우리말로 옮기시오.

1. Τότε ἐξεπορεύετο πρὸς αὐτὸν Ἱεροσόλυμα καὶ πᾶσα ἡ Ἰουδαία καὶ πᾶσα ἡ περίχωρος τοῦ Ἰορδάνου (마 3:5)

   Τότε : 부사(then, at that time)

   ἐξεπορεύετο : 동사 ἐκπορεύομαι [to be]의 미완료, 중간태, 직설법, 3인 칭, 단수. '그(녀)가 나가고 있었다'

   πρός : 속격, 여격, 대격을 모두 취하는 전치사(toward, near, by, advantageous for). 그러나 전치사 πρός는 주로 대격과 함께 쓰이며 목적, 시간, 공간, 관계 등과 관련한 다양한 상황을 표현하지만, 공간적으로 사용될 경우 '~를 향하여'(toward)라는 뜻을 나타낸다. 그러나 유사한 의미로 사용되는 εἰς와 분명한 의미상의 차이가 있다. 거칠

게 구별하자면, εἰς가 '진입'(entry)이라는 개념을 포함하는 반면,
유사한 의미로 사용되는 πρός는 '∼까지'(up to)라는 뜻으로 '도달
하는 데에서 멈추는 정도'의 의미를 나타내는 경향이 있다(막 3:7
의 πρὸς τὴν θάλασσαν 참조). Moule, 67. 참조.

αὐτόν : 3인칭 대명사(αὐτός, αὐτή, αὐτό)의 남성, 단수, 대격. '그를.' πρὸς
    αὐτόν = '그에게'

Ἱεροσόλυμα : 고유명사 Ἱεροσόλυμα [Jerusalem]의 복수, 주격. 여기서는
    집합적인 의미에서 예루살렘 거주민들을 나타낸다. '예루살
    렘 주민들.' BDAG, s.v. "Ἱεροσόλυμα," 471, 항목 2 참조.

πᾶσα : 형용사 πᾶς, πᾶσα, πᾶν [all, every, all things]의 여성, 단수, 주격.
    '모든'

ἡ : 정관사(ὁ, ἡ, τό)의 여성, 단수, 주격. '그'

Ἰουδαία : 고유명사 Ἰουδαία [Judea]의 단수, 주격. '유대가'

περίχωρος : 형용사 περίχωρος [neighboring, lying around]의 여성, 단수,
    주격. 여기서는 수식을 받는 명사 없이 독립적으로 사용되
    어 명사처럼 쓰였다. '인근 지역이.' 원래는 '인근의'라는 형
    용사지만, 이처럼 신약성경에서는 칠십인경과 마찬가지로
    문맥 등에 기초하여 의미가 명확한 경우 흔히 수식을 받는
    명사가 생략된 채 일종의 명사처럼 쓰인다. BDF, § 241(1);
    BDAG, s.v. "περίχωρος," 808 참조.

τοῦ : 정관사(ὁ, ἡ, τό)의 남성, 단수, 속격. '그'

Ἰορδάνου : 고유명사 Ἰορδάνης [the Jordan]의 단수, 속격. '요단의'

해석 "그 때에 예루살렘 거주민들과 온 유다 뿐만 아니라 요단 인
근의 모든 지역도 그에게로 나가고 있었다."

2. οὐ σπείρουσιν **οὐδὲ** θερίζουσιν **οὐδὲ** συνάγουσιν εἰς ἀποθήκας, καὶ ὁ
πατὴρ ὑμῶν ὁ οὐράνιος τρέφει αὐτά. (마 6:26)

οὐ : 부정어(not)

σπείρουσιν : 동사 σπείρω [to saw]의 현재, 능동태, 직설법, 3인칭, 복수.
    '그(녀)들이 뿌리고 있다'

οὐδέ : 부정어(not even, neither)

θερίζουσιν : 동사 θερίζω [to reap]의 현재, 능동태, 직설법, 3인칭, 복수. '그(녀)들이 거두어들이고 있다'

συνάγουσιν : 동사 συνάγω [to gather together]의 현재, 능동태, 직설법, 3인칭, 복수. '그(녀)들이 모으고 있다'

εἰς : 대격을 취하는 전치사(into, toward). '안으로' 유사한 의미로 사용되는 전치사 πρός와는 달리 εἰς는 '진입'(entry)이라는 개념을 포함한다. Moule, 67. 참조.

ἀποθήκας : 여성명사 ἀποθήκη [a storehouse]의 복수, 대격. '창고들을.'
　　　εἰς ἀποθήκας = '창고들 안으로'

καί : 접속사(and). 여기서는 부정적인 진술과 확언하는 진술을 연결하는 역할을 한다. '그러나/도리어/오히려' 정도로 번역할 수 있다. BDAG, s.v. "καί," 항목 1.b.ε. 참조.

ὁ : 정관사(ὁ, ἡ, τό)의 남성, 단수, 주격. '그'

πατήρ : 남성명사 πατήρ [a father]의 단수, 주격. '아버지가'

ὑμῶν : 2인칭 대명사 σύ [you]의 복수, 속격. '너희의'

οὐράνιος : 형용사 οὐράνιος [heavenly, in heaven]의 남성, 단수, 주격. '하늘에 계신'

τρέφει : 동사 τρέφω [to nourish, support, feed]의 현재, 능동태, 직설법, 3인칭, 단수. '그(녀)가 먹이고 있다'

αὐτά : 3인칭 대명사(αὐτός, αὐτή, αὐτό)의 중성, 복수, 대격. '그것들을'

해석 "그들은 씨를 뿌리지도 않고 거두어 들이지도 않고 창고 안으로 모아들이지도 않는다. 그러나 하늘에 계신 너희의 아버지께서 그것들을 먹이신다."

3. καὶ **ἐβαπτίζοντο** ὑπ' αὐτοῦ ἐν τῷ Ἰορδάνῃ ποταμῷ (막 1:5)

ἐβαπτίζοντο : 동사 βαπτίζω [to baptize]의 미완료, 수동태, 직설법, 3인칭, 복수. '그(녀)들이 세례를 받고 있었다'

ὑπ' : 속격과 대격을 취하는 전치사(by, under). 모음으로 시작되는 단어와 이어져 ὑπό에서 ὑπ' 형태로 축약되었다. 여기서는 속격과 함께

'~에 의해서'(by)라는 뜻으로 쓰였으며, 수동태 동사인 ἐβαπτίζοντο
의 주체를 나타낸다.

αὐτοῦ : 3인칭 대명사(αὐτός, αὐτή, αὐτό)의 남성, 단수, 속격. '그의.' ὑπ'
αὐτοῦ='그에 의해서'

ἐν : 여격을 취하는 전치사. '~안에'(in, within).

τῷ : 정관사(ὁ, ἡ, τό)의 남성, 단수, 여격.

Ἰορδάνῃ : 남성명사 Ἰορδάνης [the Jordan]의 단수, 여격. '요단에게'

ποταμῷ : 남성명사 ποταμός [a river]의 단수, 여격. '강에게.' ἐν τῷ
Ἰορδάνῃ ποταμῷ = '요단강에서'

해석 "그리고 그들은 요단강에서 그에 의해서 세례를 받고 있었다."

4. καὶ πᾶς ὁ ὄχλος **ἤρχετο** πρὸς αὐτόν. (막 2:13)

πᾶς : 형용사 πᾶς, πᾶσα, πᾶν [all, every, all things]의 남성, 단수, 주격.
'모든'

ὁ : 정관사(ὁ, ἡ, τό)의 남성, 단수, 주격. '그'

ὄχλος : 남성명사 ὄχλος [a crowd, multitude]의 단수, 주격. '무리가'

ἤρχετο : 동사 ἔρχομαι [to go, come]의 미완료, 중간태, 직설법, 3인칭,
단수. '그(녀)가 가고 있었다.' 여기서는 어떤 동작이 시작되었음
을 표현하는 미완료(inceptive imperfect)로 사용되었다. '모여들기
시작했다.' J. W. Voelz, *Mark 1:1-8:26* (Concordia Commentary;
Saint Louis: Concordia Publishing House, 2013), 203 참조.

πρός : 속격, 여격, 대격을 모두 취하는 전치사(toward, near, by, advantageous
for). 그러나 전치사 πρός는 주로 대격과 함께 쓰이며 목적, 시간,
공간, 관계 등과 관련한 다양한 상황을 표현하지만, 공간적으로
사용될 경우 '~를 향하여'(toward)라는 뜻을 나타낸다.

αὐτόν : 3인칭 대명사(αὐτός, αὐτή, αὐτό)의 남성, 단수, 대격. '그를.' πρὸς
αὐτόν = '그에게로'

해석 "그리고 모든 무리가 그에게로 몰려들기 시작했다."

5. ὁ δὲ τελώνης μακρόθεν ἑστὼς οὐκ ἤθελεν **οὐδὲ** τοὺς ὀφθαλμοὺς ἐπᾶραι εἰς τὸν οὐρανόν … (눅 18:13)

ὁ : 정관사(ὁ, ἡ, τό)의 남성, 단수, 주격. '그'

τελώνης : 남성명사 τελώνης [a taxgatherer]의 단수, 주격. '세리가'

μακρόθεν : 부사(from afar, afar). '멀리서'

ἑστὼς : 동사 ἵστημι [to cause to stand, stand]의 현재완료 분사, 남성, 단수, 주격. '서서'

οὐκ : 부정어(not)

ἤθελεν : 동사 θέλω [to wish desire]의 미완료, 능동태, 직설법, 3인칭, 단수. '그(녀)가 원하고 있었다'

οὐδέ : 부정어(not even, neither)

τούς : 정관사(ὁ, ἡ, τό)의 남성, 복수, 대격. '그'

ὀφθαλμούς : 남성명사 ὀφθαλμός [an eye]의 복수, 대격. '눈들을'

ἐπᾶραι : 동사 ἐπαίρω [to lift up]의 단순과거, 부정사. '드는 것.' 전치사 ἐπί와 동사 αἴρω가 결합된 합성동사이다. 동사 자체에 '~를 향하여'(upon, toward)라는 뜻의 전치사가 포함되어 있지만, '~를 향하여'라는 뜻의 전치사인 εἰς를 재차 사용하여 하늘을 향한다는 뜻을 중복적으로 표현하고 있다. Moule, 90-92 참조.

εἰς : 대격을 취하는 전치사(into, toward)

τόν : 정관사(ὁ, ἡ, τό)의 남성, 단수, 대격. '그'

οὐρανόν : 남성명사 οὐρανός [heaven]의 단수, 대격. '하늘을'

해석 "그러나 그 세리는 멀리 서서 하늘을 향하여 눈을 들려고도 하지 않았다."

6. καὶ οἱ λοιποὶ οἱ ἐν τῇ νήσῳ ἔχοντες ἀσθενείας **προσήρχοντο** καὶ **ἐθεραπεύοντο** (행 28:9)

καί : 접속사(and, also, even). 여기서는 '또한'(also)이라는 뜻으로 사용되었다.

οἱ : 정관사(ὁ, ἡ, τό)의 남성, 복수, 주격. '그'

신약성경 헬라어 교본 연습문제 해제

λοιποί : 형용사 λοιπός [remaining]의 남성, 복수, 주격. 여기서는 수식을
　　　　받는 명사 없이 독립적으로 사용되어 명사처럼 쓰였다. '남은 자
　　　　들이'

ἐν : 여격을 취하는 전치사. '~안에'(in, within).

τῇ : 정관사(ὁ, ἡ, τό)의 여성, 단수, 여격. '그'

νήσῳ : 여성명사 νῆσος [to be]의 단수, 여격. ἐν τῇ νήσῳ='그 섬에.' 여
　　　　기서는 οἱ λοιποί를 수식하는 형용사구로 사용되었다.

ἔχοντες : 동사 ἔχω [to have, hold]의 현재, 능동태, 분사, 남성, 복수, 주
　　　　격. '가진'

ἀσθενείας : 여성명사 ἀσθένεια [weakness]의 복수, 대격. '질병들을'

προσήρχοντο : 동사 προσέρχομαι [to come to]의 미완료, 중간태, 직설
　　　　법, 3인칭, 복수. '그(녀)들이 왔다'

ἐθεραπεύοντο : 동사 θεραπεύω [to heal]의 미완료, 수동태, 직설법, 3인
　　　　칭, 복수. '그(녀)들이 고침을 받았다'

해석 "그 섬에 있던 나머지 병든 사람들도 와서 고침을 받았다."

7. οὕτως καὶ ὑμεῖς λογίζεσθε ἑαυτοὺς εἶναι νεκροὺς μὲν τῇ ἁμαρτίᾳ
ζῶντας δὲ τῷ θεῷ ἐν Χριστῷ Ἰησοῦ. (롬 6:11)

οὕτως : 부사(in this manner, so, thus). '이러므로'

καί : 순접접속사(and, also, even). 여기서는 '또한'(also)이라는 뜻으로 사
　　　용되었다.

ὑμεῖς : 2인칭 대명사 σύ [you]의 복수, 주격. '너희들이'. καὶ ὑμεῖς =
　　　　'너희들도'

λογίζεσθε : 동사 λογίζομαι [to reckon, account]의 현재, 중간태, 명령법,
　　　　2인칭, 복수. '너희는 여기라'

ἑαυτούς : 재귀대명사(ἑαυτοῦ, ἑαυτῆς, ἑαυτοῦ)의 남성, 복수, 대격. '너희
　　　　자신을'

εἶναι : 동사 εἰμί [to be]의 현재, 능동태, 부정사. '~인 것.' λογίζεσθε
　　　　ἑαυτοὺς εἶναι = '너희 자신을 ~라고 여기라'

νεκρούς : 형용사 νεκρός [dead]의 남성, 복수, 대격. '죽은'

μέν : 불변화사(on the other hand, indeed). δέ와 함께 쓰여 μέν ··· δέ ···
구문('한 편으로는 ··· 다른 한편으로는 ···') 을 형성한다.

τῇ : 정관사(ὁ, ἡ, τό)의 여성, 단수, 여격. '그'

ἁμαρτίᾳ : 여성명사 ἁμαρτία [a sin]의 단수, 여격. '죄에게.' 동사
λογίζεσθε에 반영된 주어의 관심사를 반영하는 관심의 여격
(dative of interest)로서 여기서는 적의(敵意)의 여격(dativus
incommodi)으로 사용되었다. τῇ ἁμαρτίᾳ='죄에 대항하여'
(against the sin). BDF, § 188; Wallace, 142-44; 장흥길, 『로마
서』, 141 참조.

ζῶντας : 동사 ζάω [to live]의 현재, 능동태, 분사, 남성, 복수, 대격. '살
아 있는'

δέ : 접속사(but). 위의 μέν에 관한 설명을 보라.

τῷ : 정관사(ὁ, ἡ, τό)의 남성, 단수, 여격. '그'

θεῷ : 남성명사 θεός [a god, God]의 단수, 여격. '하나님에게.' τῇ
ἁμαρτίᾳ와는 달리 호의(好意)의 여격(dativus commodi)으로 쓰였다.
τῷ θεῷ='하나님을 위하여'(for God).

ἐν : 여격을 취하는 전치사. '~안에'(in, within).

Χριστῷ : 남성명사 Χριστός [Christ, Messiah]의 단수, 여격. '그리스도에게'

Ἰησοῦ : 고유명사 Ἰησοῦς [to be]의 남성, 단수, 여격. '예수에게.' ἐν
Χριστῷ Ἰησοῦ = '그리스도 예수 안에서'

해석 "이러므로 너희도 너희 자신을 한편으로는 죄에 대항하여 죽
은 자로, 다른 한편으로는 그리스도 예수 안에서 하나님을 위
하여 살아있는 자로 여기라!"

8. καὶ οὐδεὶς ἐδύνατο ἐν τῷ οὐρανῷ οὐδὲ ἐπὶ τῆς γῆς οὐδὲ ὑποκάτω τῆς
γῆς ἀνοῖξαι τὸ βιβλίον οὔτε βλέπειν αὐτό. (계 5:3)

οὐδεὶς : 부정대명사(οὐδεὶς, οὐδεμία, οὐδέν = no one, nothing, no)의 남
성, 단수, 주격. '누구도 ~아닌'

ἐδύνατο : 동사 δύναμαι [to be able, powerful]의 미완료, 중간태, 직설법, 3인칭, 단수. '그(녀)가 할 수 있었다'

ἐν : 여격을 취하는 전치사. '~안에'(in, within).

τῷ : 정관사(ὁ, ἡ, τό)의 남성, 단수, 여격. '그'

οὐρανῷ : 남성명사 οὐρανός [heaven]의 단수, 여격. '하늘에게.' ἐν τῷ οὐρανῷ = '하늘에'

οὐδέ : 부정어(not even, neither). οὐδέ … οὐδέ …(neither … nor) 구문을 이룬다.

ἐπί : 속격(on, over, at that time)과 여격(on the basis of, at)과 대격(on, to, against)을 모두 취하는 전치사. 여기서는 속격을 취하여 '~에/위에'라는 뜻으로 쓰였다.

τῆς : 정관사(ὁ, ἡ, τό)의 여성, 단수, 속격. '그'

γῆς : 여성명사 γῆ [the earth, land]의 단수, 속격. '땅의.' ἐπὶ τῆς γῆς = '땅 위에'

ὑποκάτω : 속격을 취하는 전치사(under, below). ὑποκάτω τῆς γῆς = '땅 아래에'

ἀνοῖξαι : 동사 ἀνοίγω [to open]의 단순과거, 능동태, 부정사. '여는 것.' 동사 ἐδύνατο의 목적어로 사용되었다. ἐδύνατο … ἀνοῖξαι = '열 수 없었다'

τό : 정관사(ὁ, ἡ, τό)의 중성, 단수, 대격. '그'

βιβλίον : 중성명사 βιβλίον [a book]의

οὔτε : 부정어(not even, neither)

βλέπειν : 동사 βλέπω [to see]의 현재, 능동태, 부정사. 동사 ἐδύνατο의 목적어로 사용되었다. ἐδύνατο … βλέπειν = '볼 수 없었다'

αὐτό : 3인칭 대명사(αὐτός, αὐτή, αὐτό)의 중성, 단수, 대격. '그것을'

해석 "그리고 하늘에 있는 자나 땅 위에 있는 자나 땅 아래에 있는 자나 그 누구도 그 책을 열어서 볼 수 없었다."

연습문제 15

A. 문법

1. διώκω 동사의 미래 능동태 직설법 변화를 해보시오.

구분	단수	복수
1인칭	διώξω	διώξομεν
2인칭	διώξεις	διωξετε
3인칭	διώξει	διωξουσι

2. 아래 도표의 동사를 분해(parsing)하시오.

변화형동사	인칭	수	시제	태	법	현재능동태 1인칭단수	의미(뜻)
ἄξει	3인칭	단수	미래	중간태	직설법	ἄγω	그(녀)가 인도할 것이다
προσεύξῃ	2인칭	단수	미래	중간태	직설법	προσεύχομαι	너희가 기도할 것이다
ἀναβλέψουσιν	3인칭	복수	미래	능동태	직설법	ἀναβλέπω	그(녀)들이 시력을 회복할 것이다

B. 아래 문장을 우리말로 옮기시오.

1. αὐτὸς ὑμᾶς **βαπτίσει** ἐν πνεύματι ἁγίῳ καὶ πυρί. (마 3:11)

   αὐτός : 3인칭 대명사(αὐτός, αὐτή, αὐτό)의 남성, 단수, 주격. '그가.' 강조
   의 의미로 쓰였다.

   ὑμᾶς : 2인칭 대명사 σύ [you]의 복수, 대격. '너희를'

   βαπτίσει : 동사 βαπτίζω [to baptize]의 미래, 능동태, 직설법, 3인칭, 단
   수. '그(녀)가 세례를 베풀 것이다'

   ἐν : 여격을 취하는 전치사. '~안에'(in, within). 여기서는 수단이나 방법
   을 표현한다.

πνεύματι : 중성명사 πνεῦμα [a spirit, Spirit]의 단수, 여격. '영에게'

ἁγίῳ : 형용사 ἅγιος [holy]의 중성, 단수, 여격. '거룩한'

πυρί : 중성명사 πῦρ [fire]의 중성, 단수, 여격. '불에게.' ἐν πνεύματι
ἁγίῳ καὶ πυρί='성령과 불로'

해석 "그는 성령과 불로 너희에게 세례를 베풀 것이다."

2. κύριον τὸν θεόν σου **προσκυνήσεις** καὶ αὐτῷ μόνῳ **λατρεύσεις.** (마 4:10)

κύριον : 남성명사 κύριος [a lord, Lord]의 단수, 대격. '주를'

τόν : 정관사(ὁ, ἡ, τό)의 남성, 단수, 대격. '그'

θεόν : 남성명사 θεός [a god, God]의 단수, 대격. '하나님을'

σου : 2인칭 대명사 σύ [you]의 단수, 속격. '너의'

προσκυνήσεις : 동사 προσκυνέω[to worship]의 미래, 능동태, 직설법, 2
인칭, 단수. '너는 예배하라.' 여기서 미래 시제는 명백히
칠십인경의 영향을 받은 용법으로서 명령을 표현하는 미
래(imperative future)이다. Burton, § 67 참조.

αὐτῷ : 3인칭 대명사(αὐτός, αὐτή, αὐτό)의 남성, 단수, 여격. '그에게'

μόνῳ : 형용사 μόνος [only, alone]의 남성, 단수, 여격. '유일한'

λατρεύσεις : 동사 λατρεύ [to serve, worship]의 미래, 능동태, 직설법, 2
인칭, 단수. '너는 섬길 것이다.' προσκυνήσεις와 마찬가지로
명령을 표현하는 미래이다.

해석 "주 너의 하나님을 예배하고 단 한 분 그를 섬기라!"

3. **πέμψω** τὸν υἱόν μου τὸν ἀγαπητόν. (눅 20:13)

πέμψω : 동사 πέμπω [to send]의 미래, 능동태, 직설법, 1인칭, 단수. '내
가 보낼 것이다'

τόν : 정관사(ὁ, ἡ, τό)의 남성, 단수, 대격. '그'

υἱόν : 남성명사 υἱός [a son]의 단수, 대격. '아들을'

μου : 1인칭 대명사 ἐγώ [I]의 단수, 속격. '나의'

ἀγαπητόν : ἀγαπητός [beloved]의 남성, 단수, 주격. '사랑하는.' 관사와 함께 쓰인 한정적 용법이다. τὸν υἱόν μου τὸν ἀγαπητόν='나의 사랑하는 아들을'

해 석   "나는 나의 사랑하는 아들을 보낼 것이다."

4. πάντες **πιστεύσουσιν** εἰς αὐτόν (요 11:48)

πάντες : 형용사 πᾶς, πᾶσα, πᾶν [all, every, all things]의 남성, 복수, 주격. '모든 자들이'

πιστεύσουσιν : 동사 πιστεύω [to believe]의 미래, 능동태, 직설법, 3인칭, 복수. '그(녀)들이 믿을 것이다'

εἰς : 대격을 취하는 전치사(into, toward). 여기서는 동사 πιστεύσουσιν과 함께 쓰여 '~를 믿다'(to believe in) 구문을 형성한다.

αὐτόν : 3인칭 대명사(αὐτός, αὐτή, αὐτό)의 남성, 단수, 대격. '그를'

해 석   "모든 자들이 그를 믿을 것이다."

5. σώσει ψυχὴν αὐτοῦ ἐκ θανάτου καὶ **καλύψει** πλῆθος ἁμαρτιῶν. (약 5:20)

σώσει : 동사 σώζω [to save]의 미래, 능동태, 직설법, 3인칭, 단수. '그(녀)가 구할 것이다'

ψυχήν : 여성명사 ψυχή [soul, life, self]의 단수, 대격. '자신을.' 히브리어에서 '자신'(himself)을 표현하는 통상적인 방식은 נֶפֶשׁ(그의 '네페쉬')이며 아울러 נֶפֶשׁ는 통상 ψυχή로 번역되므로, ψυχή를 영(soul)로 번역하는 것은 경우에 따라 오해를 불러올 수 있다. 여기서도 ψυχή는 '영혼'이라기보다 '그 자신'이라는 뜻으로 사용되었다. Moule, 185 참조. ψυχὴν αὐτοῦ = '그 자신을, 즉 그를'

αὐτοῦ : 3인칭 대명사(αὐτός, αὐτή, αὐτό)의 남성, 단수, 속격. '그의'

ἐκ : 속격을 취하는 전치사(from)

θανάτου : 남성명사 θάνατος [death]의 단수, 속격.

καλύψει : 동사 καλύπτω [to cover]의 미래, 능동태, 직설법, 3인칭, 단수. '그(녀)가 덮을 것이다'

πλῆθος : 중성명사 πλῆθος [a multitude]의 단수, 대격. '많은 것들을' 속
격을 지배하는 명사이다. πλῆθος ἁμαρτιῶν = '죄들의 허다함,
즉 허다한 죄들' BDF, §259(3) 참조.

ἁμαρτιῶν : 여성명사 ἁμαρτία [a sin]의 복수, 속격. '죄들의'

해 석 "그는 그를 사망으로부터 구원할 것이며, 허다한 죄들을 덮을
것이다."

연습문제 16

A. 문법

1. διδάσκω 동사의 미래 중간태 직설법 변화를 해보시오.

구분	단수	복수
1인칭	διδάσξομαι	διδασξόμεθα
2인칭	διδάσξῃ	διδάσξεσθε
3인칭	διδάσξεται	διδάσξονται

2. πέμπω 동사의 미래 수동태 직설법 변화를 해보시오.

구분	단수	복수
1인칭	πεμφθήσομαι	πεμφθησόμεθα
2인칭	πεμφθήσῃ	πεμφθήσεσθε
3인칭	πεμφθήσεται	πεμφθήσονται

3. 아래 도표의 동사를 분해(parsing)하시오.

변화형 동사	인칭	수	시제	태	법	현재능동태 1인칭단수	의미(뜻)
λήμψεσθε	2인칭	복수	미래	중간태	직설법	λαμβάνω	너희가 취할 것이다
ἐλεύσεται	3인칭	단수	미래	중간태	직설법	ἔρχομαι	그(녀)가 갈 것이다
γίνεσθε	2인칭	복수	미래	중간태	직설법	γίνομαι	너희들이 되고 있다
ὀψόμεθα	1인칭	복수	미래	중간태	직설법	ὁράω	우리가 볼 것이다

B. 아래 문장을 우리말로 옮기시오.

1. οἱ δὲ υἱοὶ τῆς βασιλείας **ἐκβληθήσονται** εἰς τὸ σκότος. (마 8:12)

   οἱ : 정관사(ὁ, ἡ, τό)의 남성, 복수, 주격. '그'

   υἱοί : 남성명사 υἱός [a son]의 복수, 주격. '아들들이'

   τῆς : 정관사(ὁ, ἡ, τό)의 여성, 단수, 속격. '그'

   βασιλείας : 여성명사 βασιλεία [kingdom]의 단수, 속격. '왕국의'

   ἐκβληθήσονται : 동사 ἐκβάλλω [to cast out]의 미래, 수동태, 직설법, 3인
   칭, 복수. '그(녀)들이 쫓겨날 것이다'

   εἰς : 대격을 취하는 전치사(into, toward)

   τό : 정관사(ὁ, ἡ, τό)의 중성, 단수, 대격. '그'

   σκότος : 중성명사 σκότος [darkness]의 단수, 대격. '어두움을'

   해석 "그러나 왕국의 아들들은 어두운 곳으로 쫓겨날 것이다."

2. ὁ οἶκός μου οἶκος προσευχῆς **κληθήσεται**, ὑμεῖς δὲ αὐτὸν ποιεῖτε
   σπήλαιον λῃστῶν. (마 21:13)

   ὁ : 정관사(ὁ, ἡ, τό)의 남성, 단수, 주격. '그'

   οἶκος : 남성명사 οἶκος [a house, home]의 단수, 주격. '집이'

   μου : 1인칭 대명사 ἐγώ [I]의 단수, 속격. '나의'

   προσευχῆς : 여성명사 προσευχή [prayer]의 단수, 속격. '기도의'

   κληθήσεται : 동사 καλέω [to call]의 미래, 수동태, 직설법, 3인칭, 단수.
   '그(녀)가 불릴 것이다'

   ὑμεῖς : 2인칭 대명사 σύ [you]의 복수, 주격. '너희들이'

   αὐτόν : 3인칭 대명사(αὐτός, αὐτή, αὐτό)의 남성, 단수, 대격. '그를'

   ποιεῖτε : 동사 ποιέω [to do]의 현재, 능동태, 직설법, 2인칭, 복수. '너희
   가 만들고 있다'

   σπήλαιον : 중성명사 σπήλαιον [a cave]의 단수, 대격. '소굴을'

   λῃστῶν : 남성명사 λῃστης [a robber]의 복수, 속격. '강도들의'

   해석 "나의 집은 기도의 집이라고 불릴 것이다. 그러나 너희는 그
   것을 강도들의 소굴로 만들고 있다."

3. ἐν τούτῳ **γνώσονται** πάντες ὅτι ἐμοὶ μαθηταί ἐστε, ἐὰν ἀγάπην ἔχητε
   ἐν ἀλλήλοις. (요 13:35)

ἐν : 여격을 취하는 전치사. '~안에'(in, within). 여기서는 이유나 근거를
   나타낸다. BDAG, s.v. "ἐν," 329, 항목 9 참조. ἐν τούτῳ = '이로써,
   이 때문에'

τούτῳ : 지시대명사(οὗτος, αὕτη, τοῦτο [this])의 단수, 여격. '이것에게'

γνώσονται : 동사 γινώσκω [to know]의 미래, 중간태, 직설법, 3인칭, 복
   수. '그(녀)들이 알 것이다'

πάντες : 형용사 πᾶς, πᾶσα, πᾶν [all, every, all things]의 남성, 복수, 주
   격. '모든 자들이'

ὅτι : 종속접속사(that, because). 여기서는 동사 γνώσονται의 목적절을
   이끈다(that)

ἐμοί : 1인칭 대명사 ἐγώ [I]의 단수, 여격. '나에게' 동사 ἐστε에 반영된 주
   어의 관심사를 반영하는 관심의 여격(dative of interest)로서 여기서
   는 호의(好意)의 여격(*dativus commodi*)으로 사용되었다고 볼 수 있다.
   ἐμοί = '나를 위한'(for me). BDF, § 188; Wallace, 142-44 참조.

μαθηταί : 남성명사 μαθητής [a disciple]의 복수, 주격. '제자들이.' 동사
   ἐστε의 보어로 사용되었다.

ἐστε : 동사 εἰμί [to be]의 현재, 능동태, 직설법, 2인칭, 복수. '너희는 ~
   이다'

ἐάν : 가정법과 함께 쓰이는 종속접속사(if)

ἀγάπην : 여성명사 ἀγάπη [love]의 단수, 대격. '사랑을'

ἔχητε : 동사 ἔχω [to have, hold]의 현재, 능동태, 가정법, 2인칭, 복수.
   '너희가 가진다면'

ἐν : 여격을 취하는 전치사. '~안에'(in, within).

ἀλλήλοις : 상호대명사 ἀλλήλων [of one another]의 남성, 복수, 여격. 다
   양한 전치사와 결합하여 '서로서로'라는 뜻으로 쓰인다.
   BDAG, s.v. "ἀλλήλων," 46 참조. ἐν ἀλλήλοις = '서로서로'

해 석 "너희가 서로서로 사랑하면, 이로써 모든 사람들이 너희가 나
를 위한 제자들임을 알 것이다."

4. ἐγὼ πρὸς τὸν πατέρα **πορεύομαι**. (요 14:12)

    ἐγὼ : 1인칭 대명사 ἐγώ [I]의 단수, 주격. '내가, 나는'

    πρός : 속격, 여격, 대격을 모두 취하는 전치사(toward, near, by, advantageous
        for). 그러나 전치사 πρός는 주로 대격과 함께 쓰이며 목적, 시간,
        공간, 관계 등과 관련한 다양한 상황을 표현하지만, 공간적으로
        사용될 경우 '~를 향하여'(toward)라는 뜻을 나타낸다.

    τόν : 정관사(ὁ, ἡ, τό)의 남성, 단수, 대격.

    πατέρα : 남성명사 πατήρ [father]의 단수, 대격. '아버지를' πρὸς τὸν
        πατέρα='아버지께로'

    πορεύομαι : 동사 πορεύομαι [to go, proceed]의 현재, 중간태, 직설법, 1
        인칭, 단수. '내가 가고 있다.' 미래에 대한 확신에 의거하여
        미래 대신 생생함을 표현하는 현재가 사용될 수도 있다. 특
        히 '가다'라는 뜻을 가진 동사들은 진행의 의미를 가지는 동
        시에 목적지에 아직 도달하지 못했다는 뜻에서 미래의 의미
        도 내포한다. '내가 갈 것이다' BDF, §323(3) 참조.

해석   "나는 아버지께로 올라가고 있다(올라갈 것이다)."

5. ὁ δὲ ἀγαπῶν με **ἀγαπηθήσεται** ὑπὸ τοῦ πατρός μου (요 14:21)

    ὁ : 정관사(ὁ, ἡ, τό)의 남성, 단수, 주격. '그'

    ἀγαπῶν : 동사 ἀγαπάω [to love]의 현재, 능동태, 분사, 남성, 단수, 주격.
        '사랑하는.' 명사 없이 독립적으로 사용되어 명사처럼 쓰였다.
        ὁ ἀγαπῶν με = '나를 사랑하는 자'

    με : 1인칭 대명사 ἐγώ [I]의 단수, 대격. '나를'

    ἀγαπηθήσεται : 동사 ἀγαπάω [to love]의 미래, 수동태, 직설법, 3인칭,
        단수. '그(녀)가 사랑받게 될 것이다'

    ὑπό : 속격(by)과 대격(under)을 취하는 전치사. 여기서는 속격과 함께 쓰
        여 '~에 의하여'(by)라는 뜻이다. ὑπὸ τοῦ πατρός μου = '나의 아버
        지에 의해서, 즉 나의 아버지에게'

    τοῦ : 정관사(ὁ, ἡ, τό)의 남성, 단수, 속격. '그'

πατρός : 남성명사 πατήρ [father]의 단수, 속격. '아버지의'

μου : 1인칭 대명사 ἐγώ [I]의 단수, 속격. '나의.

해 석 "나를 사랑하는 자는 나의 아버지에게 사랑을 받을 것이다."

6. ἔρχεται γὰρ ὁ τοῦ κόσμου ἄρχων. (요 14:30)

    ἔρχεται : 동사 ἔρχομαι [to go, come]의 현재, 능동태, 직설법, 3인칭, 단수. '그(녀)가 오고 있다. 미래에 대한 확신에 의거하여 미래 대신 생생함을 표현하는 현재가 사용될 수도 있다. 특히 '가다라는 뜻을 가진 동사들은 진행의 의미를 가지는 동시에 목적지에 아직 도달하지 못했다는 뜻에서 미래의 의미도 내포한다. '그(녀)가 올 것이다' BDF, §323(3) 참조.

    γάρ : 이유를 나타내는 접속사(for)

    ὁ : 정관사(ὁ, ἡ, τό)의 남성, 단수, 주격. '그'

    τοῦ : 정관사(ὁ, ἡ, τό)의 남성, 단수, 속격. '그'

    κόσμου : 남성명사 κόσμος [the world]의 단수, 속격. '세상의'

    ἄρχων : 남성명사 ἄρχων [a ruler]의 단수, 주격. '통치자가'

해 석 "왜냐하면 세상의 통치자가 오고 있기(올 것이기) 때문이다."

7. ἀλλὰ λήμψεσθε δύναμιν ἐπελθόντος τοῦ ἁγίου πνεύματος ἐφ' ὑμᾶς καὶ ἔσεσθέ μου μάρτυρες ἔν τε Ἰερουσαλὴμ καὶ ἐν πάσῃ τῇ Ἰουδαίᾳ καὶ Σαμαρείᾳ καὶ ἕως ἐσχάτου τῆς γῆς. (행 1:8)

    ἀλλά : 역접접속사(but, except)

    λήμψεσθε : 동사 λαμβάνω [to take, receive]의 미래, 중간태, 직설법, 2인칭, 복수. '너희가 받을 것이다'

    δύναμιν : 여성명사 δύναμις [power]의 단수, 대격. '능력을'

    ἐπελθόντος : 동사 ἐπέρχομαι [to come upon, come to]의 단순과거, 능동태, 분사, 중성, 단수, 속격. '임하는.' τοῦ ἁγίου πνεύματος와 더불어 속격 독립 구문을 이룬다. ἐπελθόντος τοῦ ἁγίου πνεύματος='성령이 임하면, 성령이 임할 때'

    τοῦ : 정관사(ὁ, ἡ, τό)의 중성, 단수, 속격. '그'

ἁγίου : 형용사 ἅγιος [holy]의 중성, 단수, 속격. '거룩한'

πνεύματος : 중성명사 πνεῦμα [a spirit, Spirit]의 단수, 속격. '영의'

ἐφ' : 속격(on, at), 여격(on, by, near), 대격(on, over)을 모두 취하는 전치
사. 거친 기음이 붙은 모음(ὑμᾶς) 앞에서 ἐφ'로 변화되었다.

ὑμᾶς : 2인칭 대명사 σύ [you]의 복수, 대격. '너희를' ἐφ' ὑμᾶς = '너희에
게, 너희 위에'

ἔσεσθε : 동사 εἰμί [to be]의 미래, 중간태, 직설법, 2인칭, 복수. '너희가
~가 될 것이다'

μου : 1인칭 대명사 ἐγώ [I]의 단수, 속격. '나의'

μάρτυρες : 남성명사 μάρτυς [a martyr, witness]의 복수, 주격. '증인들이'

ἐν : 여격을 취하는 전치사. '~안에'(in, within). ἔν Ἰερουσαλήμ = '예루
살렘에서'

τε : 느슨한 연결을 표현하는 불변화사(and)

Ἰερουσαλήμ : 고유명사 Ἱεροσόλυμα [Jerusalem]의 여성, 단수, 여격. '예
루살렘에게'

πάσῃ : 형용사 πᾶς, πᾶσα, πᾶν [all, every, all things]의 여성, 단수, 여격.
'모든'

τῇ : 정관사(ὁ, ἡ, τό)의 여성, 단수, 여격. '그'

Ἰουδαίᾳ : 고유명사 Ἰουδαία [Judea]의 여성, 단수, 여격. '유대에게' ἐν
πάσῃ τῇ Ἰουδαίᾳ = '온 유다에서'

Σαμαρείᾳ : 고유명사 Σαμάρεια [Samaria]의 여성, 단수, 여격.

ἕως : 속격을 취하는 전치사(until, as far as). ἕως ἐσχάτου τῆς γῆς = '땅
의 끝까지'

ἐσχάτου : 형용사 ἔσχατος [last]의 여성, 단수, 속격. 명사 없이 독립적으
로 쓰여 명사처럼 사용되었다.

τῆς : 정관사(ὁ, ἡ, τό)의 여성, 단수, 속격. '그'

γῆς : 여성명사 γῆ [the earth, land]의 단수, 속격.

해석 "오히려 성령이 너희에게 오실 때 너희는 권능 받게 될 것이
다. 그리고 너희는 예루살렘과 온 유대와 사마리아에서 그리
고 땅 끝까지 나의 증인들이 될 것이다."

연습문제 17

A. 문법

1. πιστεύω 동사의 단순과거 능동태 직설법 변화를 해보시오.

구분	단수	복수
1인칭	ἐπίστευσα	ἐπιστεύσαμεν
2인칭	ἐπίστευσας	ἐπιστεύσατε
3인칭	ἐπίστευσε	ἐπίστευσαν

2. 아래 도표의 동사를 분해(parsing)하시오.

변화형동사	인칭	수	시제	태	법	현재능동태 1인칭단수	의미(뜻)
ἐπέστρεψαν	3인칭	복수	단순과거	능동태	직설법	ἐπιστρέφω	그들이 돌이켰다
ἐδέξατο	3인칭	단수	단순과거	능동태	직설법	δέχομαι	그(녀)가 영접했다
ἡτοίμασα	1인칭	단수	단순과거	능동태	직설법	ἑτοιμάζω	내가 준비했다

B. 아래 문장을 우리말로 옮기시오.

1. πολλοὶ ἐροῦσίν μοι ἐν ἐκείνῃ τῇ ἡμέρᾳ· κύριε κύριε, οὐ τῷ σῷ ὀνόματι **ἐπροφητεύσαμεν**, καὶ τῷ σῷ ὀνόματι δαιμόνια **ἐξεβάλομεν**, καὶ τῷ σῷ ὀνόματι δυνάμεις πολλὰς **ἐποιήσαμεν**. (마 7:22)

   πολλοί : 형용사 πολύς, πολλή, πολύ [many, much]의 남성, 복수, 주격.
   여기서는 명사 없이 독립적으로 쓰였다. '많은 자들이'

   ἐροῦσίν : 동사 λέγω [to say, speak]의 미래, 능동태, 직설법, 3인칭, 복
   수. '그(녀)들이 말할 것이다'

   μοι : 1인칭 대명사 ἐγώ [I]의 단수, 여격. '나에게'

   ἐν : 여격을 취하는 전치사. '~안에'(in, within).

   ἐκείνῃ : 지시대명사(ἐκεῖνος, ἐκείνη, ἐκεῖνο)의 여성, 단수, 여격. '그'

τῇ : 정관사(ὁ, ἡ, τό)의 여성, 단수, 여격. '그'

ἡμέρᾳ : 여성명사 ἡμέρα [a day]의 단수, 여격. '날에게.' ἐν ἐκείνῃ τῇ
　　　　ἡμέρᾳ='그 날에'

κύριε : 남성명사 κύριος [a lord, Lord]의 단수, 호격. '주여!'

οὐ : 부정어(not)

τῷ : 정관사(ὁ, ἡ, τό)의 중성, 단수, 여격. '그'

σῷ : 소유형용사 σός, σή, σόν [your]의 중성, 단수, 여격. '당신의'

ὀνόματι : 중성명사 ὄνομα [a name]의 단수, 여격. '이름에게.' τῷ σῷ
　　　　ὀνόματι = '당신의 이름으로' 여기서는 수단이나 매개를 나타
　　　　내는 여격으로 쓰였다. BDF, §191, 193 참소.

ἐπροφητεύσαμεν : 동사 προφητεύω [to prophesy]의 단순과거, 능동태, 직
　　　　설법, 1인칭, 복수. '우리가 예언하였다'

δαιμόνια : 중성명사 δαιμόνιον [a demon]의 복수, 대격. '악령들을'

ἐξεβάλομεν : 동사 ἐκβάλλω [to cast out]의 단순과거, 능동태, 직설법, 1
　　　　인칭, 복수. '우리가 쫓아냈다'

δυνάμεις : 여성명사 δύναμις [power]의 복수, 대격. '능력들을'

πολλάς : 형용사 πολύς, πολλή, πολύ [many, much]의 여성, 복수, 대격.
　　　　'많은'

ἐποιήσαμεν : 동사 ποιέω [to do]의 단순과거, 능동태, 직설법, 1인칭, 복
　　　　수. '우리가 행했다'

해석　"그 날에 많은 자들이 나에게 말할 것이다. '주여! 주여! 우리가
당신의 이름으로 예언하였고, 당신의 이름으로 악령들을 쫓아
냈으며 당신의 이름으로 많은 능력들을 행하지 않았습니까?'"

2. δαιμόνια πολλὰ ἐξέβαλεν. (막 1:34)

δαιμόνια : 중성명사 δαιμόνιον [a demon]의 복수, 대격. '악령들을'

πολλὰ : 형용사 πολύς, πολλή, πολύ [many, much]의 중성, 복수, 대격.
　　　　'많은'

ἐξέβαλεν : 동사 ἐκβάλλω [to cast out]의 단순과거, 능동태, 직설법, 3인
　　　　칭, 단수. '그(녀)가 쫓아냈다'

해석 "그가 많은 악령들을 쫓아냈다."

3. πολλοὶ ἐπίστευσαν εἰς τὸ ὄνομα αὐτοῦ … (요 2:23)

    πολλοί : 형용사 πολύς, πολλή, πολύ [many, much]의 남성, 복수, 주격.
            여기서는 명사 없이 독립적으로 쓰였다. '많은 자들이'

    ἐπίστευσαν : 동사 πιστεύω [to believe]의 단순과거, 능동태, 직설법, 3인
             칭, 복수. '그(녀)들이 믿었다' 전치사 εἰς와 함께 쓰여 '~를
             믿다'라는 뜻이다.

    εἰς : 대격을 취하는 전치사(into, toward). ἐπίστευσαν εἰς = '그들이 ~를
        믿었다'

    τό : 정관사(ὁ, ἡ, τό)의 중성, 단수, 대격. '그'

    ὄνομα : 중성명사 ὄνομα [a name]의 단수, 대격. '이름을'

    αὐτοῦ : 3인칭 대명사(αὐτός, αὐτή, αὐτό)의 남성, 단수, 속격. '그의'

해석 "많은 자들이 그의 이름을 믿었다."

4. ἐπίστευσα, διὸ ἐλάλησα, καὶ ἡμεῖς πιστεύομεν, διὸ καὶ λαλοῦμεν
(고후 4:13)

    ἐπίστευσα : 동사 πιστεύω [to believe]의 단순과거, 능동태, 직설법, 1인
             칭, 단수. '내가 믿었다'

    διό : 접속사(wherefore, on which account). '그러므로'

    ἐλάλησα : 동사 λαλέω [to speak]의 단순과거, 능동태, 직설법, 1인칭, 단
             수. '내가 말하였다'

    καί : 접속사(and, also). 여기서는 '또는/~도'(also)라는 의미로 쓰였다.

    ἡμεῖς : 1인칭 대명사 ἐγώ [I]의 복수, 주격. '우리가.' καὶ ἡμεῖς='우리도'

    πιστεύομεν : 동사 πιστεύω [to believe]의 현재, 능동태, 직설법, 1인칭,
              복수. '우리가 믿고 있다'

    λαλοῦμεν : 동사 λαλέω [to speak]의 현재, 능동태, 직설법, 1인칭, 복수.
             '우리가 말한다'

해석 "나는 믿었기 때문에 말하였다. 우리도 믿기 때문에 말하기
       도 한다."

신약성경 헬라어 교본 연습문제 해제

연습문제 18

A. 문법

1. εἰμί 동사의 현재 직설법 변화를 해보시오.

구분	단수	복수
1인칭	εἰμί	ἐσμέν
2인칭	εἶ	ἐστέ
3인칭	ἐστί(ν)	εἰσί(ν)

2. εἰμί 동사의 미완료 직설법 변화를 해보시오.

구분	단수	복수
1인칭	ἤμην	ἦμεν
2인칭	ἦς	ἦτε
3인칭	ἦν	ἦσαν

3. εἰμί 동사의 미래 직설법 변화를 해보시오.

구분	단수	복수
1인칭	ἔσομαι	ἐσόμεθα
2인칭	ἔσῃ	ἔσεσθε
3인칭	ἔσται	ἔσονται

4. 아래 도표의 동사를 분해(parsing)하시오.

변화형 동사	인칭	수	시제	태	법	현재능동태 1인칭단수	의미(뜻)
ἐστίν	3인칭	단수	현재	능동태	직설법	εἰμί	그(녀)가 ~이다/있다
ἦτε	2인칭	복수	미완료	중간태	직설법	εἰμί	너희가 ~였다/있었다
ἔσῃ	2인칭	단수	미재	중간태	직설법	εἰμί	네가 ~일 것이다

B. 아래 문장을 우리말로 옮기시오.

1. ὑμεῖς ἐστε τὸ φῶς τοῦ κόσμου. (마 5:14)

ὑμεῖς : 2인칭 대명사 σύ [you]의 복수, 주격. '너희가' 강조의 의미를 가
진다. (다른 누가 아니라 바로) '너희가'

ἐστε : 동사 εἰμί [to be]의 현재, 능동태, 직설법, 2인칭, 복수. '너희가 ~
이다'

τό : 정관사(ὁ, ἡ, τό)의 중성, 단수, 주격. '그'

φῶς : 중성명사 φῶς [light]의 단수, 주격. '빛이' 여기서는 동사 ἐστε의
보어로 사용되었다.

τοῦ : 정관사(ὁ, ἡ, τό)의 남성, 단수, 속격. '그'

κόσμου : 남성명사 κόσμος [the world]의 단수, 속격. '세상의'

> **해석** "(바로) 너희가 세상의 빛이다."

2. εἰ ἔτι ἀνθρώποις ἤρεσκον, Χριστοῦ δοῦλος οὐκ ἂν ἤμην. (갈 1:10)

εἰ : 직설법과 함께 쓰여 조건절을 형성하는 종속접속사(if). 2차 시제인
미완료와 함께 쓰여 사실과 반대되는 것을 가정한다. BDF, 360(4)
참조.

ἔτι : 부사(still, yet)

ἀνθρώποις : 남성명사 ἄνθρωπος [a man] 복수, 여격. '사람들에게.' 여기
서는 동사 ἤρεσκον의 목적어로 사용되었다.

ἤρεσκον : 동사 ἀρέσκω [to please] 미완료, 능동태, 직설법, 1인칭, 단수.
'내가 기쁘게 하였다' 여격을 목적어로 취한다. ἀνθρώποις
ἤρεσκον = '사람들을 기쁘게 하였다'

Χριστοῦ : 남성명사 Χριστός [Christ, Messiah] 단수, 속격. '그리스도의'

δοῦλος : 남성명사 δοῦλος [to be] 단수, 주격. '종이'

οὐκ : 부정어(not)

ἄν : 통상 조건절을 이끄는 종속접속사인 ἐάν 다음에 쓰여서 동사의 행
위나 동작이 어떤 정황이나 조건에 의존한다는 것을 나타내는 불변
화사로서 한 단어로 번역하기 어렵다. 여기서는 현실과 반대되는 가

정을 표현하는 조건절('εἰ+미완료')에 뒤따르는 귀결절에 사용되어 특정 조건 아래에서 반복되었던 과거의 동작을 나타낸다. BAGD, s.v. "I. ἄν," 56, 항목 a.β. 참조.

ἤμην : 동사 εἰμί [to be]의 미완료, 능동태, 직설법, 1인칭, 단수. '나는 ~ 였다'

해석 "내가 만일 여전히 사람들을 기쁘게 하고 있다면, 나는 그리스도의 종이 아니다."

3. καὶ οὕτως πάντοτε σὺν κυρίῳ ἐσόμεθα. (실전 4:17)

οὕτως : 부사(thus)

πάντοτε : 부사(always)

σύν : 여격을 취하는 전치사(with). σὺν κυρίῳ = '주님과 함께'

κυρίῳ : 남성명사 κύριος [a lord, Lord]의 단수, 여격. '주님에게'

ἐσόμεθα : 동사 εἰμί [to be]의 미래, 중간태, 직설법, 1인칭, 복수. '우리가 ~일 것이다/있을 것이다'

해석 "그리고 그렇게 우리는 항상 주님과 함께 있을 것이다."

연습문제 19

A. 문법

1. ἀκούω 동사의 단순과거 중간태 직설법 변화를 해보시오.

구분	단수	복수
1인칭	ἠκουσάμην	ἠκουσάμεθα
2인칭	ἠκούσω	ἠκούσασθε
3인칭	ἠκούσατο	ἠκούσαντο

2. 아래 도표의 동사를 분해(parsing)하시오.

변화형 동사	인칭	수	시제	태	법	현재능동태 1인칭단수	의미(뜻)
ἐπορεύεστε	2인칭	복수	미완료	중간태	직설법	πορεύομαι	너희가 가고 있었다
ἐδεξάμην	1인칭	단수	단순과거	중간태	직설법	δέχομαι	내가 영접하였다
ἐθεραπεύσω	2인칭	단수	단순과거	중간태	직설법	θεραπεύω	네가 치료했다

B. 아래 문장을 우리말로 옮기시오.

1. Ἀπὸ τότε ἤρξατο ὁ Ἰησοῦς κηρύσσειν καὶ λέγειν· μετανοεῖτε. (마 4:17)

    ἀπό : 속격을 취하는 전치사(from). ἀπὸ τότε = '그 때부터'

    τότε : 부사(then, at that time)

    ἤρξατο : 동사 ἄρχω [to rule, mid. to start]의 단순과거, 중간태, 직설법,
       3인칭, 단수. '그(녀)가 시작했다'

    ὁ : 정관사(ὁ, ἡ, τό)의 남성, 단수, 주격. '그'

    Ἰησοῦς : 고유명사 Ἰησοῦς [Jesus, Joshua]의 단수, 주격. '예수가'

    κηρύσσειν : 동사 κηρύσσω [to proclaim, preach]의 현재, 능동태, 부정사.
       '선포하는 것.' 동사 ἤρξατο의 목적어로 사용되었다. ἤρξατο
       κηρύσσειν καὶ λέγειν = '그가 선포하고 말하기 시작했다'

λέγειν : 동사 λέγω [to say, speak]의 현재, 능동태, 부정사. '말하는 것.' 동사 ἤρξατο의 목적어로 사용되었다. ἤρξατο κηρύσσειν καὶ λέγειν='그가 선포하고 말하기 시작했다'

μετανοεῖτε : 동사 μετανοέω [to repent]의 현재, 능동태, 명령법, 2인칭, 복수. '너희는 회개하라!'

해석 "그 때부터 예수가 선포하여 말하기 시작했다. '회개하라!'"

2. τί αὐτῇ κόπους παρέχετε; καλὸν ἔργον **ἠργάσατο** ἐν ἐμοί. (막 14:6)

τί : 의문내명사 τίς, τί [who, which, what]의 중성, 단수, 대격. '어찌하여?'

αὐτῇ : 3인칭 대명사(αὐτός, αὐτή, αὐτό)의 여성, 단수, 여격. '그녀에게'

κόπους : 남성명사 κόπος [labor, trouble]의 복수, 대격. '괴로움들을'

παρέχετε : 동사 παρέχω [to offer, afford]의 현재, 능동태, 직설법, 2인칭, 복수. '너희가 주고 있다.' κόπους παρέχετε = '너희가 괴로움들을 주고 있다,' 즉 '너희가 괴롭히고 있다'

καλόν : 형용사 καλός [good]의 중성, 단수, 대격. '좋은'

ἔργον : 중성명사 ἔργον [deed, work]의 단수, 대격. '일을'

ἠργάσατο : 동사 ἐργάζομαι [to do, work]의 단순과거, 중간태, 직설법, 3인칭, 단수. '그(녀)가 하였다'

ἐν : 여격을 취하는 전치사(in). ἐν ἐμοί = '나에게'

ἐμοί : 1인칭 대명사 ἐγώ [I]의 단수, 여격. '나에게'

해석 "어찌하여 너희는 그녀를 괴롭히느냐? 그녀는 나에게 좋은 일을 하였다."

3. ἡμεῖς οὔτε γράμματα περὶ σοῦ **ἐδεξάμεθα** ἀπὸ τῆς Ἰουδαίας … (행 28:21)

ἡμεῖς : 1인칭 대명사 ἐγώ [I]의 복수, 주격. '우리가'

οὔτε : 부정어(neither, nor)

γράμματα : 중성명사 γράμμα [a letter, writing]의 복수, 대격. '편지들을'

περί : 속격(about, concerning)과 대격(around)을 취하는 전치사. 여기서
　　　는 속격을 취하여 '~에 관하여'라는 뜻으로 쓰였다. περὶ σοῦ =
　　　'너에 관하여'

σοῦ : 2인칭 대명사 σύ [you]의 단수, 속격. '너의'

ἐδεξάμεθα : 동사 δέχομαι [to receive]의 단순과거, 중간태, 직설법, 1인
　　　　　칭, 복수. '우리가 받았다'

ἀπό : 속격을 취하는 전치사(from). ἀπὸ τῆς 'Ιουδαίας = '유대로부터'.

τῆς : 정관사(ὁ, ἡ, τό)의 여성, 단수, 속격. '그'

'Ιουδαίας : 고유명사 'Ιουδαία [Judea]의 여성, 단수, 속격. '유대의'

해석　　"우리는 유대로부터 너에 관한 편지를 받지 못했다."

연습문제 20

A. 문법

1. λαμβάνω 동사의 제2단순과거 능동태 직설법 변화를 해보시오.

구분	단수	복수
1인칭	ἔλαβον	ἐλάβομεν
2인칭	ἔλαβες	ἐλάβετε
3인칭	ἔλαβε	ἔλαβον

2. βάλλω 동사의 제2단순과거 중간태 직설법 변화를 해보시오.

구분	단수	복수
1인칭	ἐβαλόμην	ἐβαλόμεθα
2인칭	ἐβάλου	ἐβάλεσθε
3인칭	ἐβάλετο	ἐβάλοντο

3. 아래 도표의 동사를 분해(parsing)하시오.

변화형 동사	인칭	수	시제	태	법	현재능동태 1인칭단수	의미(뜻)
εἴδομεν	1인칭	복수	단순과거	능동태	직설법	ὁράω	우리가 보았다
ἔπεσον	1/3인칭	단/복수	단순과거	능동태	직설법	πίπτω	내(그들이) 떨어졌다
ἐξεβάλετε	2인칭	복수	단순과거	능동태	직설법	ἐκβάλλω	너희들이 되고 있다
ἐλίπου	2인칭	단수	단순과거	중간태	직설법	λείπω	네가 떠났다
ἐπέσετο	3인칭	단수	단순과거	중간태	직설법	πίπτω	그(녀)가 떨어졌다

B. 아래 문장을 우리말로 옮기시오.

1. καὶ φωνὴ ἐγένετο ἐκ τῶν οὐρανῶν· σὺ εἶ ὁ υἱός μου ὁ ἀγαπητός. (막 1:11)

φωνή : 여성명사 φωνή [a sound, voice]의 단수, 주격. '소리가'

ἐγένετο : 동사 γίνομαι [to become]의 단순과거, 중간태, 직설법, 1인칭, 단수. '그(녀)가 되었다.' γίνομαι 동사는 통상 become으로 번역되지만, 신약성경에서는 주격 술어 없이 쓰이는 경우가 많으므로 '일어나다'(to happen), '생겨나다'(to be born, be produced), '~이 되다'(to become something) 등 매우 다양한 의미를 갖는다. 보다 자세하는 설명과 예문들을 위해서는 117과 "γίνομαι의 용법" 및 BDAG, s.v. "γίνομαι"를 보라. 본문에서는 '공간적인 위치를 바꾸다'(to make a change of location in space)라는 뜻에서 '이동하다'(to move)라는 의미로 쓰였다. ἐγένετο ἐκ τῶν οὐρανῶν = '하늘로부터 이동했다,' 즉 '하늘로부터 소리가 (들려) 왔다.' BDAG, s.v. "γίνομαι," 197, 항목 6.b를 보라.

ἐκ : 속격을 취하는 전치사(from). ἐκ τῶν οὐρανῶν = '하늘로부터'

τῶν : 정관사(ὁ, ἡ, τό)의 남성, 복수, 속격. '그'

οὐρανῶν : 남성명사 οὐρανός [heaven]의 복수, 속격. '하늘들의'

σύ : 2인칭 대명사 σύ [you]의 단수, 주격. '너는'

εἶ : 동사 εἰμί [to be]의 현재, 능동태, 직설법, 2인칭, 단수. '너는 ~이다'

ὁ : 정관사(ὁ, ἡ, τό)의 남성, 단수, 주격. '그'

υἱός : 남성명사 υἱός [a son]의 단수, 주격. '아들이'

μου : 1인칭 대명사 ἐγώ [I]의 단수, 속격. '나의'

ἀγαπητός : 형용사 ἀγαπητός [beloved]의 남성, 단수, 주격. '사랑하는.' 관사와 함께 쓰여 한정적 용법으로 사용되었다.

해석 "그리고 하늘로부터 소리가 (들려) 왔다. '너는 나의 사랑하는 아들이다.'"

2. Μετὰ ταῦτα ἦλθεν ὁ Ἰησοῦς καὶ οἱ μαθηταὶ αὐτοῦ εἰς τὴν Ἰουδαίαν γῆν καὶ ἐκεῖ διέτριβεν μετ' αὐτῶν καὶ ἐβάπτιζεν. (요 3:22)

μετά : 속격(with)과 대격(after)을 취하는 전치사. 여기서는 대격을 취하여 '~후에'라는 뜻으로 사용되었다. μετὰ ταῦτα='이것들(이 일들) 후에'

ταῦτα : 지시대명사(οὗτος, αὕτη, τοῦτο [this])의 중성, 복수, 대격. '이것들을'

ἦλθεν : 동사 ἔρχομι [to come, go]의 단순과거, 능동태, 직설법, 3인칭, 단
　　　수. '그(녀)가 갔다'

ὁ : 정관사(ὁ, ἡ, τό)의 남성, 단수, 주격. '그'

Ἰησοῦς : 고유명사 Ἰησοῦς [Jesus, Joshua]의 남성, 단수, 주격. '예수가'

οἱ : 정관사(ὁ, ἡ, τό)의 남성, 복수, 주격. '그'

μαθηταί : 남성명사 μαθητής [a disciple]의 복수, 주격. '제자들이'

αὐτοῦ : 3인칭 대명사(αὐτός, αὐτή, αὐτό)의 남성, 단수, 속격. '그의'

εἰς : 대격을 취하는 전치사(into, toward). 여기서는 여행의 목적지를 표
　　　현하기 위해서 사용되었다. BDAG, s.v. "εἰς," 290, 항목 1.a 참조.
　　　εἰς τὴν Ἰουδαίαν γῆν = '유대 땅을 향하여'

τήν : 정관사(ὁ, ἡ, τό)의 여성, 단수, 대격. '그'

Ἰουδαίαν : 고유명사 Ἰουδαία [Judea]의 여성, 단수, 대격. '유대를'

γῆν : 여성명사 γῆ [the earth, land]의 여성, 단수, 대격. '땅을'

ἐκεῖ : 부사(there)

διέτριβεν : 동사 διατρίβω [to continue]의 미완료, 능동태, 직설법, 3인
　　　칭, 단수. '그(녀)가 지속했다'

μετ᾽ : 속격(with)과 대격(after)을 취하는 전치사. 여기서는 속격을 취하여
　　　'~와 함께/더불어'라는 뜻으로 사용되었다. μετ᾽ αὐτῶν='그들과 함께'

αὐτῶν : 3인칭 대명사(αὐτός, αὐτή, αὐτό)의 남성, 복수, 속격. '그들의'

ἐβάπτιζεν : 동사 βαπτίζω [to baptize]의 미완료, 능동태, 직설법, 3인칭,
　　　단수. '그(녀)가 세례를 베풀었다'

해석 "이 일들 후에 예수와 그의 제자들은 유대 땅으로 갔다. 그리
고 그는 거기에서 그들과 함께 있었다. 그리고 그는 세례를
베풀었다."

3. Ἀβραὰμ ἀπέθανεν … (요 8:52)

Ἀβραάμ : 고유명사 Ἀβραάμ [Abraham]의 남성, 단수, 주격. '아브라함이'

ἀπέθανεν : 동사 ἀποθνήσκω [to die]의 단순과거, 능동태, 직설법, 3인칭,
　　　단수. '그(녀)가 죽었다'

해석 "아브라함이 죽었다."

4. εἶπον ὑμῖν ἤδη καὶ οὐκ ἠκούσατε. (요 9:27)

εἶπον : 동사 λέγω [to say, speak]의 단순과거, 능동태, 직설법, 1인칭, 단수. '내가 말했다'

ὑμῖν : 2인칭 대명사 σύ [you]의 복수, 여격. '너희에게'

ἤδη : 부사(already).

καί : 접속사(and). 여기서는 놀랍거나 예기치 못한 결과를 강조하기 위해서 '하지만/그럼에도 불구하고'(and yet, nevertheless)라는 역접의 의미로 사용되었다. BDAG, s.v. "καί," 495, 항목 1.b.η; BDF, § 442(1) 참조.

οὐκ : 부정어(not).

ἠκούσατε : 동사 ἀκούω [to hear]의 단순과거, 능동태, 직설법, 2인칭, 복수. '너희가 들었다'

해석 "나는 이미 너희에게 말했다. 그럼에도 불구하고 너희는 듣지 않았다."

5. οὐκ ἔγνω ὁ κόσμος διὰ τῆς σοφίας τὸν θεόν. (고전 1:21)

οὐκ : 부정어(not).

ἔγνω : 동사 γινώσκω [to know]의 단순과거, 능동태, 직설법, 3인칭, 단수. '그(녀)가 알았다'

ὁ : 정관사(ὁ, ἡ, τό)의 남성, 단수, 주격. '그'

κόσμος : 남성명사 κόσμος [the world]의 단수, 주격. '세상이'

διά : 속격(through)과 대격(on account of)을 취하는 전치사. 여기서는 속격을 취하여 '~을 통하여'라는 뜻으로 쓰였다.

τῆς : 정관사(ὁ, ἡ, τό)의 여성, 단수, 속격. '그'

σοφίας : 여성명사 σοφία [wisdom]의 단수, 속격. '지혜의'

τόν : 정관사(ὁ, ἡ, τό)의 남성, 단수, 대격. '그'

θεόν : 남성명사 θεός [ta god, God]의 단수, 대격. '하나님을'

해석 "세상은 지혜를 통하여 하나님을 알지 못했다."

연습문제 21

A. 문법

1. κηρύσσω 동사의 단순과거 수동태 직설법 변화를 해보시오.

구분	단수	복수
1인칭	ἐκηρύχθην	ἐκηρύχθημεν
2인칭	ἐκηρύχθης	ἐκηρύχθητε
3인칭	ἐκηρύχθη	ἐκηρύχθησαν

2. γράφω 동사의 단순과거 수동태 직설법 변화를 해보시오.

구분	단수	복수
1인칭	ἐγράφην	ἐγράφημεν
2인칭	ἐγράφης	ἐγράφητε
3인칭	ἐγράφην	ἐγράφησαν

3. 아래 도표의 동사를 분해(parsing)하시오.

변화형 동사	인칭	수	시제	태	법	현재능동태 1인칭단수	의미(뜻)
ἐλήμφθησαν	3인칭	복수	단순과거	수동태	직설법	λαμβάνω	그(녀)들이 취해졌다
ἐγράφη	3인칭	단수	단순과거	수동태	직설법	γράφω	그(녀)가 쓰였다
ἐπορεύθημεν	1인칭	복수	단순과거	수동태	직설법	πορεύομαι	우리가 갔다

B. 아래 문장을 우리말로 옮기시오.

1. οὐκ ἔστιν ὧδε, ἠγέρθη γὰρ καθὼς εἶπεν. (마 28:6)

οὐκ : 부정어(not)

ἔστιν : 동사 εἰμί [to be]의 현재, 능동태, 직설법, 3인칭, 단수. '그(녀)가
~이다/있다'

ὧδε : 부사(here)

ἠγέρθη : 동사 ἐγείρω [to raise up]의 단순과거, 수동태, 직설법, 3인칭,
단수. '그(녀)가 일으킴을 받았다'

γάρ : 종속접속사(for, because)

καθώς : 종속접속사(just as, even as)

εἶπεν : 동사 λέγω [to say, speak]의 단순과거, 능동태, 직설법, 3인칭, 단
수. '그(녀)가 말했다'

해 석 "그는 여기 계시지 않는다. 왜냐하면 그는 그가 말씀하신 대
로 일으킴을 받았기 때문이다."

2. ἐκ θεοῦ ἐγεννήθησαν. (요 1:13)

ἐκ : 속격을 취하는 전치사(from). ἐκ θεοῦ = '하나님으로부터.' 여기서
는 기원을 나타내기 위해서 사용되었다. BDAG, s.v. "ἐκ," 296, 항목
3.a 참조.

θεοῦ : 남성명사 θεός [a god, God]의 단수, 속격. '하나님의'

ἐγεννήθησαν : 동사 γεννάω [to beget]의 단순과거, 수동태, 직설법, 3인
칭, 복수. '그(녀)들이 태어났다'

해 석 "그들은 하나님으로부터 태어났다."

3. νῦν ἐδοξάσθη ὁ υἱὸς τοῦ ἀνθρώπου καὶ ὁ θεὸς ἐδοξάσθη ἐν αὐτῷ. (요
13:31)

νῦν : 부사(now)

ἐδοξάσθη : 동사 δοξάζω [to glorify]의 단순과거, 수동태, 직설법, 3인칭,
단수. '그(녀)가 영광을 받았다'

ὁ : 정관사(ὁ, ἡ, τό)의 남성, 단수, 주격. '그'

υἱός : 남성명사 υἱός [a son]의 단수, 주격. '아들이'

τοῦ : 정관사(ὁ, ἡ, τό)의 중성, 단수, 속격. '그'

ἀνθρώπου : 남성명사 ἄνθρωπος [a man]의 단수, 속격. '사람의.' ὁ υἱὸς
τοῦ ἀνθρώπου = '사람의 아들, 즉 인자(人子)'

καί : 순접접속사(and, also). 여기서는 '또한'(also)라는 뜻으로 쓰였다. καὶ
    ὁ θεός = '하나님도'

ὁ : 정관사(ὁ, ἡ, τό)의 남성, 단수, 주격. '그'

θεός : 남성명사 θεός [a god, God]의 단수, 주격. '하나님이'

ἐδοξάσθη : 동사 δοξάζω [to glorify]의 단순과거, 수동태, 직설법, 3인칭,
    단수. '그(녀)가 영광을 받았다'

ἐν : 여격을 취하는 전치사(in, by). ἐν αὐτῷ='그의 안에서/그를 통하여'

αὐτῷ : 3인칭 대명사(αὐτός, αὐτή, αὐτό)의 남성, 단수, 여격. '그에게'

해석   "이제 인자가 영광을 받았다. 그리고 하나님도 그를 통하여
      영광을 받았다."

4. καὶ ὁμολογουμένως μέγα ἐστὶν τὸ τῆς εὐσεβείας μυστήριον· ὃς ἐφανερώθη
ἐν σαρκί, ἐδικαιώθη ἐν πνεύματι, ὤφθη ἀγγέλοις, ἐκηρύχθη ἐν ἔθνεσιν,
ἐπιστεύθη ἐν κόσμῳ, ἀνελήμφθη ἐν δόξῃ. (딤전 3:16)

ὁμολογουμένως : 부사(beyond question, undeniably).

μέγα : 형용사 μέγας, μεγάλη, μέγα [large, great]의 중성, 단수, 주격. '큰'

ἐστίν : 동사 εἰμί [to be]의 현재, 능동태, 직설법, 3인칭, 단수. '그(녀)가
    ~이다/있다'

τό : 정관사(ὁ, ἡ, τό)의 중성, 단수, 주격. '그'

τῆς : 정관사(ὁ, ἡ, τό)의 여성, 단수, 속격. '그'

εὐσεβείας : 여성명사 εὐσέβεια [godliness, piety]의 단수, 속격. '경건의'

μυστήριον : 중성명사 μυστήριον [a mystery]의 중성, 단수, 주격. '비밀이'

ὅς : 관계대명사(ὅς, ἥ, ὅ)의 남성, 단수, 주격. '~하는 자'

ἐφανερώθη : 동사 φανερόω [to manifest, reveal]의 단순과거, 수동태, 직
    설법, 3인칭, 단수. '그(녀)가 나타났다'

ἐν : 여격을 취하는 전치사(in). ἐν σαρκί = '육체로,' 즉 '육신을 입고'
    BDAG, s.v. "σάρξ," 915, 항목 2.a 참조. 이하에 나오는 전치사 ἐν의
    다양한 용법에 관하여는 BDAG, s.v. "ἐν," 326-330 참조.

σαρκί : 여성명사 σάρξ [flesh]의 단수, 여격. '육체에게'

ἐδικαιώθη : 동사 δικαιόω [to justify]의 단순과거, 수동태, 직설법, 3인칭, 단수. '그(녀)가 의롭게 되었다'

πνεύματι : 중성명사 πνεῦμα [a spirit, the Spirit]의 단수, 여격. '성령에게' ἐν πνεύματι='성령으로'

ὤφθη : 동사 ὁράω [to see]의 단순과거, 수동태, 직설법, 3인칭, 단수. '그(녀)가 보였다'

ἀγγέλοις : 남성명사 ἄγγελος [an angel]의 복수, 여격. '천사들에게'

ἐκηρύχθη : 동사 κηρύσσω [to proclaim]의 단순과거, 수동태, 직설법, 3인칭, 단수. '그(녀)가 선포되었다'

ἔθνεσιν : 중성명사 ἔθνος [a nation, Gentiles]의 복수, 여격. '열방에게.' ἐν ἔθνεσιν='만국에'

ἐπιστεύθη : 동사 πιστεύω [to believe]의 단순과거, 수동태, 직설법, 3인칭, 단수. '그(녀)가 믿어졌다'

κόσμῳ : 남성명사 κόσμος [the world]의 단수, 여격. '세상에게' ἐν κόσμῳ='세상에서'

ἀνελήμφθη : 동사 ἀναλαμβάνω [to take up]의 단순과거, 수동태, 직설법, 3인칭, 단수. '그(녀)가 올려졌다'

δόξῃ : 여성명사 δόξα [glory]의 단수, 여격. '영광에게.' ἐν δόξῃ = '영광 중에'

해석 "그리고 참으로 경건의 비밀이 크도다. 그는 육체로 나타나셨고, 영으로 의롭게 되셨고, 천사들에게 보이셨고, 만국에 선포되셨고, 세상에서 믿어졌고, 영광 중에 올리어지셨다."

5. ὁ Σατανᾶς, ὁ πλανῶν τὴν οἰκουμένην ὅλην, **ἐβλήθη** εἰς τὴν γῆν, καὶ οἱ ἄγγελοι αὐτοῦ μετ᾽ αὐτοῦ **ἐβλήθησαν**. (계 12:9)

ὁ : 정관사(ὁ, ἡ, τό)의 남성, 단수, 주격. '그'

Σατανᾶς : 남성명사 Σατανᾶς [Satan]의 단수, 주격. '사탄이'

πλανῶν : 동사 πλανάω [to lead astray]의 현재, 능동태, 분사, 남성, 단수, 주격. '미혹하는'

τήν : 정관사(ὁ, ἡ, τό)의 여성, 단수, 대격. '그'

οἰκουμένην : 여성명사 οἰκουμένη [the inhabited world]의 단수, 대격.
        '세상을'

ὅλην : 형용사 ὅλος [whole, all]의 여성, 단수, 대격. '모든, 온'

ἐβλήθη : 동사 βάλλω [to cast, throw]의 단순과거, 수동태, 직설법, 3인칭,
        단수. '그(녀)가 던져졌다'

εἰς : 대격을 취하는 전치사(into). εἰς τὴν γῆν = '땅으로'

τήν : 정관사(ὁ, ἡ, τό)의 여성, 단수, 대격. '그'

γῆν : 여성명사 γῆ [the earth, land] 현재, 의 단수, 대격. '땅을'

οἱ : 정관사(ὁ, ἡ, τό)의 남성, 복수, 주격. '그'

ἄγγελοι : 남성명사 ἄγγελος [an angel]의 복수, 주격. '천사들이, 사자들이'

αὐτοῦ : 3인칭 대명사(αὐτός, αὐτή, αὐτό)의 남성, 단수, 속격. '그의'

μετ' : 속격(with)과 대격(after)을 취하는 전치사. 여기서는 속격을 취하여
        '~와 함께'라는 뜻으로 사용되었다. μετ' αὐτοῦ = '그와 함께'

αὐτοῦ : 3인칭 대명사(αὐτός, αὐτή, αὐτό)의

ἐβλήθησαν : 동사 βάλλω [to cast, throw]의 단순과거, 수동태, 직설법, 3
        인칭, 복수. '그(녀)들이 던져졌다'

해석 "사탄, 곧 온 세상을 미혹하던 자가 땅에 던져졌다. 그리고 그
        의 사자(使者)들도 그와 함께 던져졌다."

연습문제 22

A. 문법

1. θεπαπεύω 동사의 미래 수동태 직설법 변화를 해보시오.

구분	단수	복수
1인칭	θεπαπευθήσομαι	θεπαπευθησόμεθα
2인칭	θεπαπευθήση	θεπαπευθήσεσθε
3인칭	θεπαπευθήσεται	θεπαπευθήσονται

2. 아래 도표의 동사를 분해(parsing)하시오.

변화형 동사	인칭	수	시제	태	법	현재능동태 1인칭단수	의미(뜻)
πέφθησονται	3인칭	복수	미래	수동태	직설법	πίπτω	그(녀)들이 떨어질 것이다
κηρυχθήσεται	3인칭	단수	미래	수동태	직설법	κηρύσσω	그(녀)가 선포될 것이다
ἑτοιμσθήση	2인칭	단수	미래	수동태	직설법	ἑτοιμάζω	네가 준비될 것이다

B. 아래 문장을 우리말로 옮기시오.

1. μακάριοι οἱ εἰρηνοποιοί, ὅτι αὐτοὶ υἱοὶ θεοῦ **κληθήσονται**. (마 5:9)

   μακάριοι : 형용사 μακάριος [blessed, happy]의 남성, 복수, 주격. '복된'

   οἱ : 정관사(ὁ, ἡ, τό)의 남성, 복수, 주격. '그'

   εἰρηνοποιοί : 형용사 εἰρηνοποιός [making peace]의 남성, 복수, 주격.
   　　　　　　　명사 없이 독립적으로 사용되었다. οἱ εἰρηνοποιοί='화
   　　　　　　　평을 만드는 자들은'

   ὅτι : 접속사(that, because). 여기서는 이유를 나타낸다. '왜냐하면'

   αὐτοί : 3인칭 대명사(αὐτός, αὐτή, αὐτό)의 남성, 복수, 주격. '그들이.' 주
   　　　　어를 강조한다. (다른 누가 아니라 바로) '그들이'

   υἱοί : 남성명사 υἱός [a son]의 복수, 주격. '아들들이'

θεοῦ : 남성명사 θεός [a god, God]의 단수, 속격. '하나님의'

κληθήσονται : 동사 καλέω [to call]의 미래, 수동태, 직설법, 3인칭, 복수. '그(녀)들이 불릴 것이다'

해 석 "화평을 만드는 자들은 복되다. 왜냐하면 바로 그들이 하나님의 아들들이라고 불릴 것이기 때문이다."

2. τῇ τρίτῃ ἡμέρᾳ **ἐγερθήσεται**. (마 20:19)

τῇ : 정관사(ὁ, ἡ, τό)의 여성, 단수, 여격. '그'

τρίτῃ : 형용사 τρίτος [third]의 여성, 단수, 여격. '세 번째의'

ἡμέρᾳ : 여성명사 ἡμέρα [a day]의 단수, 여격. '날에게.' 시간의 여격이다. BDF, § 200 참조. τῇ τρίτῃ ἡμέρᾳ = '제3일에'

ἐγερθήσεται : 동사 ἐγείρω [to raise up]의 미래, 수동태, 직설법, 3인칭, 단수. '그(녀)가 일으킴을 받을 것이다'

해 석 "그는 제3일에 일으킴을 받을 것이다."

3. τὸ βάπτισμα ὃ ἐγὼ βαπτίζομαι **βαπτισθήσεσθε**. (막 10:39)

τό : 정관사(ὁ, ἡ, τό)의 중성, 단수, 대격. '그'

βάπτισμα : 중성명사 βάπτισμα [baptism]의 중성, 단수, 대격. '세례를'

ὅ : 관계대명사(ὅς, ἥ, ὅ)의 중성, 단수, 대격. τὸ βάπτισμα ὃ ἐγὼ βαπτίζομαι = '내가 받는 세례'

ἐγώ : 1인칭 대명사 ἐγώ [I]의 주격, 단수. '내가 강조의 의미로 사용되었다.

βαπτίζομαι : 동사 βαπτίζω [to baptize]의 현재, 수동태, 직설법, 1인칭, 단수. '내가 세례를 받는다'

βαπτισθήσεσθε : 동사 βαπτίζω [to baptize]의 미래, 수동태, 직설법, 2인칭, 복수. '너희가 세례를 받을 것이다'

해 석 "너희는 바로 내가 받는 그 세례를 받게 될 것이다."

4. ὁ δὲ ἀγαπῶν με **ἀγαπηθήσεται** ὑπὸ τοῦ πατρός μου. (요 14:21)

ὁ : 정관사(ὁ, ἡ, τό)의 남성, 단수, 주격. '그'

ἀγαπῶν : 동사 ἀγαπάω [to love]의 현재, 능동태, 분사, 남성, 단수, 주격.
　　　　 '사랑하는.' 명사 없이 독립적으로 사용되어 명사처럼 쓰였다.
　　　　 ὁ ἀγαπῶν με = '나를 사랑하는 자'

με : 1인칭 대명사 ἐγώ [I]의 단수, 대격. '나를'

ἀγαπηθήσεται : 동사 ἀγαπάω [to love]의 미래, 수동태, 직설법, 3인칭,
　　　　 단수. '그(녀)가 사랑받게 될 것이다'

ὑπό : 속격(by)과 대격(under)을 취하는 전치사. 여기서는 속격과 함께 쓰
　　　　 여 '~에 의하여'(by)라는 뜻이다. ὑπὸ τοῦ πατρός μου = '나의 아버
　　　　 지에 의해서, 즉 나의 아버지에게'

τοῦ : 정관사(ὁ, ἡ, τό)의 남성, 단수, 속격. '그'

πατρός : 남성명사 πατήρ [father]의 단수, 속격. '아버지의'

μου : 1인칭 대명사 ἐγώ [I]의 단수, 속격. '나의.

해석 "나를 사랑하는 자는 나의 아버지에게 사랑을 받을 것이다."

5. οὕτως πᾶς Ἰσραὴλ σωθήσεται. (롬 11:26)

οὕτως : 부사(thus). '따라서, 이렇게'

πᾶς : 형용사 πᾶς, πᾶσα, πᾶν [all, every, all things]의 남성, 단수, 주격.
　　　　 '모든'

Ἰσραήλ : 고유명사 Ἰσραήλ [Israel]의 남성, 단수, 주격. '이스라엘이'

σωθήσεται : 동사 σώζω [to save]의 미래, 수동태, 직설법, 3인칭, 단수.
　　　　 '그(녀)가 구원될 것이다'

해석 "이로써 온 이스라엘이 구원될 것이다."

연습문제 23

A. 문법

1. τιμάω 동사의 현재 능동태 직설법 변화를 해보시오.

구분	단수	복수
1인칭	τιμῶ	τιμῶμεν
2인칭	τιμᾷς	τιμᾶτε
3인칭	τιμᾷ	τιμῶσι

2. φιλέω 동사의 현재 능동태 직설법 변화를 해보시오.

구분	단수	복수
1인칭	φιλῶ	φιλοῦμεν
2인칭	φιλεῖς	φιλεῖτε
3인칭	φιλεῖ	φιλοῦσι

3. δηλόω 동사의 현재 능동태 직설법 변화를 해보시오.

구분	단수	복수
1인칭	δηλῶ	δηλοῦμεν
2인칭	δηλοῖς	δηλοῦτε
3인칭	δηλοῖ	δηλοῦσι

4. 아래 도표의 동사를 분해(parsing)하시오.

변화형 동사	인칭	수	시제	태	법	현재능동태 1인칭단수	의미(뜻)
ἀγαπᾶτε	2인칭	복수	현재	능동태	직설법	ἀγαπάω	너희가 사랑하고 있다
ἀκολουθεῖ	3인칭	단수	현재	능동태	직설법	ἀκολουθέω	그(녀)가 따르고 있다
σταυροῖσι	3인칭	복수	현재	능동태	직설법	σταυρόω	그(녀)들이 못 박고 있다

B. 아래 문장을 우리말로 옮기시오.

1. Καὶ σὺν αὐτῷ **σταυροῦσιν** δύο λῃστάς. (막 15:27)

   καί : 순접접속사(and)

   σύν : 여격을 취하는 전치사(with).

   αὐτῷ : 3인칭 대명사(αὐτός, αὐτή, αὐτό)의 남성, 단수, 여격. '그에게.'

   　　　σὺν αὐτῷ = '그와 함께'

   σταυροῦσιν : 동사 σταυρόω [to crucify]의 현재, 능동태, 직설법, 3인칭,
   　　　　　　　 복수. '그(녀)들이 십자가에 못 박고 있다.' '역사적 현
   　　　　　　　 재'(historical present)로서 화자(話者)가 마치 현장에 있는
   　　　　　　　 것처럼 과거 사건을 생생하게 묘사하기 위해서 사용된다.
   　　　　　　　 특히 복음서에서 매우 자주 쓰이며 과거형으로 번역하는
   　　　　　　　 것이 자연스럽다. Burton, § 14 참조.

   δύο : 형용사 δύο [two]의 남성, 복수, 대격. '둘의'

   λῃστάς : 남성명사 λῃστής [a robber]의 복수, 대격. '강도들을'

   해석 "그리고 그들은 그와 함께 강도 둘을 십자가에 못 박았다."

2. Σίμων Ἰωάννου, **ἀγαπᾷς** με πλέον τούτων; λέγει αὐτῷ· ναὶ κύριε, σὺ
   οἶδας ὅτι **φιλῶ** σε. (요 21:15)

   Σίμων : 고유명사 Σίμων [Simon]의 남성, 단수, 호격. '시몬아!'

   Ἰωάννου : 고유명사 Ἰωάννης [John]의 남성, 단수, 속격. '요한의.' 기원
   　　　　　 의 속격. BDF, § 162 참조. Σίμων Ἰωάννου = '요한의 아들,
   　　　　　 시몬아!'

   ἀγαπᾷς : 동사 ἀγαπάω [to love]의 현재, 능동태, 직설법, 2인칭, 단수. '네
   　　　　　 가 사랑한다'

   με : 1인칭 대명사 ἐγώ [I]의 단수, 대격. '나를'

   πλέον : 형용사 πολύς, πολλή, πολύ [many, much]의 비교급, 중성, 단수,
   　　　　 대격. '~보다 더'

   τούτων : 지시대명사(οὗτος, αὕτη, τοῦτο [this])의 남성, 복수, 속격. 명사
   　　　　　 없이 독립적으로 사용되었다. 비교의 속격으로서 '이 사람들보

다'라는 뜻이다. BDF, § 185(1) 참조. πλέον τούτων='이 사람
들보다 더'

λέγει : 동사 λέγω [to say, speak]의 현재, 능동태, 직설법, 3인칭, 단수.
'그(녀)가 말한다.' '역사적 현재'(historical present)로서 화자(話
者)가 마치 현장에 있는 것처럼 과거 사건을 생생하게 묘사하기
위해서 사용된다. 특히 복음서에서 매우 자주 쓰이며 과거형으로
번역하는 것이 자연스럽다. Burton, § 14 참조.

αὐτῷ : 3인칭 대명사(αὐτός, αὐτή, αὐτό)의 남성, 단수, 여격. '그에게'

ναί : 불변화사(truly, yes).

κύριε : 남성명사 κύριος [a lord, Lord]의 단수, 호격. '주여!'

σύ : 2인칭 대명사 σύ [you]의 단수, 대격. '너를, 당신을'

οἶδας : 동사 οἶδά [to be]의 현재완료, 능동태, 직설법, 2인칭, 단수. 현재
형으로 사용된다. '네가 알고 있다'

ὅτι : 접속사(that, because). 여기서는 동사 οἶδας의 목적절을 이끈다.

φιλῶ : 동사 φιλέω [to love]의 현재, 능동태, 직설법, 1인칭, 단수. '내가
사랑한다'

σε : 2인칭 대명사 σύ [you]의 단수, 대격. '너를'

해석　"요한의 아들 시몬아! 너는 이 사람들보다 나를 더 사랑하느
냐? 그렇습니다. 주님 내가 당신을 사랑하는 것을 당신께서
아십니다."

3. οὐκ ἀνθρώποις **λαλεῖ** ἀλλὰ θεῷ. (고전 14:2)

οὐκ : 부정어(not)

ἀνθρώποις : 남성명사 ἄνθρωπος [a man]의 복수, 여격. '사람들에게'

λαλεῖ : 동사 λαλέω [to speak]의 현재, 능동태, 직설법, 3인칭, 단수. '그
(녀)가 말하고 있다'

ἀλλά : 접속사(but, except). '오히려'

θεῷ : 남성명사 θεός [a god, God]의 단수, 여격. '하나님에게'

해석　"그(녀)는 사람들에게가 아니라 하나님께 말한다."

4. ἡμεῖς **ἀγαπῶμεν**, ὅτι αὐτὸς πρῶτος ἠγάπησεν ἡμᾶς. (요일 4:19)

    ἡμεῖς : 1인칭 대명사 ἐγώ [I]의 복수, 주격. '우리가'

    ἀγαπῶμεν : 동사 ἀγαπάω [to love]의 현재, 능동태, 직설법, 1인칭, 복수.
              '우리가 사랑하고 있다'

    ὅτι : 접속사(that, because). 여기서는 이유를 나타낸다. '왜냐하면'

    αὐτός : 3인칭 대명사(αὐτός, αὐτή, αὐτό)의 단수, 주격. '그가'

    πρῶτος : 형용사 πρῶτος [first]의 남성, 단수, 주격. '먼저'

    ἠγάπησεν : 동사 ἀγαπάω [to love]의 단순과거, 능동태, 직설법, 3인칭,
              단수. '그(녀)가 사랑하였다'

    ἡμᾶς : 1인칭 대명사 ἐγώ [I]의 복수, 대격. '우리를'

    해 석   "우리는 사랑하고 있다. 왜냐하면 그가 먼저 우리를 사랑하셨
              기 때문이다."

5. **ἀγαπῶ** τὸν θεόν. (요일 4:20)

    ἀγαπῶ : 동사 ἀγαπάω [to love]의 현재, 능동태, 직설법, 1인칭, 단수. '나
              는 사랑한다'

    τόν : 정관사(ὁ, ἡ, τό)의 남성, 단수, 대격. '그'

    θεόν : 남성명사 θεός [a god, God]의 단수, 대격. '하나님을'

    해 석   "나는 하나님을 사랑한다."

연습문제 24

A. 문법

1. σάρξ, σαρκός, ἡ의 명사 변화를 해 보시오.

구분	단수	복수
1(주격)	σάρξ	σάρκες
4(대격)	σάρκα	σάρκας
2(속격)	σαρκός	σαρκῶν
3(여격)	σαρκί	σαρξίν

2. πνεῦμα, πνεύματος, τό의 명사변화를 해 보시오.

구분	단수	복수
1(주격)	πνεῦμα	πνεύματες
4(대격)	πνεύματα	πνεύματας
2(속격)	πνεύματος	πνευμάτων
3(여격)	πνεύματι	πνεύμασι

3. γένος, γένους, τό의 명사변화를 해 보시오.

구분	단수	복수
1(주격)	γένος	γένη
4(대격)	γένος	γένη
2(속격)	γένους	γενῶν
3(여격)	γένει	γένεσι(ν)

4. βασιλεύς, βασιλέως, ἡ의 명사변화를 해 보시오.

구분	단수	복수
1(주격)	βασιλεύς	βασιλεῖς / -λῆς
4(대격)	βασιλέα	βασιλέας
2(속격)	βασιλέως	βασιλέων
3(여격)	βασιλεῖ	βασιλεῦσι(ν)

5. 아래 도표의 명사를 분해(parsing)하시오.

변화형명사	성	수	격	단수 주격	의미(뜻)
ἄρχουσι	남성	복수	여격	ἄρχων	통치자들에게
ἐλπίδας	여성	복수	대격	ἐλπίς	소망들을
ὀνόματι	중성	단수	여격	ὄνομα	이름에게

B. 아래 문장을 우리말로 옮기시오.

1. ἐγὼ ἐλήλυθα ἐν τῷ ὀνόματι τοῦ πατρός μου, καὶ οὐ λαμβάνετέ με (요 5:43)

ἐγώ : 1인칭 대명사 ἐγώ [I]의 단수, 주격. '나는, 내가'

ἐλήλυθα : 동사 ἔρχομαι [to go, come]의 현재완료, 능동태, 직설법, 1인 칭, 단수. '내가 왔다'

ἐν : 여격을 취하는 전치사(in). ἐν τῷ ὀνόματι τοῦ πατρός μου='나의 아 버지의 이름으로'

τῷ : 정관사(ὁ, ἡ, τό)의 중성, 단수, 여격. '그'

ὀνόματι : 중성명사 ὄνομα [a name]의 단수, 여격. '이름에게' 여기서는 아버지에 의해서 임무나 명령이 주어졌음을 의미한다. BDAG, s.v. "ὄνομα," 713, 항목 1.d.β.ℷ. 참조.

τοῦ : 정관사(ὁ, ἡ, τό)의 남성, 단수, 속격. '그'

πατρός : 남성명사 πατήρ [father]의 단수, 속격. '아버지의'

μου : 1인칭 대명사 ἐγώ [I]의 단수, 속격. '나의'

καί : 순접접속사(and). 여기서는 놀랍거나 예기치 못한 결과를 강조하기 위해서 '하지만/그럼에도 불구하고'(and yet, nevertheless)라는 역접의 의미로 사용되었다. BDAG, s.v. "καί," 495, 항목 1.b.η; BDF, § 442(1) 참조.

οὐ : 부정어(not)

λαμβάνετε : 동사 λαμβάνω [to take, receive]의 현재, 능동태, 직설법, 2인칭, 복수. '너희가 영접하고 있다'

με : 1인칭 대명사 ἐγώ [I]의 단수, 대격. '나를'

해석 "나는 내 아버지의 이름으로 왔다. 그러나 너희는 나를 영접하지 않고 있다."

2. ἦν **ἀνὴρ** ἀγαθὸς καὶ πλήρης **πνεύματος** ἁγίου καὶ πίστεως. καὶ προσετέθη ὄχλος ἱκανὸς τῷ κυρίῳ. (행 11:24)

ἦν : 동사 εἰμί [to be]의 미완료, 능동태, 직설법, 3인칭, 단수. '그(녀)는 ~였다'

ἀνήρ : 남성명사 ἀνήρ [a man, husband]의 단수, 주격. '사람이' 여기서는 동사 ἦν의 보어로 사용되었다.

ἀγαθός : 형용사 ἀγαθός [good]의 남성, 단수, 주격. '선한'

πλήρης : 형용사 πλήρης [full]의 남성, 단수, 주격. '충만한.' 인물을 묘사할 때, 속격과 함께 쓰여 능력, 재능, 감성, 기질 등이 가득 차 있다는 뜻으로 사용된다. BDAG, s.v. "πλήρης," 항목 1.b. 참조. πλήρης πνεύματος ἁγίου καὶ πίστεως ='성령과 믿음이 충만한'

πνεύματος : 중성명사 πνεῦμα [a spirit, the Spirit]의 단수, 속격. '성령의'

ἁγίου : 형용사 ἅγιος [holy]의 중성, 단수, 속격. '거룩한'

πίστεως : 여성명사 πίστις [faith, belief]의 단수, 속격. '믿음의'

προσετέθη : 동사 προστίθημι [to add, add to]의 단순과거, 수동태, 직설법, 3인칭, 단수. '그(녀)가 더해졌다' 종종 여격과 함께 쓰인다. BDF, § 202, s.v. "προσ-" 참조. προσετέθη ⋯ τῷ κυρίῳ = '주님께 ⋯가 더해졌다'

ὄχλος : 남성명사 ὄχλος [a crowd, multitude]의 단수, 주격. '무리가

ἱκανός : 형용사 ἱκανός [sufficient, able, considerable]의 남성, 단수, 주격. '상당한'

τῷ : 정관사(ὁ, ἡ, τό)의 남성, 단수, 여격. '그'

κυρίῳ : 남성명사 κύριος [a lord, Lord]의 단수, 여격. '주님에게'

> **해 석** "그는 선하고 성령과 믿음이 충만한 사람이었다. 그리고 상당한 무리가 주님께 더해졌다."

3. ἦμεν ἐν τῇ σαρκί (롬 7:5)

ἦμεν : 동사 εἰμί [to be]의 미완료, 능동태, 직설법, 1인칭, 복수. '우리가 ~였다'

ἐν : 여격을 취하는 전치사(in). 여기서는 긍정적이든 부정적이든 영향력을 행사하는 어떤 것에 대한 긴밀한 인격적 관계를 표현하는 바울의 용법을 반영한다. BDAG, s.v. "ἐν," 327, 항목 4.c. 참조. ἐν τῇ σαρκί = '육체 안에,' 즉 '육체의 지배권 아래에'

τῇ : 정관사(ὁ, ἡ, τό)의 여성, 단수, 여격. '그'

σαρκί : 여성명사 σάρξ [flesh]의 단수, 여격. '육체에게'

> **해 석** "우리는 육체에 있었다."

4. διάκονοι ἔστωσαν μιᾶς γυναικὸς ἄνδρες (딤전 3:12)

διάκονοι : 남성명사 διάκονος [a servant]의 복수, 주격. '집사들은'

ἔστωσαν : 동사 εἰμί [to be]의 현재, 능동태, 명령법, 3인칭, 복수. '그(녀)들로 하여금 ~가 되게 하라'

μιᾶς : 형용사 εἷς, μιᾶ, ἕν [one]의 여성, 단수, 속격. '하나의'

γυναικός : 여성명사 γυνή [a wife, woman]의 단수, 속격. '아내의'

ἄνδρες : 남성명사 ἀνήρ [a man, husband]의 복수, 주격. '남편들이.' 여기서는 동사 ἔστωσαν의 보어로 사용되었다.

> **해 석** "집사들은 한 아내의 남편들이어야 한다."

5. γινώσκομεν τὸ **πνεῦμα** τῆς ἀληθείας καὶ τὸ **πνεῦμα** τῆς πλάνης. (요일 4:6)

   γινώσκομεν : 동사 γινώσκω [to know]의 현재, 능동태, 직설법, 1인칭,
   　　　　　　복수. '우리가 알고 있다'

   τό : 정관사(ὁ, ἡ, τό)의 중성, 단수, 대격. '그'

   πνεῦμα : 중성명사 πνεῦμα [a spirit, the Spirit]의 단수, 대격. '영을'

   τῆς : 정관사(ὁ, ἡ, τό)의 여성, 단수, 속격. '그'

   ἀληθείας : 여성명사 ἀλήθεια [truth]의 단수, 속격. '진리의'

   πλάνης : 여성명사 πλάνη [a wondering, error]의 단수, 속격. '거짓의, 미
   　　　　　혹의'

   해석　"우리는 진리의 영과 미혹의 영을 알고 있다."

연습문제 25

A. 문법

1. 아래 도표의 단어(형용사)를 분해(parsing)하시오.

변화형명사	성	수	격	단수주격	의미(뜻)
ἀληθοῦς	여성	단수	속격	ἀληθής	참된
ἀληθέσι	남성	단수	여격	ἀληθής	참된
ἀληθεῖς	여성	복수	주/대격	ἀληθής	참된

B. 아래 문장을 우리말로 옮기시오.

1. ὁ θεὸς ἀληθής ἐστιν. (요 3:33)

   ὁ : 정관사(ὁ, ἡ, τό)의 남성, 단수, 주격. '그'

   θεός : 남성명사 θεός [a god, God]의 단수, 주격. '하나님이'

   ἀληθής : 형용사 ἀληθής [true]의 남성, 단수, 주격. '참된' 여기서는 동사
   ἐστιν의 보어로 사용되었다.

   ἐστιν : 동사 εἰμί [to be]의 현재, 능동태, 직설법, 3인칭, 단수. '그(녀)는
   ~이다'

   해석 "하나님은 참되시다."

2. πάντα δὲ ὅσα εἶπεν Ἰωάννης περὶ τούτου ἀληθῆ ἦν. (요 10:41)

   πάντα : 형용사 πᾶς, πᾶσα, πᾶν [all, every, all things]의 중성, 복수, 주격.
   여기서는 명사 없이 독립적으로 사용되었다. '모든 것이'

   ὅσα : 관계대명사 ὅσος, -η, -ον [as many as, as great as]의 중성, 복수,
   대격. '~한 것들'

   εἶπεν : 동사 λέγω [to say, speak]의 단순과거, 능동태, 직설법, 3인칭, 단수.
   '그(녀)가 말했다'

   Ἰωάννης : 고유명사 Ἰωάννής [John]의 남성, 단수, 주격. '요한이'

περί : 속격과 대격을 취하는 전치사. 여기서는 속격과 함께 쓰여 '~에 대하여'(concerning, about)라는 뜻으로 쓰였다. περὶ τούτου = '이 사람에 대하여'

τούτου : 지시대명사(οὗτος, αὕτη, τοῦτο [this])의 남성, 단수, 속격. 여기서는 명사 없이 독립적으로 사용되었다. '이 사람의'

ἀληθῆ : 형용사 ἀληθής [true]의 중성, 복수, 주격. '참된'

ἦν : 동사 εἰμί [to be]의 미완료, 능동태, 직설법, 3인칭, 단수. '그(녀)는 ~였다'

해석 "요한이 이 사람에 대하여 말한 모든 것은 참이었다."

3. συμβέβηκεν αὐτοῖς τὸ τῆς **ἀληθοῦς** παροιμίας. (벧후 2:22)

συμβέβηκεν : 동사 συμβαίνω [to come together, happen]의 현재완료, 능동태, 직설법, 3인칭, 단수. '그(녀)가 모였다, 발생했다'

αὐτοῖς : 3인칭 대명사(αὐτός, αὐτή, αὐτό)의 남성, 복수, 여격. '그들에게'

τό : 정관사(ὁ, ἡ, τό)의 중성, 단수, 주격. '그.' 여기서는 이어지는 속격과 함께 쓰여 일종의 명사 역할을 한다(thing of, that of). τὸ τῆς ἀληθοῦς παροιμίας = '참된 속담에서 발견되는 것(일)이.' BDF, § 266(3) 참조.

τῆς : 정관사(ὁ, ἡ, τό)의 여성, 단수, 속격. '그'

ἀληθοῦς : 형용사 ἀληθής [true]의 여성, 단수, 속격. '참된'

παροιμίας : 여성명사 παροιμία [a proverb, parable]의 단수, 속격. '속담의'

해석 "참된 속담에서 발견되는 일이 그들에게 일어났다."

4. πάλιν ἐντολὴν καινὴν γράφω ὑμῖν, ὅ ἐστιν **ἀληθὲς** ἐν αὐτῷ καὶ ἐν ὑμῖν, ὅτι ἡ σκοτία παράγεται καὶ τὸ φῶς τὸ ἀληθινὸν ἤδη φαίνει. (요일 2:8)

πάλιν : 부사(anew, again)

ἐντολήν : 여성명사 ἐντολή [a commendment]의 단수, 대격. '계명을'

καινήν : 형용사 καινός [new]의 여성, 단수, 대격. '새로운'

γράφω : 동사 γράφώ [to write]의 현재, 능동태, 직설법, 1인칭, 단수. '내가 쓰고 있다'

ὑμῖν : 2인칭 대명사 σύ [you]의 복수, 여격. '너희에게'

ὅ : 관계대명사(ὅς, ἥ, ὅ)의 중성, 단수, 주격. '~하는 것.' 선행사가 여성
　　명사(ἐντολή)이므로 관계대명사의 여성형이 사용되어야 할 것이지만,
　　본문에서처럼 대신 중성 관계대명사가 사용되는 경우가 있다(엡 5:5
　　참조). Moule, 130 이하 참조.

ἐστιν : 동사 εἰμί [to be]의 현재, 능동태, 직설법, 3인칭, 단수. '그(녀)는
　　～이다'

ἀληθές : 동사 εἰμί [to be]의 형용사 ἀληθής [true]의 중성, 단수, 주격.
　　'참된'

ἐν : 여격을 취하는 전치사(in). 여기서는 어떤 일이 발생하는 정황이나
　　범위를 나타낸다. BDAG, s.v. "ἐν," 327, 항목 4.c.와 7 참조. ἐν
　　αὐτῷ καὶ ἐν ὑμῖν = '그에게서와 너희에게서'

αὐτῷ : 3인칭 대명사(αὐτός, αὐτή, αὐτό)의 남성, 단수, 여격. '그에게'

ὑμῖν : 2인칭 대명사 σύ [you]의 복수, 여격. '너희에게'

ὅτι : 종속접속사(that, because). 여기서는 이유를 나타낸다.

ἡ : 정관사(ὁ, ἡ, τό)의 여성, 단수, 주격. '그'

σκοτία : 여성명사 σκοτία [darkness]의 단수, 주격. '어두움이'

παράγεται : 동사 παράγω [to lead away, pass by]의 현재, 수동태, 직설
　　법, 3인칭, 단수. '그(녀)가 지나가고 있다.' 움직임을 나타내
　　는 능동태 타동사가 수동태로 쓰여 자동사처럼 사용되었다.
　　BDF, § 308 참조.

τό : 정관사(ὁ, ἡ, τό)의 중성, 단수, 주격. '그'

φῶς : 중성명사 φῶς [light]의 단수, 주격. '빛이'

ἀληθινόν : 형용사 ἀληθινός [true]의 중성, 단수, 주격. '참된'

ἤδη : 부사(now, already)

φαίνει : 동사 φαίνω [to shine, appear]의 현재, 능동태, 직설법, 3인칭,
　　단수. '그(녀)가 비치고 있다'

해석　"나는 다시 너희에게 새 계명을 쓴다. 그것은 그에게서와 너
　　희에게서 참되다. 왜냐하면 어두움이 지나가고 있고 이미 참
　　된 빛이 비치고 있기 때문이다."

연습문제 26

A. 문법

아래 도표의 단어(형용사)를 분해(parsing)하시오.

변화형동사	성	수	격	단수주격	의미(뜻)
πάντες	남성	복수	주격	πᾶς	모든
πάσῃ	여성	단수	여격	πᾶσα	모든
πάντα	중성	복수	주/대격	πᾶν	모든

B. 아래 문장을 우리말로 옮기시오.

1. ἀκούσας δὲ ὁ βασιλεὺς Ἡρῴδης ἐταράχθη καὶ **πᾶσα** Ἱεροσόλυμα μετ' αὐτοῦ, καὶ συναγαγὼν **πάντας** τοὺς ἀρχιερεῖς καὶ γραμματεῖς τοῦ λαοῦ ἐπυνθάνετο παρ' αὐτῶν ποῦ ὁ χριστὸς γεννᾶται. (마 2:3-4)

    ἀκούσας : 동사 ἀκούω [to hear]의 단순과거, 능동태, 분사, 남성, 단수, 주격. '듣는.' 이유나 근거를 나타내는 부사적 용법으로 쓰였다. Burton, § 439 참조.

    ὁ : 정관사(ὁ, ἡ, τό)의 남성, 단수, 주격. '그'

    βασιλεύς : 남성명사 βασιλεύς [a king]의 단수, 주격. '왕이'

    Ἡρῴδης : 고유명사 Ἡρῴδης [Herod]의 남성, 단수, 주격. '헤롯이'

    ἐταράχθη : 동사 ταράσσω [to trouble, stir up]의 단순과거, 수동태, 직설법, 3인칭, 단수. '그(녀)가 두려워했다'

    καί : 접속사(and, also). 여기서는 '또한'(also)이라는 뜻으로 쓰였다.

    πᾶσα : 형용사 πᾶς, πᾶσα, πᾶν [all, every, all things]의 여성, 단수, 주격. '온' 불확정적인 전체를 지시하는 ὅλος [whole, all]와는 달리 주로 확정적인 전체를 지칭하기 위해서 사용된다. 이 경우 수식을 받는 명사에 통상 관사가 쓰인다. BDF, § 275(2); Moule, 94 참조. πᾶσα Ἱεροσόλυμα = '온 예루살렘이'

Ἱεροσόλυμα : 고유명사 Ἱεροσόλυμα [Jerusalem]의 여성, 단수, 주격. '예루살렘이'

μετ' : 속격과 대격을 취하는 전치사(with, after). 여기서는 속격을 취하여 '~와 더불어/함께'라는 뜻으로 쓰였다. μετ' αὐτοῦ = '그와 더불어'

αὐτοῦ : 3인칭 대명사(αὐτός, αὐτή, αὐτό)의 남성, 단수, 속격. '그'

συναγαγών : 동사 συνάγω [to gather together]의 단순과거, 능동태, 분사, 남성, 단수, 주격. '모으는'

πάντας : 형용사 πᾶς, πᾶσα, πᾶν [all, every, all things]의 남성, 복수, 대격. '모든'

τοὺς : 정관사(ὁ, ἡ, τό)의 남성, 복수, 대격. '그'

ἀρχιερεῖς : 남성명사 ἀρχιερεύς [a chief priest]의 복수, 대격. '제사장들을'

γραμματεῖς : 남성명사 γραμματεύς [a scribe]의 복수, 대격. '서기관들을'

τοῦ : 정관사(ὁ, ἡ, τό)의 남성, 단수, 속격. '그'

λαοῦ : 남성명사 λαός [a people]의 단수, 속격. '백성의.' 일반적인 의미의 '백성, 공동체' 등을 뜻하기도 하지만, 여기서는 특별히 하나님께 선택받은 이스라엘 백성을 지칭하는 말로 사용되었다. BDAG, s.v. "λαός," 586, 항목 4 참조.

ἐπυνθάνετο : 동사 πυνθάνομαι [to inquire]의 미완료, 중간태, 직설법, 3인칭, 단수. '그(녀)가 물었다' 여기서는 행동의 시작을 나타내는 미완료(the Inceptive Imperfect)로 사용되어 '알아내기 시작했다'(he *began to* inquire, NAS)라는 뜻이다. Moule, 9 참조.

παρ' : 속격, 여격, 대격을 모두 취하는 전치사(from, beside, with, alongside of). 여기서는 속격을 취하여 '~로부터'라는 뜻으로 사용되었다. παρά가 속격과 함께 쓰일 경우, 신약성경에서는 거의 대부분 인격체와 함께 쓰이며 출처(from)나 매개(from, by)를 의미한다. 그러나 직접성을 강조하는 ἀπό에 비해 παρά는 기본적으로 '~의 곁으로부터 나오는 움직임'(movement from beside)이나 '~로부터 발산되는'(emanation from) 등 간접성을 내포하는 어감을 지닌다. παρ' αὐτῶν = '그들에게서.' Moule, 51 참조.

신약성경 헬라어 교본 연습문제 해제

αὐτῶν : 3인칭 대명사(αὐτός, αὐτή, αὐτό)의 남성, 복수, 속격. '그들의'

ποῦ : 의문부사(where?)

ὁ : 정관사(ὁ, ἡ, τό)의 남성, 단수, 주격. '그'

χριστός : 남성명사 χριστός [Christ, Messiah]의 단수, 주격. '그리스도가'

γεννᾶται : 동사 γεννάω [to beget]의 현재, 수동태, 직설법, 3인칭, 단수. '그(녀)가 태어나고 있다/태어날 것이다.' 미래의 의미를 가진 현재이다. BDF, § 323(2); Moule, 7 참조.

해 석 "헤롯왕이 듣고 두려워하였다. 그리고 온 예루살렘도 (그러하였다). 그리고 그는 백성의 모든 대제사장들과 서기관들을 모으고 그리스도가 어디에서 태어날 것인지 그들에게서 알아내기 시작했다."

2. οὕτως ἔσονται οἱ ἔσχατοι πρῶτοι καὶ οἱ πρῶτοι ἔσχατοι. (마 20:16)

οὕτως : 부사(thus).

ἔσονται : 동사 εἰμί [to be]의 미래, 중간태, 직설법, 3인칭, 복수. '그(녀)들이 ~가 될 것이다'

οἱ : 정관사(ὁ, ἡ, τό)의 남성, 복수, 주격. '그'

ἔσχατοι : 형용사 ἔσχατος [last]의 남성, 복수, 주격. 명사 없이 독립적으로 사용되었다. '말째들이'

πρῶτοι : 형용사 πρῶτος [first]의 남성, 복수, 주격. 명사 없이 독립적으로 사용되었다. '첫째들이'

해 석 "이처럼 말째들이 첫째가 될 것이고 첫째들이 말째가 (될 것이다)"

3. ὁ πατὴρ ἀγαπᾷ τὸν υἱὸν καὶ **πάντα** δέδωκεν ἐν τῇ χειρὶ αὐτοῦ. (요 3:35)

ὁ : 정관사(ὁ, ἡ, τό)의 남성, 단수, 주격. '그'

πατήρ : 남성명사 πατήρ [father]의 단수, 주격. '아버지가'

ἀγαπᾷ : 동사 ἀγαπάω [to love]의 현재, 능동태, 직설법, 3인칭, 단수. '그(녀)가 사랑한다'

τόν : 정관사(ὁ, ἡ, τό)의 남성, 단수, 대격. '그'

υἱόν : 남성명사 υἱός [a son]의 단수, 대격. '아들을'

πάντα : 형용사 πᾶς, πᾶσα, πᾶν [all, every, all things]의 중성, 복수, 대격.
　　　'모든 것들을'

δέδωκεν : 동사 δίδωμι [to give]의 현재완료, 능동태, 직설법, 3인칭, 단
　　　수. '그(녀)가 주었다'

ἐν : 여격을 취하는 전치사(in). ἐν τῇ χειρὶ αὐτοῦ = '그의 손에.' '그의
　　　권한에'라는 뜻의 히브리어식 완곡어법이다. BDF, § 217(2) 참조.

τῇ : 정관사(ὁ, ἡ, τό)의 여성, 단수, 여격. '그'

χειρί : 여성명사 χείρ [a hand]의 단수, 여격. '손에게'

αὐτοῦ : 3인칭 대명사(αὐτός, αὐτή, αὐτό)의 남성, 단수, 속격. '그의'

해석　"아버지는 그 아들을 사랑하신다. 그리고 그는 모든 것들을
　　　그의 손에 주셨다."

4. καὶ οὕτως **πᾶς** Ἰσραὴλ σωθήσεται. (롬 11:26)

οὕτως : 부사(thus). '따라서, 이렇게'

πᾶς : 형용사 πᾶς, πᾶσα, πᾶν [all, every, all things]의 남성, 단수, 주격.
　　　'모든'

Ἰσραήλ : 고유명사 Ἰσραήλ [Israel]의 남성, 단수, 주격. '이스라엘이'

σωθήσεται : 동사 σῴζω [to save]의 미래, 수동태, 직설법, 3인칭, 단수.
　　　'그(녀)가 구원될 것이다'

해석　"그리고 이로써 온 이스라엘이 구원될 것이다."

5. Πάντες γὰρ υἱοὶ θεοῦ ἐστε διὰ τῆς πίστεως ἐν Χριστῷ Ἰησοῦ. (갈 3:26)

πάντες : 형용사 πᾶς, πᾶσα, πᾶν [all, every, all things]의 남성, 복수, 주
　　　격. '모든'

γὰρ : 이유를 나타내는 접속사(for)

υἱοί : 남성명사 υἱός [a son]의 복수, 주격. '아들들이'

θεοῦ : 남성명사 θεός [a god, God]의 단수, 속격. '하나님의'

ἐστε : 동사 εἰμί [to be]의 현재, 능동태, 직설법, 2인칭, 복수. '너희는 ~
　　이다'

διά : 속격(through)과 대격(on account of)을 취하는 전치사. 여기서는 속
　　격을 취하여 '~을 통하여'라는 뜻으로 쓰였다.

τῆς : 정관사(ὁ, ἡ, τό)의 여성, 단수, 속격. '그'

πίστεως : 여성명사 πίστις [faith, belief, trust]의 단수, 속격. '믿음의'

ἐν : 여격을 취하는 전치사(in). ἐν Χριστῷ Ἰησοῦ = '그리스도 예수 안에
　　있는'

Χριστῷ : 남성명사 χριστός [Christ, Messiah]의 단수, 여격. '그리스도에게'

Ἰησοῦ : 고유명사 Ἰησοῦς [Jesus, Joshua]의 단수, 여격. '예수에게'

해 석 "왜냐하면 너희는 모두 그리스도 예수 안에 있는 믿음을 통하
여 하나님의 자녀이기 때문이다."

연습문제 27

A. 문법

1. εἰμί의 현재 분사 변화를 해보시오.

수	격	남성	여성	중성
단수	1(주격)	ὤν	οὖσα	ὄν
	4(대격)	ὄντα	οὖσαν	ὄν
	2(속격)	ὄντος	οὔσης	ὄντος
	3(여격)	ὄντι	οὔσῃ	ὄντι
복수	1(주격)	ὄντες	οὖσαι	ὄντα
	4(대격)	ὄντας	οὔσας	ὄντα
	2(속격)	ὄντων	οὐσῶν	ὄντων
	3(여격)	οὖσι(ν)	οὔσαις	οὖσι(ν)

2. 아래 도표의 분사를 분해(parsing)하시오.

변화형동사	성	수	격	시제	태	기본형 (남.단.주.현.능)	의미(뜻)
πιστεύοντες	남성	복수	주격	현재	능동태	πιστεύων	믿는
σῷζον	중성	단수	주/대격	현재	능동태	σῷζον	구하는
ἀναβαινούσῃ	여성	단수	여격	현재	능동태	ἀναβαίνουσα	올라가는

B. 아래 문장을 우리말로 옮기시오.

1. Ἦσαν δὲ ἐκεῖ γυναῖκες πολλαὶ ἀπὸ μακρόθεν **θεωροῦσαι** (마 27:55)

   ἦσαν : 동사 εἰμί [to be]의 미완료, 능동태, 직설법, 3인칭, 복수. '그(녀)들이 있었다'

   ἐκεῖ : 부사(there)

   γυναῖκες : 여성명사 γυνή [a wife, woman]의 복수, 주격. '여자들이'

πολλαί : 형용사 πολύς, πολλή, πολύ [many, much]의 여성, 복수, 주격. '많은'

ἀπό : 속격을 취하는 전치사(from). 유사한 의미를 가진 전치사 ἐκ와 의미 차이를 구별하는 것은 쉽지 않으며, 오히려 의미가 겹치는 경우가 많다. 구태여 구별하자면, ἐκ가 '내부로부터'(from within)라는 뜻이 라면 ἀπό는 '일반적인 출발 지점'(the general starting point)을 지시 한다. BDF, § 209; Moule, 71-72 참조. ἀπὸ μακρόθεν = 멀리서'

μακρόθεν : 부사(from afar).

θεωροῦσαι : 동사 θεωρέω [to look at, behold]의 현재, 능동태, 분사, 여 성, 복수, 주격. '보고 있는' 동사 ἦσαν와 함께 진행의 의미 를 강조하는 완곡어법으로 사용되었다. BDF, § 353 참조.

해석 "그러나 거기에는 많은 여자들이 멀리서 지켜보고 있었다."

2. πολλοὶ ἐλεύσονται ἐπὶ τῷ ὀνόματί μου **λέγοντες** ὅτι ἐγώ εἰμι, καὶ πολλοὺς πλανήσουσιν. (막 13:6)

πολλοί : 형용사 πολύς, πολλή, πολύ [many, much]의 남성, 복수, 주격. 명사 없이 독립적으로 사용되었다. '많은 자들이'

ἐλεύσονται : 동사 ἔρχομαι [to come, go]의 미래, 중간태, 직설법, 3인칭, 복수. '그(녀)들이 올 것이다'

ἐπί : 속격(on, over, at that time)과 여격(on the basis of, at)과 대격(on, to, against)을 모두 취하는 전치사. 여기서는 여격과 함께 사용되어 '~의 권위에 기초하여'라는 뜻으로 쓰였다. ἐπὶ τῷ ὀνόματί μου= '내 이름으로,' 즉 '내 이름의 권위로/내 이름을 빙자하여.' BDAG, s.v. "ἐπι," 366, 항목 17 참조.

τῷ : 정관사(ὁ, ἡ, τό)의 중성, 단수, 여격. '그'

ὀνόματι : 중성명사 ὄνομα [name]의 단수, 여격. '이름에게'

μου : 1인칭 대명사 ἐγώ [I]의 단수, 속격. '나의'

λέγοντες : 동사 λέγω [to say, speak]의 현재, 능동태, 분사, 남성, 복수, 주격. '말하는'

ὅτι : 종속접속사(that, because). 여기서는 분사 λέγοντες의 목적절을 이
　　끈다.

ἐγώ : 1인칭 대명사 ἐγώ [I]의 단수, 주격. '나는.' ἐγώ εἰμι = '내가 그이다'

εἰμι : 동사 εἰμί [to be]의 현재, 능동태, 직설법, 1인칭, 단수. '나는 ~이다'

πολλούς : 형용사 πολύς, πολλή, πολύ [many, much]의 남성, 복수, 대격.
　　명사 없이 독립적으로 사용되었다. '많은 자들을'

πλανήσουσιν : 동사 πλανάω [to lead astray]의 미래, 능동태, 직설법, 3인
　　칭, 복수. '그(녀)들이 미혹할 것이다'

> **해석** "많은 자들이 내 이름으로 와서 '내가 그이다'라고 말할 것이
> 다. 그리고 그들은 많은 자들을 미혹할 것이다."

3. οὗτός ἐστιν ὁ **βαπτίζων** ἐν πνεύματι ἁγίῳ. (요 1:33)

οὗτος : 지시대명사(οὗτος, αὕτη, τοῦτο [this])의 남성, 단수, 주격. '이'

ἐστιν : 동사 εἰμί [to be]의 현재, 능동태, 직설법, 3인칭, 단수. '그(녀)는
　　~이다'

ὁ : 정관사(ὁ, ἡ, τό)의 남성, 단수, 주격. '그'

βαπτίζων : 동사 βαπτίζω [to baptize]의 현재, 능동태, 분사, 남성, 단수,
　　주격. 명사 없이 독립적으로 사용되었다. ὁ βαπτίζων = '세
　　례를 베푸는 자'

ἐν : 여격을 취하는 전치사. '~안에'(in, within). 수단이나 매개를 표현한다.

πνεύματι : 중성 명사 πνεῦμα [a sprit, the Spirit]의 단수, 여격. '성령에게'

ἁγίῳ : 형용사 ἅγιος [holy]의 남성, 단수, 주격. '거룩한.' ἐν πνεύματι
　　ἁγίῳ = '성령으로'

> **해석** "이 사람은 성령으로 세례를 베푸는 자이다."

4. ἔκραξεν οὖν ἐν τῷ ἱερῷ **διδάσκων** ὁ Ἰησοῦς. (요 7:28)

ἔκραξεν : 동사 κράζω [to cry out]의 단순과거, 능동태, 직설법, 3인칭,
　　단수. '그(녀)가 외쳤다'

οὖν : 대등접속사(then, accordingly)

ἐν : 여격을 취하는 전치사(in). 장소를 나타낸다. ἐν τῷ ἱερῷ='성전에서'

τῷ : 정관사(ὁ, ἡ, τό)의 중성, 단수, 여격. '그'

ἱερῷ : 중성명사 ἱερόν [a temple]의 단수, 여격. '성전에게'

διδάσκων : 동사 διδάσκω [to teach]의 현재, 능동태, 분사, 남성, 단수, 주격. '가르치는.' 부대 상황을 나타내는 부사적 용법으로 쓰였다. BDF, § 417 이하 참조.

ὁ : 정관사(ὁ, ἡ, τό)의 남성, 단수, 주격. '그'

Ἰησοῦς : 고유명사 Ἰησοῦς [Jesus, Joshua]의 남성, 단수, 주격. '예수가'

해석 "그리므로 예수는 성전에서 가르치면서 외쳤다."

5. ἐπίστευσεν θεοῦ τοῦ **ζωοποιοῦντος** τοὺς νεκροὺς καὶ **καλοῦντος** τὰ μὴ **ὄντα** ὡς **ὄντα**. (롬 4:17)

ἐπίστευσεν : 동사 πίστεύω [to believe]의 단순과거, 능동태, 직설법, 3인칭, 단수. '그(녀)가 믿었다'

θεοῦ : 남성명사 θεός [a god, God]의 단수, 속격. '하나님의.' 바로 앞에 나오는 속격 지배 전치사 κατέναντι의(opposite, over against) 목적어 역할을 한다. 본문의 κατέναντι οὗ ἐπίστευσεν는 'κατέναντι θεοῦ, ᾧ ἐπίστευσεν'('하나님 앞에서, 그는 [그런] 그분을 믿었다')라는 뜻으로서, 여격 관계대명사(ᾧ)가 속격을 취하는 전치사 κατέναντι의 영향으로 견인(attraction)된 것이다. J. H. Thayer, *Thayer's Greek-English Lexicon of the New Testament* (Peabody: Hendrickson Publishers, 1896), 338; BDF, § 294(2) 참조. 그리고 θεοῦ는 οὗ의 선행사로서, 앞선 구절에서 생략되었다가 필요에 따라 다시 언급된 것이다. Moule, 130 참조.

τοῦ : 정관사(ὁ, ἡ, τό)의 남성, 단수, 속격. '그'

ζωοποιοῦντος : 동사 ζωοποιέω [to make alive]의 현재, 능동태, 분사, 남성, 단수, 속격. '살리는'

τούς : 정관사(ὁ, ἡ, τό)의 남성, 복수, 대격. '그'

νεκρούς : 형용사 νεκρός [dead]의 남성, 복수, 대격. 명사 없이 독립적으로 사용되었다. '죽은 자들을'

καλοῦντος : 동사 καλέω [to call]의 현재, 능동태, 분사, 남성, 단수, 속격.
　　　　'부르는'

τά : 정관사(ὁ, ἡ, τό)의 중성, 복수, 대격. '그.' 여기서는 이어지는 분사와
　　함께 쓰여 일종의 명사 역할을 한다(thing of, that of). τὰ μὴ ὄντα
　　= '있지 않는 것들을.' BDF, § 266(3) 참조.

μή : 부정어(not). 직설법 이외의 서법을 부정한다.

ὄντα : 동사 εἰμί [to be]의 현재, 능동태, 분사, 중성, 복수, 대격. '있는'

ὡς : 종속접속사(as). ὡς ὄντα = '있는 것처럼'

해석 "그는 죽은 자들을 살리시고 있지 않는 자들을 있는 것처럼
부르시는 (그런) 하나님을 믿었다."

연습문제 28

A. 문법

1. βλέπω 동사의 제2단순과거 능동태 분사 변화를 해보시오.

수	격	남성	여성	중성
단수	1(주격)	ἰδών	ἰδοῦσα	ἰδόν
	4(대격)	ἰδόντα	ἰδοῦσαν	ἰδόν
	2(속격)	ἰδόντος	ἰδούσης	ἰδόντος
	3(여격)	ἰδόντι	ἰδούσῃ	ἰδόντι
복수	1(주격)	ἰδόντες	ἰδοῦσαι	ἰδόντα
	4(대격)	ἰδόντας	ἰδούσας	ἰδόντα
	2(속격)	ἰδόντων	ἰδουσῶν	ἰδόντων
	3(여격)	ἰδοῦσι(ν)	ἰδούσαις	ἰδοῦσι(ν)

2. 아래 도표의 분사를 분해(parsing)하시오.

변화형 동사	성	수	격	시제	태	기본형 (남.단.주.현.능)	의미(뜻)
λαβόντες	남성	복수	주격	단순과거	능동태	λαμβάνων	취하는
ἀκούσασας	여성	복수	대격	단순과거	능동태	ἀκούων	듣는
διώξαν	중성	단수	대격	단순과거	능동태	διώκων	달리는

B. 아래 문장을 우리말로 옮기시오.

1. ἰδὼν δὲ τοὺς ὄχλους ἀνέβη εἰς τὸ ὄρος, καὶ **καθίσαντος** αὐτοῦ προσῆλθαν αὐτῷ οἱ μαθηταὶ αὐτοῦ. (마 5:1)

   ἰδών : 동사 ὁράω [to see]의 단순과거, 능동태, 분사, 남성, 단수, 주격.
   '보는'

   τούς : 정관사(ὁ, ἡ, τό)의 남성, 복수, 대격. '그'

ὄχλους : 남성명사 ὄχλος [a crowd, multitude]의 복수, 대격. '무리들을'

ἀνέβη : 동사 ἀναβαίνω [to go up]의 단순과거, 능동태, 직설법, 3인칭, 단수. '그(녀)가 올랐다'

εἰς : 대격을 취하는 전치사(into, toward). εἰς τὸ ὄρος = '산으로.' 유사한 의미로 사용되는 πρός가 '~까지'(up to)라는 뜻으로 '도달하는 데에서 멈추는 정도'의 의미를 나타내는 경향이 있는 반면, εἰς는 '진입'(entry)이라는 개념을 포함한다. Moule, 67 참조.

τό : 정관사(ὁ, ἡ, τό)의 중성, 단수, 대격. '그'

ὄρος : 중성명사 ὄρος [a mountain]의 단수, 대격. '산을'

καθίσαντος : 동사 καθίζω [to seat]의 단순과거, 능동태, 분사, 남성, 단수, 속격. '앉은.' αὐτοῦ와 함께 속격 독립구문으로 사용되었다. καθίσαντος αὐτοῦ = '그가 앉자, 그가 앉아 있을 때에.' BDF, § 423(1) 참조.

αὐτοῦ : 3인칭 대명사(αὐτός, αὐτή, αὐτό)의 남성, 단수, 속격. '그의'

προσῆλθαν : 동사 προσέρχομαι [to come to]의 단순과거, 능동태, 직설법, 3인칭, 복수. '그(녀)들이 다가왔다'

αὐτῷ : 3인칭 대명사(αὐτός, αὐτή, αὐτό)의 남성, 단수, 여격. '그에게'

οἱ : 정관사(ὁ, ἡ, τό)의 남성, 복수, 주격. '그'

μαθηταί : 남성명사 μαθητής [a disciple]의 복수, 주격. '제자들이'

해 석 "그는 무리를 보고 산으로 올라갔다. 그리고 그가 앉자 그의 제자들이 그에게 다가왔다."

2. εὐθὺς ἐκ τῆς συναγωγῆς **ἐξελθόντες** ἦλθον εἰς τὴν οἰκίαν Σίμωνος … (막 1:29)

εὐθύς : 부사(immediately, straightway)

ἐκ : 속격을 취하는 전치사(from). ἐκ τῆς συναγωγῆς = '그 회당으로부터'

τῆς : 정관사(ὁ, ἡ, τό)의 여성, 단수, 속격. '그'

συναγωγῆς : 여성명사 συναγωγή [a synagogue]의 단수, 속격.

ἐξελθόντες : 동사 ἐξέρχομαι [to go out, come out]의 단순과거, 능동태, 분사, 남성, 복수, 주격. '나오는'

ἦλθον : 동사 ἔρχομαι [to go, come]의 단순과거, 능동태, 직설법, 3인칭,
　　　　복수. '그(녀)들이 갔다'

εἰς : 대격을 취하는 전치사(into). 유사한 의미로 사용되는 전치사 πρός
　　　와는 달리 εἰς는 '진입'(entry)의 개념을 포함한다. εἰς τὴν οἰκίαν
　　　Σίμωνος = '시몬의 집 안으로.' Moule, 67 참조.

τήν : 정관사(ὁ, ἡ, τό)의 여성, 단수, 대격. '그'

οἰκίαν : 여성명사 οἰκία [a house]의 단수, 대격. '집을'

Σίμωνος : 고유명사 Σίμων [Simon]의 남성, 단수, 속격. '시몬의'

해석　"그들은 즉시 그 회당으로부터 나와서 시몬의 집으로 들어갔다."

3. **ἀκούσασα** περὶ τοῦ Ἰησοῦ, **ἐλθοῦσα** ἐν τῷ ὄχλῳ ὄπισθεν ἥψατο τοῦ
　ἱματίου αὐτοῦ (막 5:27)

ἀκούσασα : 동사 ἀκούω [to hear]의 단순과거, 능동태, 분사, 여성, 단수,
　　　　　　주격. '듣는'

περί : 속격과 대격을 취하는 전치사. 속격과 함께 쓰일 경우 어떤 활동
　　　이나 내적인 마음의 과정이 지칭하거나 관계하는 대상을 표현하
　　　며(about, concerning), 대격과 함께 쓰일 경우에는 주로 장소나 위
　　　치를 나타낸다(about, around). 여기서는 속격과 함께 '~에 관하
　　　여'라는 뜻으로 사용되었다. περὶ τοῦ Ἰησοῦ = '예수에 관해.'
　　　BDAG, s.v. "περί," 797-98 참조.

τοῦ : 정관사(ὁ, ἡ, τό)의 남성, 단수, 속격. '그'

Ἰησοῦ : 고유명사 Ἰησοῦς [Jesus, Joshua]의 남성, 단수, 속격. '예수의'

ἐλθοῦσα : 동사 ἔρχομαι [to go, come]의 단순과거, 능동태, 분사, 여성,
　　　　　단수, 주격. '가는'

ἐν : 여격을 취하는 전치사(in). ἐν τῷ ὄχλῳ = '무리 속에서/가운데에서'

τῷ : 정관사(ὁ, ἡ, τό)의 남성, 단수, 여격. '그'

ὄχλῳ : 남성명사 ὄχλος [a crowd, multitude]의 단수, 여격. '무리에게'

ὄπισθεν : 부사(behind, after)

ἥψατο : 동사 ἅπτω [to light, touch(mid.)]의 단순과거, 중간태, 직설법, 3
　　　　인칭, 단수. '그(녀)가 만졌다.' 능동태로는 '불을 켜다'(to kindle,

light)라는 뜻이지만, 중간태로 쓰일 경우 '접촉하다'(to touch), '붙잡다'(to take hold of, cling to) 등의 의미이며 속격을 목적어로 취한다. BDAG, s.v. "ἅπτω," 126, 항목 2.a. 참조.

τοῦ : 정관사(ὁ, ἡ, τό)의 속격. '그'

ἱματίου : 중성명사 ἱματίον [a garment]의 단수, 속격. '옷의'

αὐτοῦ : 3인칭 대명사(αὐτός, αὐτή, αὐτό)의 남성, 단수, 속격. '그의'

> **해석** "그녀는 예수에 관해 듣고 무리 가운데에서 뒤로 와서 그의 옷을 만졌다."

4. εὐθὺς **κράξας** ὁ πατὴρ τοῦ παιδίου ἔλεγεν· πιστεύω. (막 9:24)

εὐθύς : 부사(immediately, straightway)

κράξας : 동사 κράζω [to cry out]의 단순과거, 능동태, 분사, 남성, 단수, 주격. '외치는'

ὁ : 정관사(ὁ, ἡ, τό)의 남성, 단수, 주격. '그'

πατήρ : 남성명사 πατήρ [father]의 단수, 주격. '아버지가'

τοῦ : 정관사(ὁ, ἡ, τό)의 중성, 단수, 속격. '그'

παιδίου : 중성명사 παιδίον [an infant, child]의 단수, 속격. '아이의'

ἔλεγεν : 동사 λέγω [to say, speak]의 미완료, 능동태, 직설법, 3인칭, 단수. '그(녀)가 말했다.' 여기서는 주동사로 사용되기는 했으나 '말했다'라는 뜻을 강조하기보다 히브리어의 לֵאמֹר(=λέγων)처럼 κράξας의 내용인 직접인용문("내가 믿습니다 …")을 이끄는 역할을 한다. κράξας … ἔλεγεν· πιστεύω = '그가 외쳤다. "내가 믿습니다".' BDF, § 420(2) 참조.

πιστεύω : 동사 πιστεύω [to believe]의 현재, 능동태, 직설법, 1인칭, 단수. '내가 믿는다'

> **해석** "즉시 그 아이의 아버지가 외쳤다. '내가 믿습니다.'"

5. καὶ **παραλαβὼν** πάλιν τοὺς δώδεκα ἤρξατο αὐτοῖς λέγειν τὰ μέλλοντα αὐτῷ συμβαίνειν … (막 10:32)

παραλαβών : 동사 παραλαμβάνω [to take, join to oneself, receive]의 단순과 거, 능동태, 분사, 남성, 단수, 주격. 여기서는 '누군가와 친밀한 관계를 형성하다'(to take into close association)라는 의미에서 '데리고 가다, 함께 하다'(to take with, take along)라는 뜻으로 쓰였다. '데리고 가는.' BDAG, s.v. "παραλαμβάνω," 767, 항목 1 참조.

πάλιν : 부사(again).

τούς : 정관사(ὁ, ἡ, τό)의 남성, 복수, 대격. '그'

δώδεκα : 형용사 δώδεκα [twelve]. 곡용하지 않으며, 신약성경에서 οἱ δώδεκα('열둘')라는 형태로 사용되어 예수의 열두 제자를 지칭한다.

ἤρξατο : 동사 ἄρχω [to rule, to begin(mid.)]의 단순과거, 중간태, 직설법, 3인칭, 단수. '그(녀)가 시작했다.' 부정사를 목적어로 취한다. ἤρξατο … λέγειν = '그가 … 말하기 시작했다'

αὐτοῖς : 3인칭 대명사(αὐτός, αὐτή, αὐτό)의 남성, 복수, 여격. '그들에게'

λέγειν : 동사 λέγω [to say, speak]의 현재, 능동태, 부정사. '말하는 것'

τά : 정관사(ὁ, ἡ, τό)의 중성, 복수, 대격. '그.' 여기서는 이어지는 분사와 함께 쓰여 일종의 명사 역할을 한다(thing of, that of). τὰ μέλλοντα αὐτῷ συμβαίνειν = '그에게 일어나게 될 일들을.' BDF, § 266(3) 참조.

μέλλοντα : 동사 μέλλω [to be about to]의 현재, 능동태, 분사, 중성, 복수, 대격. '~하게 되는.' 부정사를 목적어로 취한다.

αὐτῷ : 3인칭 대명사(αὐτός, αὐτή, αὐτό)의 남성, 단수, 여격. '그에게'

συμβαίνειν : 동사 συμβαίνω [to come together, happen]의 현재, 능동태, 부정사. '일어나는 것.' 분사 의

해석 "그리고 그는 다시 열둘을 데리고 자신에게 일어나게 될 일들을 그들에게 말하기 시작했다."

연습문제 29

A. 문법

1. βλέπω(ὁράω) 동사의 제2단순과거 수동태 분사 변화를 해보시오.

수	격	남성	여성	중성
단수	1(주격)	ὀφθείς	ὀφθεῖσα	ὀφθέν
	4(대격)	ὀφθέντα	ὀφθεῖσαν	ὀφθέν
	2(속격)	ὀφθέντος	ὀφθείσης	ὀφθέντος
	3(여격)	ὀφθέντι	ὀφθείσῃ	ὀφθέντι
복수	1(주격)	ὀφθέντες	ὀφθεῖσαι	ὀφθέντα
	4(대격)	ὀφθέντας	ὀφθείσας	ὀφθέντα
	2(속격)	ὀφθέντων	ὀφθεισῶν	ὀφθέντων
	3(여격)	ὀφθεῖσι(ν)	ὀφθείσαις	ὀφθεῖσι(ν)

2. 아래 도표의 분사를 분해(parsing)하시오.

변화형동사	성	수	격	시제	태	기본형 (남.단.주.현.능)	의미(뜻)
βαπτισθείς	남성	단수	주격	단순과거	수동태	βαπτίζων	세례를 받는
κληθέντος	남성	단수	속격	단순과거	수동태	καλῶν	불리는
εὐαγγελισθέν	중성	단수	대격	단순과거	수동태	εὐαγγελιζόμενος	복음이 전파되는

B. 아래 문장을 우리말로 옮기시오.

1. ὁ πιστεύσας καὶ **βαπτισθεὶς** σωθήσεται, ὁ δὲ ἀπιστήσας κατακριθήσεται. (막 16:16)

    ὁ : 정관사(ὁ, ἡ, τό)의 남성, 단수, 주격. '그' ὁ πιστεύσας καὶ βαπτισθεὶς='믿고 세례를 받는 자'

    πιστεύσας : 동사 πιστεύω [to believe]의 단순과거, 능동태, 분사, 남성, 단수, 주격. '믿는'

βαπτισθείς : 동사 βαπτίζω [to baptize]의 단순과거, 수동태, 분사, 남성, 단수, 주격. '세례를 받는'

σωθήσεται : 동사 σώζω [to save]의 미래, 수동태, 직설법, 3인칭, 단수. '그(녀)가 구원을 받을 것이다'

ἀπιστήσας : 동사 ἀπιστέω [to disbelieve, be faithless]의 단순과거, 능동태, 분사, 남성, 단수, 주격. '믿지 않는.' ὁ ἀπιστήσας =' 믿지 않는 자'

κατακριθήσεται : 동사 κατακρίνω [to condemn]의 미래, 수동태, 직설법, 3인칭, 단수. '그(녀)가 정죄를 받을 것이다'

해석 "믿고 세례를 받는 자는 구원을 받을 것이다. 그러나 믿지 않는 자는 정죄를 받을 것이다."

2. **κληθέντος** δὲ αὐτοῦ ἤρξατο κατηγορεῖν ὁ Τέρτυλλος … (행 24:2)

κληθέντος : 동사 καλέω [to call]의 단순과거, 수동태, 분사, 남성, 단수, 속격. '불리는.' 속격 인칭대명사 αὐτοῦ와 더불어 속격 독립 구문을 형성한다. κληθέντος αὐτοῦ='그가 불리자,' 즉 '(누군가) 그를 부르자'

αὐτοῦ : 3인칭 대명사(αὐτός, αὐτή, αὐτό)의 남성, 단수, 속격. '그'

ἤρξατο : 동사 ἄρχω [to rule, to begin(mid.)]의 단순과거, 중간태, 직설법, 3인칭, 단수. '그(녀)가 시작했다'

κατηγορεῖν : 동사 κατηγορέω [to accuse]의 현재, 능동태, 부정사. '고발하는 것'

ὁ : 정관사(ὁ, ἡ, τό)의 남성, 단수, 주격. '그'

Τέρτυλλος : 고유명사 Τέρτυλλος[Trtullus]의 남성, 단수, 주격. '더둘로가'

해석 "그가 불리자 더둘로가 고발하기 시작했다."

3. Γνωρίζω γὰρ ὑμῖν, ἀδελφοί, τὸ εὐαγγέλιον τὸ **εὐαγγελισθὲν** ὑπ' ἐμοῦ ὅτι οὐκ ἔστιν κατὰ ἄνθρωπον. (갈 1:11)

γνωρίζω : 동사 γνωρίζω [to make known]의 현재, 능동태, 직설법, 1인

칭, 단수. '내가 알게 한다.' 지속적이고 진행적인 동작을 나타내는 전형적인 헬라어 현재 시제로서, 바울이 매우 중요한 어떤 진실이나 진리에 대한 엄중한 진술 앞에 자주 사용한다(고전 15:1, 2; 고후 8:1 등). Moule, 7; Ben Witherington Ⅲ, *Grace in Galatia: A Commentary on Paul's Letter to the Galatians* (Grand Rapids: Eerdmans Pub., 1998), 90 참조.

γάρ : 종속접속사(for).

ὑμῖν : 2인칭 대명사 σύ [you]의 복수, 여격. '너희에게'

ἀδελφοί : 남성명사 ἀδελφός [a brother]의 복수, 호격. '형제들아!'

τὸ : 정관사(ὁ, ἡ, τό)의 중성, 단수, 주격. '그'

εὐαγγέλιον : 중성명사 εὐαγγέλιον [good news, glad tidings, the Gospel]의 단수, 주격. '복음이'

εὐαγγελισθέν : 동사 εὐαγγελίζω [to bring good news, preach good tidings]의 단순과거, 수동태, 분사, 중성, 단수, 대격.

ὑπ' : 속격(by)과 대격(under)을 취하는 전치사. 모음으로 시작되는 단어와 이어져 ὑπό에서 ὑπ' 형태로 축약되었다. 여기서는 속격과 함께 '~에 의해서'(by)라는 뜻으로 쓰였으며, 수동태 분사인 εὐαγγελισθέν의 의미상의 주체를 나타낸다. ὑπ' ἐμοῦ = '나에 의해서'

ἐμοῦ : 1인칭 대명사 ἐγώ [I]의 단수, 속격. '나의'

ὅτι : 종속접속사(that, because). 여기서는 동사 γνωρίζω의 목적절을 이끄는 접속사(that)로 사용되었다.

οὐκ : 부정어(not)

ἔστιν : 동사 εἰμί [to be]의 현재, 능동태, 직설법, 3인칭, 단수. '그(녀)가 ~이다'

κατά : 속격(down from, against)과 대격(according to, during)을 취하는 전치사. 여기서는 대격과 함께 '~에 따라'라는 의미로 사용되었다. κατὰ ἄνθρωπον = '사람에 따라,' 즉 '사람에게서 온 자료나 사상, 관습 등에 따라.' Ben Witherington Ⅲ, *Grace in Galatia: A Commentary on Paul's Letter to the Galatians*, 92 참조.

ἄνθρωπον : 남성명사 ἄνθρωπος [a man]의 단수, 대격. '사람을'

해석 "왜냐하면 나는 너희에게 나에 의해서 선포된 복음은 사람을 따른 것이 아니라는 것을 알게 하기 때문이다."

138

신약 성경 헬라어 교본 연습문제 해제

연습문제 30

A. 문법

1. ἀκούω 동사의 현재완료 능동태 분사 변화를 해보시오.

수	격	남성	여성	중성
단 수	1(주격)	ἀκηκώς	ἀκηκουῖα	ἀκηκοός
	4(대격)	ἀκηκοότα	ἀκηκουῖαν	ἀκηκοός
	2(속격)	ἀκηκοότος	ἀκηκουίας	ἀκηκοότος
	3(여격)	ἀκηκοότι	ἀκηκουίᾳ	ἀκηκοότι
복 수	1(주격)	ἀκηκοότες	ἀκηκουῖαι	ἀκηκοότα
	4(대격)	ἀκηκοότας	ἀκηκουίας	ἀκηκοότα
	2(속격)	ἀκηκοότων	ἀκηκουιῶν	ἀκηκοότων
	3(여격)	ἀκηκοόσι(ν)	ἀκηκουίαις	ἀκηκοόσι(ν)

* ἀκούω의 현재완료 분사의 줄기는 ἀκηκο-이다. 즉 α, ε, ο로 시작되면서 하나의 자음으로 이루어진 동사들(ἀκούω, ἀρόω, ἐμέω 등)은 현재완료나 과거완료에서 중첩할 때, 제일 앞의 모음을 길게 하는 대신 제일 앞의 모음과 자음을 함께 중첩시키면서 시제 접두어(ε-)를 추가하여 두 번째 모음을 길게 하는 것으로 갈음한다(attic reduplication). 따라서 ἀκούω 동사의 현재완료, 능동태, 직설법, 1인칭, 단수는 ἀκήκοα가 되며, 이에 따라 현재 완료분사의 줄기도 ἀκηκο-가 된다. Goodwin, § 529; Smyth, *Greek Grammar*, § 446; BDF, § 68 참조.

2. 아래 도표의 분사를 분해(parsing)하시오.

변화형동사	성	수	격	시제	태	현재능동태 1인칭단수	의미(뜻)
πεπιστευκότας	남성	복수	대격	현재완료	능동태	πιστεύων	믿는
κεκληκότι	남/중성	단수	여격	현재완료	능동태	καλῶν	부르는
πεποιηκυῖα	여성	단수	주격	현재완료	능동태	ποιῶν	행하는

B. 아래 문장을 우리말로 옮기시오.

1. Ἔλεγεν δὲ καὶ τῷ **κεκληκότι** αὐτόν· ὅταν ποιῇς ἄριστον ἢ δεῖπνον, μὴ
   φώνει τοὺς φίλους σου μηδὲ τοὺς ἀδελφούς σου … (눅 14:12)

   ἔλεγεν : 동사 λέγω [to say, speak]의 미완료, 능동태, 직설법, 3인칭, 단
   수. '그(녀)가 말했다'

   καί : 순접접속사(and, also). 여기서는 '또한'(also)이라는 뜻으로 쓰였다.

   τῷ : 정관사(ὁ, ἡ, τό)의 남성, 단수, 여격. '그'

   κεκληκότι : 동사 καλέω [to call]의 현재완료, 능동태, 분사, 남성, 단수,
   여격. '청한.' 명사 없이 독립적으로 사용되었다. τῷ
   κεκληκότι αὐτόν = '그를 청한 자에게'

   αὐτόν : 3인칭 대명사(αὐτός, αὐτή, αὐτό)의 남성, 단수, 대격. '그를'

   ὅταν : 시간을 표현하는 불변화사(whenever). 가정법 현재와 함께 쓰여
   주절의 동작과 동시에 일어나는 행동, 사건 등을 표현한다. ὅταν
   ποιῇς ἄριστον ἢ δεῖπνον = '점심이나 만찬을 베풀 때에'

   ποιῇς : 동사 ποιέω [to do]의 현재, 능동태, 가정법, 2인칭, 단수. '네가
   행한다면'

   ἄριστον : 중성명사 ἄριστον [a dinner, breakfast, noon meal]의 단수, 대
   격. '점심을.' 하루의 일을 하기 전인 아침 이른 시간에 먹는 음
   식을 지칭하는 말이었으나 후대에는 '점심'이라는 의미로 쓰이
   기도 한다. 어느 경우든 '만찬(晚餐)'을 뜻하는 δεῖπνον과 구별
   된다. BDAG, s.v. "ἄριστον," 131 참조.

   ἤ : 접속사(or)

   δεῖπνον : 중성명사 δεῖπνον [a supper, main meal of the day]의 단수, 대
   격. '만찬'

   μή : 부정어(not). 직설법 이외의 서법에 쓰인다.

   φώνει : 동사 φωνέω [to call]의 현재, 능동태, 명령법, 2인칭, 단수. '네가
   불러라'

   τούς : 정관사(ὁ, ἡ, τό)의 남성, 복수, 대격. '그'

   φίλους : 형용사 φίλος [lovine]의 남성, 복수, 대격. 명사로도 사용되며 ὁ
   φίλος는 '친구'라는 뜻이다. '친구들을'

σου : 2인칭 대명사 σύ [you]의 단수, 속격. '너의'

μηδέ : 부정어(not even)

ἀδελφούς : 남성명사 ἀδελφός [brother]의 복수, 대격. '형제들을'

> **해 석** "그리고 그는 자기를 청한 자에게도 말하였다. 네가 점심이나 만찬을 베풀 때에는 네 친구들이나 형제들을 부르지 말라."

2. ἐρώτησον τοὺς **ἀκηκοότας** τί ἐλάλησα αὐτοῖς (요 18:21)

ἐρώτησον : 동사 ἐρωτέω [to ask, request]의 단순과거, 능동태, 명령법, 2 인칭, 단수. '네가 질문하라'

τούς : 정관사(ὁ, ἡ, τό)의 남성, 복수, 대격. '그'

ἀκηκοότας : 동사 ἀκούω [to hear]의 현재완료, 능동태, 분사, 남성, 복수, 대격. '들은'

τί : 의문대명사 τίς, τί [who, which, what]의 중성, 단수, 대격. '무엇을?'

ἐλάλησα : 동사 λαλέω [to say]의 단순과거, 능동태, 직설법, 1인칭, 단수. '내가 말하였다'

αὐτοῖς : 3인칭 대명사(αὐτός, αὐτή, αὐτό)의 남성, 복수, 여격. '그들에게'

> **해 석** "너는 내가 그들에게 무엇이라고 말했는지 들은 자들에게 물어보라!"

3. οἱ **πεπιστευκότες** θεῷ (딛 3:8)

οἱ : 정관사(ὁ, ἡ, τό)의 남성, 복수, 주격. '그'

πεπιστευκότες : 동사 πιστεύω [to believe, have faith]의 현재완료, 능동태, 분사, 남성, 복수, 주격. '믿은.' 명사 없이 독립적으로 사용되었다. οἱ πεπιστευκότες = '믿은 자들이'

θεῷ : 남성명사 θεός [a god, God]의 단수, 여격. '하나님에게.' 분사 πεπιστευκότες의 목적어로 사용되었다.

> **해 석** "하나님을 믿은 자들이."

연습문제 31

A. 문법

1. πιστεύω의 현재 중간태/수동태 분사 변화를 해보시오.

수	격	남성	여성	중성
단수	1(주격)	πιστευόμενος	πιστευομένη	πιστευόμενον
	4(대격)	πιστευόμενον	πιστευομένην	πιστευόμενον
	2(속격)	πιστευομένου	πιστευομένης	πιστευομένου
	3(여격)	πιστευομένῳ	πιστευομένῃ	πιστευομένῳ
복수	1(주격)	πιστευόμενοι	πιστευόμενια	πιστευόμενα
	4(대격)	πιστευόμενους	πιστευομένας	πιστευόμενα
	2(속격)	πιστευομένων	πιστευομένων	πιστευομένων
	3(여격)	πιστευομένοις	πιστευομέναις	πιστευομένοις

2. πιστεύω의 제1단순과거 중간태 분사 변화를 해보시오.

수	격	남성	여성	중성
단수	1(주격)	πιστευσάμενος	πιστευσαμένη	πιστευσάμενον
	4(대격)	πιστευσάμενον	πιστευσαμένην	πιστευσάμενον
	2(속격)	πιστευσαμένου	πιστευσαμένης	πιστευσαμένου
	3(여격)	πιστευσαμένῳ	πιστευσαμένῃ	πιστευσαμένῳ
복수	1(주격)	πιστευσάμενοι	πιστευσάμεναι	πιστευσάμενα
	4(대격)	πιστευσάμενους	πιστευσαμένας	πιστευσάμενα
	2(속격)	πιστευσαμένων	πιστευσαμένων	πιστευσαμένων
	3(여격)	πιστευσαμένοις	πιστευσαμέναις	πιστευσαμένοις

3. λαμβάνω의 제2단순과거 중간태 분사 변화를 해보시오.

수	격	남성	여성	중성
단수	1(주격)	λαβόμενος	λαβομένη	λαβόμενον
	4(대격)	λαβόμενον	λαβομένην	λαβόμενον
	2(속격)	λαβομένου	λαβομένης	λαβομένου
	3(여격)	λαβομένῳ	λαβομένῃ	λαβομένῳ
복수	1(주격)	λαβόμενοι	λαβόμεναι	λαβόμενα
	4(대격)	λαβομένους	λαβομένας	λαβόμενα
	2(속격)	λαβομένων	λαβομένων	λαβομένων
	3(여격)	λαβομένοις	λαβομέναις	λαβομένοις

4. ἀκούω의 현재완료 중간태/수동태 분사 변화를 해보시오.*

수	격	남성	여성	중성
단수	1(주격)	ἀκηκομένος	ἀκηκομένη	ἀκηκομένον
	4(대격)	ἀκηκομένον	ἀκηκομένην	ἀκηκομένον
	2(속격)	ἀκηκομένου	ἀκηκομένης	ἀκηκομένου
	3(여격)	ἀκηκομένῳ	ἀκηκομένῃ	ἀκηκομένῳ
복수	1(주격)	ἀκηκομένοι	ἀκηκομέναι	ἀκηκομένα
	4(대격)	ἀκηκομένους	ἀκηκομένας	ἀκηκομένα
	2(속격)	ἀκηκομένων	ἀκηκομένων	ἀκηκομένων
	3(여격)	ἀκηκομένοις	ἀκηκομέναις	ἀκηκομένοις

* ἀκούω의 현재완료 분사의 줄기는 ἀκηκο-이다. 위의 연습문제 30.A.1 을 보라.

5. 아래 도표의 분사를 분해(parsing)하시오.

변화형동사	성	수	격	시제	대	현재능동태 1인칭단수	의미(뜻)
διωκόμενοι	남성	복수	주격	현재	중간/수동태	διωκῶν	쫓는
πιστευσαμένη	여성	단수	여격	단순과거	중간태	πιστευῶν	믿는
λελυμένα	중성	복수	주/대격	현재완료	중간/수동태	λυῶν	푸는

B. 아래 문장을 우리말로 옮기시오.

1. ὁ **δεχόμενος** ὑμᾶς ἐμὲ δέχεται, καὶ ὁ ἐμὲ **δεχόμενος** δέχεται τὸν ἀποστείλαντά με. (마 10:40)

   ὁ : 정관사(ὁ, ἡ, τό)의 남성, 단수, 주격. '그'

   δεχόμενος : 동사 δέχομαι [to receive]의 현재, 중간태, 분사, 남성, 단수, 주격. '영접하는.' 명사 없이 독립적으로 사용되었다.

   　　　ὁ δεχόμενος = '영접하는 자'

   ὑμᾶς : 2인칭 대명사 σύ [you]의 복수, 대격. '너희를'

   ἐμέ : 1인칭 대명사 ἐγώ [I]의 단수, 대격. '나를'

   δέχεται : 동사 δέχομαι [to receive]의 현재, 중간태, 직설법, 3인칭, 단수. '그(녀)가 영접한다'

   τόν : 정관사(ὁ, ἡ, τό)의 남성, 단수, 대격. '그'

   ἀποστείλαντα : 동사 ἀποστέλλω [to send]의 단순과거, 능동태, 분사, 남성, 단수, 대격. '보내는.' 명사 없이 독립적으로 사용되었다. τὸν ἀποστείλαντα = '보내신 자를'

   με : 1인칭 대명사 ἐγώ [I]의 단수, 대격. '나를'

   해석 "너희를 영접하는 자는 나를 영접하고, 나를 영접하는 자는 나를 보내신 이를 영접한다."

2. ὅσα ἠκούσαμεν **γενόμενα** εἰς τὴν Καφαρναοὺμ ποίησον καὶ ὧδε ἐν τῇ πατρίδι σου. (눅 4:23)

   ὅσα : 관계대명사 ὅσος, -η, -ον [as many as, as great as]의 중성, 복수, 대격. '~한 것들을'

   ἠκούσαμεν : 동사 ἀκούω [to hear]의 단순과거, 능동태, 직설법, 1인칭, 복수. '우리가 들었다'

   γενόμενα : 동사 γίνομαι [to become, happen]의 단순과거, 중간태, 분사, 중성, 복수, 대격. '일어난.' 인식을 나타내는 동사의 목적어와 함께 사용되는 단순과거 분사는 특정한 시간을 적시하지 않고 어떤 사건이나 동작만을 단순하게 지시한다. 즉, 그 사건

이나 동작은 직접 인식/인지한 것이어서 주동사와 동시에 일
어난 것일 수도 있고, 후에 전해들은 것이어서 주동사에 선행
하는 사건이나 동작일 수도 있다. 후자의 경우 원래 단순과거
직설법으로 표현되어야 하는 간접화법을 단순과거 분사가 대
체하는 경우가 있으며, 여기에 사용된 γενόμενα가 바로 그러한
경우이다. 따라서 ἠκούσαμεν γενόμενα는 '우리는 그것들이 일
어났다는 것을 들었다'라는 뜻이고, ὅσα ἠκούσαμεν γενόμενα는
'일어났었다고 우리가 들은 것들'이라는 의미이다. Burton, §
146 참조.

εἰς : 대격을 취하는 전치사(into, toward). 여기서는 '~를 향하여'가 아니
라 장소를 표현하는 ἐν 대신 사용되어 '~에서'라는 뜻으로 사용되
었다. εἰς τὴν Καφαρναούμ = '가버나움에서.' BDF, § 205 참조.

τήν : 정관사(ὁ, ἡ, τό)의 여성, 단수, 대격. '그'

Καφαρναούμ : 고유명사 Καφαρναούμ [to cry out]의 여성, 단수, 대격.
　　　　　'가버나움을'

ποίησον : 동사 ποιέω [to do]의 단순과거, 능동태, 명령법, 2인칭, 단수.
　　　　'너는 행하라!'

καί : 접속사(and, also). 여기서는 '또한'(also)이라는 뜻으로 사용되었다.

ὧδε : 부사(here)

ἐν : 여격을 취하는 전치사. '~안에'(in, within). ἐν τῇ πατρίδι σου = '너
의 고향에서'

τῇ : 정관사(ὁ, ἡ, τό)의 여성, 단수, 여격. '그'

πατρίδι : 여성명사 πατρίς [fatherland]의 단수, 여격. '고향에게'

σου : 2인칭 대명사 σύ [you]의 단수, 속격. '너의'

> **해 석** "너는 우리가 가버나움에서 일어났다고 들은 것들을 여기 너의
> 고향에서도 행하라."

3. καὶ ἐγένετο ἐν τῷ ἑξῆς ἐπορεύθη εἰς πόλιν **καλουμένην** Ναΐν … (눅 7:11)

ἐγένετο : 동사 γίνομαι [to become, happen]의 단순과거, 중간태, 직설
법, 3인칭, 단수. '그(녀)가 되었다, 있었다.' γίνομαι 동사는 통

상 become으로 번역되지만, 신약성경에서는 주격 술어 없이 쓰이는 경우가 많으므로 '일어나다'(to happen), '생겨나다'(to be born, be produced), '~이 되다'(to become something) 등 매우 다양한 의미를 갖는다. 보다 자세하는 설명과 예문들을 위해서는 117과 "γίνομαι의 용법" 및 BDAG, s.v. "γίνομαι"를 보라. 본문에서는 καὶ ἐγένετο 형태로 서사의 진행을 표현하기 위해서 쓰였으며, 통상 속격 독립구문(마 9:10)이나 부정사(막 2:15), ὅτε, ὡς(눅 2:15)나 본문의 전치사구(눅 7:11) 등 시간을 나타내는 표현이 뒤따른다. BDAG, s.v. "γίνομαι," 197, 항목 4.f.를 보라.

ἐν : 여격을 취하는 전치사. '~안에'(in, within). 여기서는 형용사적으로 쓰인 부사 ἑξῆς와 함께 시간을 표현하기 위해서 사용되었다. 여성 관사가 아니라 남성 관사가 사용되긴 했지만, 아마도 의미상 ἡμέρᾳ가 생략된 것으로 보인다(행 21:1 참조). ἐν τῷ ἑξῆς = '그 다음(날)에/이튿날에.' Robertson, 522-23, 547 참조.

τῷ : 정관사(ὁ, ἡ, τό)의 남성, 단수, 여격.

ἑξῆς : 부사(next). 형용사적으로 사용되었다.

ἐπορεύθη : 동사 πορεύομαι [to go, proceed]의 단순과거, 수동태, 직설법, 3인칭, 단수. '그(녀)가 갔다'

εἰς : 대격을 취하는 전치사(into, toward). 여기서는 여행의 목적지를 표현하기 위해서 사용되었다. BDAG, s.v. "εἰς," 290, 항목 1.a 참조. εἰς πόλιν καλουμένην Ναΐν = '나인이라고 불리는 도시를 향하여'

πόλιν : 여성명사 πόλις [a city]의 단수, 대격. '도시를'

καλουμένην : 동사 καλέω [to call]의 현재, 수동태, 분사, 여성, 단수, 대격. '불리는'

Ναΐν : 고유명사 Ναΐν [Nain]의 여성, 단수, 대격. '나인을'

해석 "그리고 그 후에 그는 나인이라고 불리는 도시로 갔다."

4. **παραγενόμενοι** δὲ πρὸς αὐτὸν οἱ ἄνδρες εἶπαν· (눅 7:20)

παραγενόμενοι : 동사 παραγίνομαι [to come, arrive]의 단순과거, 중간
태, 분사, 남성, 복수, 주격. '도달한, 온'

πρός : 속격, 여격, 대격을 모두 취하는 전치사(toward, near, by,
advantageous for). 그러나 전치사 πρός는 주로 대격과 함께 쓰이
며 목적, 시간, 공간, 관계 등과 관련한 다양한 상황을 표현한다.
여기서도 대격과 함께 '~에게로'라는 뜻으로 쓰였다. πρὸς αὐτόν
= '그에게로'

αὐτόν : 3인칭 대명사(αὐτός, αὐτή, αὐτό)의 남성, 단수, 대격. '그를'

οἱ : 정관사(ὁ, ἡ, τό)의 남성, 복수, 주격. '그'

ἄνδρες : 남성명사 ἀνήρ [a man, husband]의 복수, 주격. '사람들이'

εἶπαν : 동사 λέγω [to say, speak]의 단순과거, 능동태, 직설법, 3인칭, 복
수. '그(녀)들이 말했다'

해석 "그러나 사람들이 그에게로 와서 말했다."

5. ἔλεγεν δὲ πρὸς τοὺς **κεκλημένους** παραβολήν (눅 14:7)

ἔλεγεν : 동사 λέγω [to say, speak]의 미완료, 능동태, 직설법, 3인칭, 단
수. '그(녀)가 말했다'

πρός : 대격을 취하는 전치사(toward). πρὸς τοὺς κεκλημένους = '청함을
받은 자들에게'

τούς : 정관사(ὁ, ἡ, τό)의 남성, 복수, 대격. '그'

κεκλημένους : 동사 καλέω [to call]의 현재완료, 수동태, 분사, 남성, 복
수, 대격. 명사 없이 독립적으로 사용되었다. '청함을 받은
자들을'

παραβολήν : 여성명사 παραβολή [a parable]의 단수, 대격. '비유를'

해석 "그러나 그는 청함을 받은 자들에게 비유를 말했다."

6. οὕτως ἐστὶν πᾶς ὁ **γεγεννημένος** ἐκ τοῦ πνεύματος. (요 3:8)

οὕτως : 부사(thus)

ἐστίν : 동사 εἰμί [to be]의 현재, 능동태, 직설법, 3인칭, 단수. '그(녀)는
　　　～이다'

πᾶς : 형용사 πᾶς, πᾶσα, πᾶν [all, every, all things]의 남성, 단수, 주격.
　　　'모든'

ὁ : 정관사(ὁ, ἡ, τό)의 남성, 단수, 주격. '그'

γεγεννημένος : 동사 γεννάω [to beget]의 현재완료, 수동태, 분사, 남성,
　　　단수, 주격. '난'

ἐκ : 속격을 취하는 전치사(from). 여기서는 기원이나 출처, 소속을 뜻한
　　　다. BDAG, s.v. "ἐκ," 296, 3 항목 참조. ἐκ τοῦ πνεύματος = '성령으
　　　로부터'

τοῦ : 정관사(ὁ, ἡ, τό)의 중성, 단수, 속격. '그'

πνεύματος : 중성명사 πνεῦμα [a spirit, the Spirit]의 단수, 속격. '성령의'

해석　"성령으로부터 난 자는 모두 이와 같다."

7. μετὰ δὲ τὸ παύσασθαι τὸν θόρυβον **μεταπεμψάμενος** ὁ Παῦλος τοὺς
　 μαθητὰς καὶ παρακαλέσας, **ἀσπασάμενος** ἐξῆλθεν πορεύεσθαι εἰς
　 Μακεδονίαν. (행 20:1)

μετά : 속격(with)과 대격(after)을 취하는 전치사. 여기서는 대격을 취하
　　　여 '～후에'라는 뜻으로 사용되었다. μετὰ τὸ παύσασθαι τὸν
　　　θόρυβον = '소요가 끝난 후에'

τό : 정관사(ὁ, ἡ, τό)의 중성, 단수, 대격. '그'

παύσασθαι : 동사 παύω [to cease]의 단순과거, 중간태, 부정사. '그치는 것'

τόν : 정관사(ὁ, ἡ, τό)의 남성, 단수, 대격. '그'

θόρυβον : 남성명사 θόρυβος [an uproar, riot]의 단수, 대격. 부정사의 의
　　　미상의 주어로 사용되었다. τὸ παύσασθαι τὸν θόρυβον = '소
　　　요가 그치는 것'

μεταπεμψάμενος : 동사 μεταπέμπω [to send after, summon]의 단순과거,
　　　중간태, 분사, 남성, 단수, 주격. '보내는'

ὁ : 정관사(ὁ, ἡ, τό)의 남성, 단수, 주격. '그'

Παῦλος : 고유명사 Παῦλος [Paul]의 남성, 단수, 주격. '바울이'

τούς : 정관사(ὁ, ἡ, τό)의 남성, 복수, 대격. '그'

μαθητάς : 남성명사 μαθητής [a disciple]의 복수, 대격. '제자들을'

παρακαλέσας : 동사 παρακαλέω [to beseech, urge, exhort]의 단순과거, 능동태, 분사, 남성, 단수, 주격. '권하는'

ἀσπασάμενος : 동사 ἀσπάζομαι [to greet, salute]의 단순과거, 중간태, 분사, 남성, 단수, 주격. '작별하는'

ἐξῆλθεν : 동사 ἐξέρχομαι [to go out, come out]의 단순과거, 능동태, 직설법, 3인칭, 단수. '그(녀)가 나갔다'

πορεύεσθαι : 동사 πορεύομαι [to go, proceed]의 현재, 중간태, 부정사. '가는 것' 목적을 표현한다. '가기 위해서'

εἰς : 대격을 취하는 전치사(into, toward). 여기서는 여행의 목적지를 표현하기 위해서 사용되었다. BDAG, s.v. "εἰς," 290, 항목 1.a 참조.
εἰς Μακεδονίαν = '마케도니아를 향하여'

Μακεδονίαν : 고유명사 Μακεδονία [Macedonia]의 여성, 단수, 대격. '마케도니아를'

해석 "소요가 그친 후 바울은 제자들을 보내어 권한 후 작별하고 마케도니아로 가기 위해서 나갔다."

8. **ἀσπασάμενοι** τοὺς ἀδελφοὺς ἐμείναμεν ἡμέραν μίαν παρ' αὐτοῖς. (행 21:7)

ἀσπασάμενοι : 동사 ἀσπάζομαι [to greet, salute]의 단순과거, 중간태, 분사, 남성, 복수, 주격. '인사하는'

τούς : 정관사(ὁ, ἡ, τό)의 남성, 복수, 대격. '그'

ἀδελφούς : 남성명사 ἀδελφός [a brother]의 복수, 대격. '형제들을'

ἐμείναμεν : 동사 μένω [to remain, abide]의 단순과거, 능동태, 직설법, 1인칭, 복수. '우리가 머물렀다'

ἡμέραν : 여성명사 ἡμέρα [a day]의 단수, 대격. '날을.' 일정하게 지속되는 시간의 정도를 표현하는 대격이다. BDF, § 161(2) 참조.
ἡμέραν μίαν = '하루 동안'

μίαν : 형용사 εἷς, μιᾶ, ἕν [one]의 여성, 단수, 대격. '하나의'

παρ' : 속격, 여격, 대격을 모두 취하는 전치사(from, beside, with, alongside of). 여격과 함께 쓰일 경우 요한복음 19장 25절을 제외하면 항상 인격체와 함께 사용되며 주로 은유적인 의미에서 '~의 판단으로는'(in the sight of)라는 뜻이지만(눅 1:30의 παρὰ τῷ θεῷ 참조), 여기서는 공간적인 의미에서 '~곁에/~와 함께'(beside/with)라는 뜻으로 사용되었다. παρ' αὐτοῖς = '그들과 함께.' Moule, 52; BDF, § 238 참조.

αὐτοῖς : 3인칭 대명사(αὐτός, αὐτή, αὐτό)의 남성, 복수, 여격.

해석 "우리는 그 형제들과 인사를 나눈 후 그들과 함께 하루를 머물렀다."

신약 성경 헬라어 교본 연습문제 해제

연습문제 32

■ 아래 문장을 우리말로 옮기시오.

1. ἔκραξεν οὖν ἐν τῷ ἱερῷ **διδάσκων** ὁ Ἰησοῦς ⋯ (요 7:28)

    ἔκραξεν : 동사 κράζω [to cry out]의 단순과거, 능동태, 직설법, 3인칭,
              단수. '그(녀)가 외쳤다'

    οὖν : 대등접속사(then, accordingly)

    ἐν : 여격을 취하는 전치사(in). 장소를 나타낸다. ἐν τῷ ἱερῷ='성전에서'

    τῷ : 정관사(ὁ, ἡ, τό)의 중성, 단수, 여격. '그'

    ἱερῷ : 중성명사 ἱερόν [a temple]의 단수, 여격. '성전에게'

    διδάσκων : 동사 διδάσκω [to teach]의 현재, 능동태, 분사, 남성, 단수,
              주격. '가르치는.' 부대 상황을 나타내는 부사적 용법으로 쓰
              였다. BDF, § 417 이하 참조.

    ὁ : 정관사(ὁ, ἡ, τό)의 남성, 단수, 주격. '그'

    Ἰησοῦς : 고유명사 Ἰησοῦς [Jesus, Joshua]의 남성, 단수, 주격. '예수가'

> **해석**   "그러므로 예수는 성전에서 가르치면서 외쳤다."

2. δύναμις γὰρ θεοῦ ἐστιν εἰς σωτηρίαν παντὶ τῷ **πιστεύοντι** (롬 1:16)

    δύναμις : 여성명사 δύναμις [power]의 단수, 주격. '능력이.' 동사 ἐστιν
              의 보어이다.

    γάρ : 접속사(for)

    θεοῦ : 남성명사 θεός [a god, God]의 단수, 속격. '하나님의'

    ἐστιν : 동사 εἰμί [to be]의 현재, 능동태, 직설법, 3인칭, 단수. '그(녀)는
              ~이다'

    εἰς : 대격을 취하는 전치사(into, toward). 여기서는 어떤 행동이나 조건
          의 목표와 그것이 가져오게 될 실제적인 결과를 표현한다. εἰς
          σωτηρίαν = '구원을 위한/가져오는.' BDAG, s.v. "εἰς," 290, 항목
          4.e. 참조.

σωτηρίαν : 여성명사 σωτηρία [salvation]의 단수, 대격. '구원을'

παντί : 형용사 πᾶς, πᾶσα, πᾶν [all, every, all things]의 남성, 단수, 여격.
'모든'

τῷ : 정관사(ὁ, ἡ, τό)의 남성, 단수, 여격. '그'

πιστεύοντι : 동사 πιστεύω [to believe]의 현재, 능동태, 분사, 남성, 단수,
여격. 명사 없이 독립적으로 사용되었다. '믿는 자에게.'
παντὶ τῷ πιστεύοντι = '모든 믿는 자에게'

해석 "왜냐하면 그것은 모든 믿는 자에게 구원을 가져오는 하나님의
능력이기 때문이다."

3. καὶ εὐθὺς ἐκ τῆς συναγωγῆς **ἐξελθόντες** ἦλθον εἰς τὴν οἰκίαν Σίμωνος
… (막 1:29)

εὐθύς : 부사(immediately, straightway)

ἐκ : 속격을 취하는 전치사(from). ἐκ τῆς συναγωγῆς = '그 회당으로부터'

τῆς : 정관사(ὁ, ἡ, τό)의 여성, 단수, 속격. '그'

συναγωγῆς : 여성명사 συναγωγή [a synagogue]의 단수, 속격.

ἐξελθόντες : 동사 ἐξέρχομαι [to go out, come out]의 단순과거, 능동태,
분사, 남성, 복수, 주격. '나오는'

ἦλθον : 동사 ἔρχομαι [to go, come]의 단순과거, 능동태, 직설법, 3인칭,
복수. '그(녀)들이 갔다'

εἰς : 대격을 취하는 전치사(into). 유사한 의미로 사용되는 전치사 πρός와
는 달리 εἰς는 '진입'(entry)의 개념을 포함한다. εἰς τὴν οἰκίαν
Σίμωνος = '시몬의 집 안으로.' Moule, 67 참조.

τήν : 정관사(ὁ, ἡ, τό)의 여성, 단수, 대격. '그'

οἰκίαν : 여성명사 οἰκία [a house]의 단수, 대격. '집을'

Σίμωνος : 고유명사 Σίμων [Simon]의 남성, 단수, 속격. '시몬의'

해석 "그리고 그들은 즉시 그 회당으로부터 나와서 시몬의 집으로
들어갔다."

4. ταῦτα εἶπεν ἐν συναγωγῇ **διδάσκων** ἐν Καφαρναούμ. (요 6:59)

ταῦτα : 지시대명사(οὗτος, αὕτη, τοῦτο)의 중성, 복수, 대격. '이것들을'

εἶπεν : 동사 λέγω [to say]의 단순과거, 능동태, 직설법, 3인칭, 단수. '그 (녀)가 말했다'

ἐν : 여격을 취하는 전치사. '~안에'(in, within). 여기서는 장소를 나타낸다.

συναγωγῇ : 여성명사 συναγωγή [a synagogue]의 단수, 여격. ἐν συναγωγῇ = '회당에서'

διδάσκων : 동사 διδάσκω [to cry out]의 현재, 능동태, 분사, 남성, 단수, 주격. '가르치는'

Καφαρναούμ : 고유명사 Καφαρναούμ [Kapernaum]의 단수, 여격. ἐν Καφαρναούμ = '가버나움에 있는'

해석 "그는 가버나움에 있는 회당에서 가르치면서 이것들을 말했다."

5. ταῦτα **εἰπών** Ἰησοῦς ἐξῆλθεν σὺν τοῖς μαθηταῖς αὐτοῦ … (요 18:1)

ταῦτα : 지시대명사(οὗτος, αὕτη, τοῦτο [this])의 중성, 복수, 대격. '이것들을'

εἰπών : 동사 λέγω [to say, speak]의 단순과거, 능동태, 분사, 남성, 단수, 주격. '말하는.' 분사에는 원래 시간을 나타내는 기능은 없고 '동작의 종류'(*Aktionsart*)만을 나타내기 때문에, 주동사와의 시간적인 전후 관계는 오직 문맥으로 통해서만 확정될 수 있다. 그러나 분사가 완결된 동작을 표현하는 경우 종종 주동사보다 시간적으로 앞서는 상황을 나타내기도 한다. 이에 따라 시간적으로 분사가 표현하는 완결된 동작→주동사의 동작이라는 순서가 성립하게 되며, 단순과거 분사에 상대적인 시간 개념이 포함되는 경우도 발생한다. 여기서도 ταῦτα εἰπών은 일종의 완결된 동작으로서 주동사인 ἐξῆλθεν보다 시간적으로 앞선다. ταῦτα εἰπών = '이것들을 말한 후에' 그러나 주동사에 비해 상대적으로 과거의 동작을 표현한다는 시간 개념은 과거분사 자체에 전혀 포함되어 있지 않다. BDF, § 339 참조.

Ἰησοῦς : 고유명사 Ἰησοῦς [Jesus, Joshua]의 남성, 단수, 주격. '예수가'

ἐξῆλθεν : 동사 ἐξέρχομαι [to go out, come out]의 단순과거, 능동태, 직
설법, 3인칭, 단수. '그(녀)가 나갔다'

σύν : 여격을 취하는 전치사(with). σὺν τοῖς μαθηταῖς αὐτοῦ = '그의 제
자들과 함께'

τοῖς : 정관사(ὁ, ἡ, τό)의 남성, 복수, 여격. '그'

μαθηταῖς : 남성명사 μαθητής [a disciple]의 복수, 여격. '제자들에게'

αὐτοῦ : 3인칭 대명사(αὐτός, αὐτή, αὐτό)의 남성, 단수, 속격. '그의'

해석 "예수는 이것들을 말한 후에 그의 제자들과 함께 나갔다."

6. πολλοὶ ἐλεύσονται ἐπὶ τῷ ὀνόματί μου **λέγοντες** ὅτι ἐγώ εἰμι (막 13:6)

πολλοί : 형용사 πολύς, πολλή, πολύ [many, much]의 남성, 복수, 주격.
명사 없이 독립적으로 사용되었다. '많은 자들이'

ἐλεύσονται : 동사 ἔρχομαι [to come, go]의 미래, 중간태, 직설법, 3인칭,
복수. '그(녀)들이 올 것이다'

ἐπί : 속격(on, over, at that time)과 여격(on the basis of, at)과 대격(on,
to, against)을 모두 취하는 전치사. 여기서는 여격과 함께 사용되어
'~의 권위에 기초하여'라는 뜻으로 쓰였다. ἐπὶ τῷ ὀνόματί μου =
'내 이름으로,' 즉 '내 이름의 권위로/내 이름을 빙자하여.' BDAG,
s.v. "ἐπί," 366, 항목 17 참조.

τῷ : 정관사(ὁ, ἡ, τό)의 중성, 단수, 여격. '그'

ὀνόματι : 중성명사 ὄνομα [name]의 단수, 여격. '이름에게'

μου : 1인칭 대명사 ἐγώ [I]의 단수, 속격. '나의'

λέγοντες : 동사 λέγω [to say, speak]의 현재, 능동태, 분사, 남성, 복수,
주격. '말하는'

ὅτι : 종속접속사(that, because). 여기서는 분사 λέγοντες의 목적절을 이
끈다.

ἐγώ : 1인칭 대명사 ἐγώ [I]의 단수, 주격. '나는.' ἐγώ εἰμι='내가 그이다'

εἰμί : 동사 εἰμί [to be]의 현재, 능동태, 직설법, 1인칭, 단수. '나는 ~이다'

해석 "많은 자들이 내 이름으로 와서 '내가 그이다'라고 말할 것이다."

7. οὗτός ἐστιν ὁ **βαπτίζων** ἐν πνεύματι ἁγίῳ. (요 1:33)

οὗτος : 지시대명사(οὗτος, αὕτη, τοῦτο [this])의 남성, 단수, 주격. '이'

ἐστιν : 동사 εἰμί [to be]의 현재, 능동태, 직설법, 3인칭, 단수. '그(녀)는
　　　　～이다'

ὁ : 정관사(ὁ, ἡ, τό)의 남성, 단수, 주격. '그'

βαπτίζων : 동사 βαπτίζω [to baptize]의 현재, 능동태, 분사, 남성, 단수,
　　　　　 주격. 명사 없이 독립적으로 사용되었다. ὁ βαπτίζων = '세
　　　　　 례를 베푸는 자'

ἐν : 여격을 취하는 전치사. '～안에'(in, within). 수단이나 매개를 표현한다.

πνεύματι : 중성 명사 πνεῦμα [a sprit, the Spirit]의 단수, 여격. '성령에게'

ἁγίῳ : 형용사 ἅγιος [holy]의 남성, 단수, 주격. '거룩한.' ἐν πνεύματι
　　　 ἁγίῳ = '성령으로'

> **해석**　"이 사람은 성령으로 세례를 베푸는 자이다."

8. πόθεν οὖν ἔχεις τὸ ὕδωρ τὸ ζῶν; (요 4:11)

πόθεν : 부사(whence)

οὖν : 대등접속사(then, accordingly)

ἔχεις : 동사 ἔχω [to have, hold]의 현재, 능동태, 직설법, 2인칭, 단수.
　　　　'네가 가지고 있다'

τό : 정관사(ὁ, ἡ, τό)의 중성, 단수, 대격. '그'

ὕδωρ : 중성명사 ὕδωρ [water]의 단수, 대격. '물을'

ζῶν : 동사 ζάω [to live]의 현재, 능동태, 분사, 중성, 단수, 대격. '살아
　　　 있는'

> **해석**　"그러므로 당신은 어디에서 그 생수를 얻느냐?"

155

신약성경 헬라어 교본 연습문제 해제

연습문제 33

■ 아래 문장을 우리말로 옮기시오.

1. καὶ **γενομένου σαββάτου** ἤρξατο διδάσκειν ἐν τῇ συναγωγῇ (막 6:2)

   γενομένου : 동사 γίνομαι [to become, happen]의 단순과거, 중간태, 분사, 중성, 단수, 속격. γίνομαι 동사는 통상 become으로 번역되지만, 신약성경에서는 주격 술어 없이 쓰이는 경우가 많으므로 '일어나다'(to happen), '생겨나다'(to be born, be produced), '~이 되다'(to become something) 등 매우 다양한 의미를 갖는다. 본문에서는 특정 시기가 도래했다는 뜻으로 사용되었다. γενομένου σαββάτου = '안식일이 되자.' 보다 자세하는 설명과 예문들을 위해서는 117과 "γίνομαι의 용법" 및 BDAG, s.v. "γίνομαι," 197, 항목 4.a를 보라.

   σαββάτου : 중성명사 σάββατον [the Sabbat]의 단수, 속격. '안식일의'

   ἤρξατο : 동사 ἄρχω [to rule, begin(mid.)]의 단순과거, 중간태, 직설법, 3인칭, 단수. '그(녀)가 시작했다.' 부정사를 목적으로 취한다. ἤρξατο διδάσκειν = '가르치기 시작했다'

   διδάσκειν : 동사 διδάσκω [to teach]의 현재, 능동태, 부정사. 동사 ἤρξατο 의 목적어로 쓰였다.

   ἐν : 여격을 취하는 전치사. '~안에'(in, within). 여기서는 장소를 나타낸다.

   τῇ : 정관사(ὁ, ἡ, τό)의 여성, 단수, 여격. '그'

   συναγωγῇ : 여성명사 συναγωγή [a synagogue]의 단수, 여격. ἐν τῇ συναγωγῇ = '그 회당에서'

   해석 "안식일이 되자 그는 그 회당에서 가르치기 시작했다."

2. ἔτι **αὐτοῦ λαλοῦντος** ἔρχεταί τις παρὰ τοῦ ἀρχισυναγώγου λέγων ὅτι τέθνηκεν ἡ θυγάτηρ σου (눅 8:49)

   ἔτι : 부사(still, yet)

156

신약성경 헬라어 교본 연습문제 해제

αὐτοῦ : 3인칭 대명사(αὐτός, αὐτή, αὐτό)의 남성, 단수, 속격. '그의'

λαλοῦντος : 동사 λαλέω [to speak]의 현재, 능동태, 분사, 남성, 단수, 속격. '말하는' 인칭대명사 αὐτοῦ와 더불어 속격 독립 구문을 이룬다. ἔτι αὐτοῦ λαλοῦντος='그가 아직 말하고 있을 때에'

ἔρχεται : 동사 ἔρχομαι [to go, come]의 현재, 중간태, 직설법, 3인칭, 단수. '그(녀)가 온다.' '역사적 현재'(historical present)로서 화자(話者)가 마치 현장에 있는 것처럼 과거 사건을 생생하게 묘사하기 위해서 사용된다. 특히 복음서에서 매우 자주 쓰이며 과거형으로 번역하는 것이 자연스럽다. Burton, § 14; Moule, 7 참조.

τις : 부정대명사 τις, τι [someone, something]의 남성, 단수, 주격. '누군가가'

παρά : 속격, 여격, 대격을 모두 취하는 전치사(from, beside, with, alongside of). 여기서는 속격을 취하여 '~로부터'라는 뜻으로 사용되었다. παρά가 속격과 함께 쓰일 경우, 신약성경에서는 거의 대부분 인격체와 함께 쓰이며, 직접적인 기원을 표현하는 ἀπό와는 달리 간접적인 출처(from [the side of])나 매개(from, by)를 의미한다. BDAG, s.v. "παρά," 756, 항목 1 참조. παρὰ τοῦ ἀρχισυναγώγου ='회당장으로부터,' 즉 '회당장이 보낸'

τοῦ : 정관사(ὁ, ἡ, τό)의 남성, 단수, 속격. '그'

ἀρχισυναγώγου : 남성명사 ἀρχισυνάγωγος [ruler of a synagogue]의 단수, 속격. '회당장의'

λέγων : 동사 λέγω [to say, speak]의 현재, 능동태, 분사, 남성, 단수, 주격. '말하는'

ὅτι : 접속사(that, because). 여기서는 분사 λέγων의 목적절인 직접 인용문을 이끈다. Burton, § 345 참조.

τέθνηκεν : 동사 θνῄσκω [to die]의 현재완료, 능동태, 직설법, 3인칭, 단수. '그(녀)가 죽었다.' 과거 사건의 현재적 결과를 표현한다 (막 5:35 참조). Burton, § 47, 74 참조.

ἡ : 정관사(ὁ, ἡ, τό)의 여성, 단수, 주격. '그'

θυγάτηρ : 여성명사 θυγάτηρ [a daughter]의 단수, 주격. '딸이'

σου : 2인칭 대명사 σύ [you]의 단수, 속격. '너의'

해석 "그가 아직 말하고 있을 때에, 회당장이 보낸 어떤 사람이 와서 '당신의 딸이 죽었다'고 말했다."

3. ταῦτα οὐκ ἔγνωσαν αὐτοῦ οἱ μαθηταὶ τὸ πρῶτον (요 12:16)

ταῦτα : 지시대명사(οὗτος, αὕτη, τοῦτο [this])의 중성, 복수, 대격. '이것들을'

οὐκ : 부정어(not)

ἔγνωσαν : 동사 γινώσκω [to know, realize]의 단순과거, 능동태, 직설법, 3인칭, 복수. '그(녀)들이 알았다'

αὐτοῦ : 3인칭 대명사(αὐτός, αὐτή, αὐτό)의 남성, 단수, 속격. '그의'

οἱ : 정관사(ὁ, ἡ, τό)의 남성, 복수, 주격. '그'

μαθηταί : 남성명사 μαθητής [a disciple]의 복수, 주격. '제자들이'

τό : 정관사(ὁ, ἡ, τό)의 중성, 단수, 대격.

πρῶτον : 형용사 πρῶτος [first]의 중성, 단수, 대격. 시간적으로나 중요성, 순서 등에서 처음이라는 뜻이며, 여기서는 중성, 대격으로 쓰여 시간적으로 '처음'이라는 의미로 사용되었다. BDAG, s.v. "πρῶτος," 893, 항목 1.a.β 참조. τὸ πρῶτον = '처음에는'

해석 "그의 제자들은 처음에는 이것들을 알지 못했다."

신약성경 헬라어 교본 연습문제 해제

연습문제 34

■ 아래 문장을 우리말로 옮기시오.

1. ἤδει γὰρ ἐξ ἀρχῆς ὁ Ἰησοῦς τίνες εἰσὶν οἱ μὴ πιστεύοντες καὶ τίς ἐστιν ὁ **παραδώσων** αὐτόν. (요 6:64)

ἤδει : 동사 οἶδα [to know]의 과거완료, 능동태, 직설법, 3인칭, 단수. '그(녀)가 알고 있었다.' 엄밀하게 말해서 문자적으로는 '본 적이 있다(to have seen)이라는 뜻이며, 결과적으로 '알고 있다'라는 의미이다.

γάρ : 접속사(for)

ἐξ : 속격을 취하는 전치사(from). 모음 앞에서 ἐξ 형태로 바뀌었다. 전치사 ἐκ는 시간 표현과 함께 쓰일 경우 시점(始點)을 표현한다. ἐξ ἀρχῆς = '처음부터.' Robertson, 597 참조.

ἀρχῆς : 여성명사 ἀρχή [a beginning]의 단수, 속격. '처음의'

ὁ : 정관사(ὁ, ἡ, τό)의 남성, 단수, 주격. '그'

Ἰησοῦς : 고유명사 Ἰησοῦς [Jesus, Joshua]의 남성, 단수, 주격. '예수가'

τίνες : 의문대명사 τίς, τί [who?, what?]의 남성, 복수, 주격. '누가?'

εἰσίν : 동사 εἰμί [to be]의 현재, 능동태, 직설법, 3인칭, 단수. '그(녀)는 ~이다'

οἱ : 정관사(ὁ, ἡ, τό)의 남성, 복수, 주격. '그'

μή : 부정어(not). 직설법 이외의 서법을 부정한다.

πιστεύοντες : 동사 πιστεύω [to have faith, believe]의 현재, 능동태, 분사, 남성, 복수, 주격. '믿는'

τίς : 의문대명사 τίς, τί [who?, what?]의 남성, 단수, 주격. '누가?'

ὁ : 정관사(ὁ, ἡ, τό)의 남성, 단수, 주격. '그'

παραδώσων : 동사 παραδίδωμι [to hand over]의 미래, 능동태, 분사, 남성, 단수, 주격. '넘겨줄.' 원래 분사에는 시간적인 의미가 없지만 다른 분사에 비해 후대에 발전된 미래 분사의 경우 목적을 표현하는 경우가 많으므로 주동사에 비해 상대적으

로 미래 시점을 지시하며, 특히 관사와 함께 사용될 경우
분명하게 미래의 의미를 가진다. BDF, § 339; Burton, §
152; Robertson, 877-78 참조.

αὐτόν : 3인칭 대명사(αὐτός, αὐτή, αὐτό)의 남성, 단수, 대격. '그를'

해석 "왜냐하면 예수는 처음부터 누가 믿지 않는 자들인지 그리고
누가 그를 넘겨줄 자인지 알고 있었기 때문이다."

2. καὶ ὃ σπείρεις, οὐ τὸ σῶμα τὸ **γενησόμενον** σπείρεις ἀλλὰ γυμνὸν
κόκκον εἰ τύχοι σίτου ἤ τινος τῶν λοιπῶν (고전 15:37)

ὅ : 관계대명사(ὅς, ἥ, ὅ)의 중성, 단수, 대격. '~하는 것'

σπείρεις : 동사 σπείρω [to sow]의 현재, 능동태, 직설법, 2인칭, 단수.
'네가 뿌린다'

οὐ : 부정어(not)

τό : 정관사(ὁ, ἡ, τό)의 중성, 단수, 대격. '그'

σῶμα : 중성명사 σῶμα [a body]의 단수, 대격. '몸을'

γενησόμενον : 동사 γίνομαι [to become, happen]의 미래, 중간태, 분사, 중
성, 단수, 대격. '~가 될.' 시간적으로 주동사인 σπείρεις의
동작 이후 시점을 지시한다. Burton, § 152 참조.

ἀλλά : 대등접속사(but, except)

γυμνόν : 형용사 γυμνός [naked]의 남성, 단수, 대격.

κόκκον : 남성명사 κόκκος [a grain, seed]의 단수, 대격. '씨앗을'

εἰ : 종속접속사(if). εἰ τύχοι = '아마도'

τύχοι : 동사 τυγχάνω [to obtain, happen]의 단순과거, 능동태, 희구법, 3
인칭, 단수. '그(녀)가 발생하기를.' τυγχάνω는 '결과적으로 ~로
판명되다'(to prove to be in the result)라는 뜻이며, 희구법인
τύχοι는 εἰ와 함께 '아마도'(perhaps)라는 뜻의 관용구로 사용된다.
BDF, § 385(2); BDAG, s.v. "τυγχάνω," 1019, 항목 2.b. 참조.

σίτου : 남성명사 σῖτος [wheat]의 단수, 속격. '밀의'

ἤ : 접속사(or)

τινος : 부정대명사 τις, τι [someone, something]의 중성, 단수, 속격. '어떤 것의'

τῶν : 정관사(ὁ, ἡ, τό)의 중성, 복수, 속격. '그'

λοιπῶν : 형용사 λοιπός [remaining]의 중성, 복수, 속격. 명사 없이 독립적으로 사용되었다. '나머지 것들의'

> **해석** "너희가 뿌리는 것들도, 너희는 장차 될 몸이 아니라 오히려 밀이나 다른 어떤 것들의 알맹이를 뿌린다."

3. καὶ Μωϋσῆς μὲν πιστὸς ἐν ὅλῳ τῷ οἴκῳ αὐτοῦ ὡς θεράπων εἰς μαρτύριον τῶν **λαληθησομένων** (히 3:5)

Μωϋσῆς : 고유명사 Μωϋσῆς [Moses]의 남성, 단수, 주격. '모세가'

μέν : 불변화사(indeed, on the one hand)

πιστός : 형용사 πιστός [faithful]의 남성, 단수, 주격. '신실한'

ἐν : 여격을 취하는 전치사. '~안에'(in, within). ἐν ὅλῳ τῷ οἴκῳ αὐτοῦ = '그의 온 집에서'

ὅλῳ : 형용사 ὅλος [whole, all]의 남성, 단수, 여격. '모든, 온'

τῷ : 정관사(ὁ, ἡ, τό)의 남성, 단수, 여격. '그'

οἴκῳ : 남성명사 οἶκος [a house]의 단수, 여격. '집에게'

αὐτοῦ : 3인칭 대명사(αὐτός, αὐτή, αὐτό)의

ὡς : 종속접속사(as, about). ὡς θεράπων = '마치 종과 같이'

θεράπων : 남성명사 θεράπων [a servant, attendant]의 단수, 주격. '종이'

εἰς : 대격을 취하는 전치사(into, toward). 목적을 나타낸다.

μαρτύριον : 중성명사 μαρτύριον [a testimony, proof]의 단수, 대격. '증언을'

τῶν : 정관사(ὁ, ἡ, τό)의 중성, 복수, 속격.

λαληθησομένων : 동사 λαλέω [to speak]의 미래, 수동태, 분사, 중성, 복수, 속격. '장차 말해질.' 명사 없이 독립적으로 사용되었다.

> **해석** "모세는 장차 말해질 것들의 증언을 위한 종처럼 실로 그의 온 집에서 신실하다."

연습문제 35

A. 문법

1. ἁμαρτάνω의 현재 능동태 가정법 변화를 해보시오.

구분	단수	복수
1인칭	ἁμαρτάνω	ἁμαρτάνωμεν
2인칭	ἁμαρτάνῃς	ἁμαρτάνητε
3인칭	ἁμαρτάνῃ	ἁμαρτάνωσι(ν)

2. διδάσκω의 현재 중간태/수동태 가정법 변화를 해보시오.

구분	단수	복수
1인칭	διδάσκωμαι	διδασκώμεθα
2인칭	διδάσκῃ	διδάσκησθε
3인칭	διδάσκηται	διδάσκωνται

3. σώζω의 제1단순과거 능동태와 중간태 가정법 변화를 해보시오.

- 능동태 가정법

구분	단수	복수
1인칭	σώσω	σώσωμεν
2인칭	σώσῃς	σώσητε
3인칭	σώσῃ	σώσωσι(ν)

- 중간태 가정법

구분	단수	복수
1인칭	σώσωμαι	σωσώμεθα
2인칭	σώσῃ	σώσησθε
3인칭	σώσηται	σώσωνται

4. λείπω의 제2단순과거 능동태와 중간태 가정법 변화를 해보시오.

- 능동태 가정법

구분	단수	복수
1인칭	λίπω	λίπωμεν
2인칭	λίπῃς	λίπητε
3인칭	λίπῃ	λίπωσι(ν)

- 중간태 가정법

구분	단수	복수
1인칭	λίπωμαι	λιπώμεθα
2인칭	λίπῃ	λίπησθε
3인칭	λίπηται	λίπωνται

5. λύω의 단순과거 수동 가정법 변화를 해보시오.

구분	단수	복수
1인칭	λυθῶ	λυθῶμεν
2인칭	λυθῇς	λυθῇς
3인칭	λυθῇ	λυθῶσιν

6. εἰμί의 현재 가정법 변화를 해보시오.

구분	단수	복수
1인칭	ὦ	ὦμεν
2인칭	ᾖς	ἦτε
3인칭	ᾖ	ὦσι(ν)

7. 아래 도표의 동사를 분해(parsing)하시오.

변화형 동사	인칭	수	시제	태	법	현재능동태 1인칭단수	의미(뜻)
δέξησθε	2인칭	복수	단순과거	중간태	가정법	δέχω	너희가 영접한다면
σωθῶσιν	3인칭	복수	단순과거	수동태	가정법	σώζω	그(녀)들이 구원된다면
ὦμεν	1인칭	복수	현재	능동태	가정법	εἰμί	우리가 ~라면
γράψῃ	3인칭	단수	단순과거	중간태	가정법	γράφω	그(녀)가 쓴다면
γενώμεθα	1인칭	복수	단순과거	중간태	가정법	γίνομαι	우리가 ~된다면

B. 아래 문장을 우리말로 옮기시오.

1. ἕως ἂν παρέλθῃ ὁ οὐρανὸς καὶ ἡ γῆ, ἰῶτα ἓν ἢ μία κεραία οὐ μὴ παρέλθῃ ἀπὸ τοῦ νόμου, ἕως ἂν πάντα γένηται. (마 5:18)

ἕως : 종속접속사(until, as far as). '~할 때까지.' 통상 단순과거 가정법 및 불변화사 ἄν과 함께 쓰여 어떤 사건의 발생이 특정 조건이나 상황에 의존하고 있음을 표현한다. BDAG, s.v. "ἕως," 422-23, 항목 1.a.β.; Burton, § 322 참조. ἕως ἂν παρέλθῃ ὁ οὐρανὸς καὶ ἡ γῆ = '하늘과 땅이 사라지기까지'

ἄν : 불변화사. 단순과거 가정법과 함께 미래의 일을 가정한다.

παρέλθῃ : 동사 παρέρχομαι [to pass by, pass away]의 단순과거, 능동태, 가정법, 3인칭, 단수. '그(녀)가 지나간다면'

ὁ : 정관사(ὁ, ἡ, τό)의 남성, 단수, 주격. '그'

οὐρανός : 남성명사 οὐρανός [heaven]의 단수, 주격. '하늘이'

ἡ : 정관사(ὁ, ἡ, τό)의 여성, 단수, 주격. '그'

γῆ : 여성명사 γῆ [the earth, land]의 단수, 주격. '땅이'

ἰῶτα : 중성명사 ἰῶτα [iota]의 단수, 주격. '이오타(헬라어 모음 가운데 하나)가'

ἕν : 형용사 εἷς, μιᾶ, ἕν [one]의 중성, 단수, 주격. '하나의'

ἢ : 접속사(or)

μία : 형용사 εἷς, μιᾶ, ἕν [one]의 여성, 단수, 주격. '하나의.' 반복을 통해 강조되고 있다. ἰῶτα ἓν ἢ μία κεραία = '한 철자나 한 획이라도.' BDF, § 474(2) 참조.

κεραία : 여성명사 κεραία [a stroke]의 단수, 주격. '획이'

οὐ μή : 부정어(not). 여기서는 단순과거 가정법과 함께 쓰여 강한 미래 직설법과 같은 의미를 표현한다. οὐ μὴ παρέλθῃ = '결코 없어지지 않을 것이다.' Burton, § 172 참조.

ἀπό : 속격을 취하는 전치사(from).

τοῦ : 정관사(ὁ, ἡ, τό)의 남성, 단수, 속격. '그'

νόμου : 남성명사 νόμος [a law, the Law]의 단수, 속격. '율법의'

πάντα : 형용사 πᾶς, πᾶσα, πᾶν [all, every, all things]의 중성, 복수, 주격. 명사 없이 독립적으로 사용되었다. '모든 것들이.' 중성 복수로서 단수 동사를 취한다.

γένηται : 동사 γίνομαι [to become, happen]의 단순과거, 중간태, 가정법, 3인칭, 단수. 과정이나 결과로 일어나다는 뜻이다. '이루어지는.' BDAG, s.v. "γίνομαι," 197, 항목 4.a. 참조.

해석 "천지가 사라지기 전까지, 모든 것이 이루어지기 전까지, 율법의 한 철자나 한 획이라도 결코 사라지지 않을 것이다."

2. διδάσκαλε, ἀκολουθήσω σοι **ὅπου ἐὰν** ἀπέρχῃ. (마 8:19)

διδάσκαλε : 남성명사 διδάσκαλος [a teacher]의 단수, 호격. '선생님이여!'

ἀκολουθήσω : 동사 ἀκολουθέω [to follow]의 미래, 능동태, 직설법, 1인칭, 단수. '내가 따를 것이다' 여격을 목적으로 취한다.
ἀκολουθήσω σοι = '나는 당신을 따를 것이다'

σοι : 2인칭 대명사 σύ [you]의 단수, 여격. '너에게'

ὅπου : 종속접속사(where, whither)

ἐάν : 불변화사(if). 동일한 사건이 여러 번 반복될 수 있는 가능성을 표현한다. ὅπου ἐὰν ἀπέρχῃ='당신이 어디로 가시든지.' BDAG, s.v. "ἐάν," 268, 항목 3 참조.

ἀπέρχῃ : 동사 ἀπέρχομαι [to depart, go away]의 현재, 중간태, 가정법, 2
인칭, 단수. '네가 간다면'

해석 "선생님이여! 나는 당신이 어디로 가시든지 당신을 따를 것입
니다."

3. πάντες γὰρ οἱ προφῆται καὶ ὁ νόμος **ἕως** Ἰωάννου ἐπροφήτευσαν (마
11:13)

πάντες : 형용사 πᾶς, πᾶσα, πᾶν [all, every, all things]의 남성, 복수, 주
격. '모든'

γάρ : 종속접속사(for)

οἱ : 정관사(ὁ, ἡ, τό)의 남성, 복수, 주격. '그'

προφῆται : 남성명사 προφήτς [a prophet]의 복수, 주격. '선지자들이'

ὁ : 정관사(ὁ, ἡ, τό)의 남성, 단수, 주격. '그'

νόμος : 남성명사 νόμος [a law, the Law]의 단수, 주격. '율법이'

ἕως : 불변화사(until, as far as). 일정한 기간의 끝을 지시하며, 속격 명사
나 그에 상당하는 어구와 함께 '~까지'(up to)라는 뜻으로 쓰인다.
BDAG, s.v. "ἕως," 423, 항목 1.b.α. 참조. ἕως Ἰωάννου='요한까지'

Ἰωάννου : 고유명사 Ἰωάννης [John]의 남성, 단수, 속격. '요한의'

ἐπροφήτευσαν : 동사 προφητεύω [to prophecy]의 단순과거, 능동태, 직설
법, 3인칭, 복수. '그(녀)들이 예언하였다'

해석 "모든 선지자들과 율법은 요한까지 예언하였다."

4. ἠρώτα αὐτὸν ἵνα τὸ δαιμόνιον **ἐκβάλῃ** ἐκ τῆς θυγατρὸς αὐτῆς. (막 7:26)

ἠρώτα : 동사 ἐρωτάω [to ask, request]의 미완료, 능동태, 직설법, 3인칭,
단수. '그(녀)가 요청했다'

αὐτόν : 3인칭 대명사(αὐτός, αὐτή, αὐτό)의 남성, 단수, 대격. '그를'

ἵνα : 종속접속사(in order that).

τό : 정관사(ὁ, ἡ, τό)의 중성, 단수, 대격. '그'

δαιμόνιον : 중성명사 δαιμόνιον [a demon]의 단수, 대격. '악령을'

ἐκβάλῃ : 동사 ἐκβάλλω [to cast out]의 단순과거, 능동태, 가정법, 3인칭, 단수. '그(녀)가 내쫓도록'

ἐκ : 속격을 취하는 전치사(from). ἐκ τῆς θυγατρὸς αὐτῆς = '그녀의 딸로 부터'

τῆς : 정관사(ὁ, ἡ, τό)의 여성, 단수, 속격. '그'

θυγατρός : 여성명사 θυγάτηρ [a daughter]의 단수, 속격. '딸의'

αὐτῆς : 3인칭 대명사(αὐτός, αὐτή, αὐτό)의 여성, 단수, 속격. '그녀의'

해석 "그녀가 그에게 그녀의 딸로부터 그 악령을 내쫓아달라고 요청했다."

5. ὃς ἂν μὴ δέξηται τὴν βασιλείαν τοῦ θεοῦ ὡς παιδίον, οὐ μὴ εἰσέλθῃ εἰς αὐτήν. (막 10:15)

ὅς : 관계대명사(ὅς, ἥ, ὅ)의 남성, 단수, 주격. '~하는 자'

ἄν : 관계대명사 다음에 단순과거 가정법과 함께 쓰여 미래를 보다 생생하게 묘사하거나 현재의 일반적인 확신 또는 가정을 표현하는 조건문의 일부를 형성한다. ὃς ἄν = '~하는 자는 누구든지.' BDAG, s.v. "ἄν," 1.b.α. ; BDF, § 380 참조.

μή : 부정어(not)

δέξηται : 동사 δέχομαι [to receive]의 단순과거, 중간태, 가정법, 3인칭, 단수. '그(녀)가 영접하면'

τήν : 정관사(ὁ, ἡ, τό)의 여성, 단수, 대격. '그'

βασιλείαν : 여성명사 βασιλεία [a kingdom]의 단수, 대격. '왕국을, 통치를'

τοῦ : 정관사(ὁ, ἡ, τό)의 남성, 단수, 속격. '그'

θεοῦ : 남성명사 θεός [a god, God]의 단수, 속격. '하나님의'

ὡς : 종속접속사(as)

παιδίον : 중성명사 παιδίον [a child]의 단수, 주격. '어린아이가'

οὐ μή : 부정어(not). 여기서는 단순과거 가정법과 함께 쓰여 강한 미래 직설법과 같은 의미를 표현한다. οὐ μὴ εἰσέλθῃ εἰς αὐτήν = '결코 거기로 들어가지 못할 것이다.' Burton, § 172 참조.

εἰσέλθῃ : 동사 ἔρχομαι [to go, come]의 단순과거, 가정법, 3인칭, 단수. '그(녀)가 간다면'

εἰς : 대격을 취하는 전치사(into, toward). εἰς αὐτήν='그(하나님의 통치)
　　　안으로'

αὐτήν : 3인칭 대명사(αὐτός, αὐτή, αὐτό)의 여성, 단수, 대격.

해석　"누구든지 하나님의 통치를 어린아이처럼 받아들이지 않으
　　　면, 결코 그곳으로 들어가지 못할 것이다."

6. ἐγώ εἰμι ὁ ἄρτος ὁ ζῶν ὁ ἐκ τοῦ οὐρανοῦ καταβάς· ἐάν τις **φάγῃ** ἐκ
　τούτου τοῦ ἄρτου ζήσει εἰς τὸν αἰῶνα (요 6:51)

　　ἐγώ : 1인칭 대명사 ἐγώ [I]의 단수, 주격. '내가.' 강조를 위해서 사용되
　　　　　었다. ἐγώ εἰμι = '내가 바로 ~이다'

　　εἰμι : 동사 εἰμί [to be]의 현재, 능동태, 직설법, 1인칭, 단수. '내가 ~이다'

　　ὁ : 정관사(ὁ, ἡ, τό)의 남성, 단수, 주격. '그'

　　ἄρτος : 남성명사 ἄρτος [bread, a loaf]의 단수, 주격. '빵이'

　　ζῶν : 동사 ζάω [to live]의 현재, 능동태, 분사, 남성, 단수, 주격. '살아있는'

　　ἐκ : 속격을 취하는 전치사(from). ἐκ τοῦ οὐρανοῦ = '하늘로부터'

　　τοῦ : 정관사(ὁ, ἡ, τό)의 남성, 단수, 속격. '그'

　　οὐρανοῦ : 남성명사 οὐρανός [heaven]의 단수, 속격. '하늘의'

　　καταβάς : 동사 καταβαίνω [to go down]의 단순과거, 능동태, 분사, 남성,
　　　　　　　단수, 주격. '내려온'

　　ἐάν : 종속접속사(if). 가정법과 함께 쓰여 현실과 반대되거나 미래의 조
　　　　　건을 가정한다.

　　τις : 부정대명사 τις, τι [someone, something]의 남성, 단수, 주격. '누군
　　　　　가가'

　　φάγῃ : 동사 ἐσθίω [to eat]의 단순과거, 능동태, 가정법, 3인칭, 단수. '그
　　　　　(녀)가 먹는다면'

　　τούτου : 지시대명사(οὗτος, αὕτη, τοῦτο [this])의 남성, 단수, 속격. '이'

　　τοῦ : 정관사(ὁ, ἡ, τό)의 남성, 단수, 속격. '그'

　　ἄρτου : 남성명사 ἄρτος [bread, a loaf]의 단수, 속격. '빵의'

　　ζήσει : 동사 ζάω [to live]의 미래, 능동태, 직설법, 3인칭, 단수. '그(녀)가
　　　　　살 것이다'

εἰς : 대격을 취하는 전치사(into, toward). εἰς τὸν αἰῶνα = '영원히'

τόν : 정관사(ὁ, ἡ, τό)의 남성, 단수, 대격. '그'

αἰῶνα : 남성명사 αἰών [an age]의 단수, 대격. '세대를'

해석 "내가 바로 하늘에서 내려온 살아있는 빵이다. 누구든지 이 빵으로부터 먹으면 그는 영원히 살 것이다."

7. εἰς κρίμα ἐγὼ εἰς τὸν κόσμον τοῦτον ἦλθον, ἵνα οἱ μὴ βλέποντες βλέπωσιν καὶ οἱ βλέποντες τυφλοὶ γένωνται. (요 9:39)

εἰς : 대격을 취하는 전치사(into, toward). 목적을 나타낸다. εἰς κρίμα = '심판을 위해서,' 즉 '심판하기 위해서.' BDAG, s.v. "εἰς," 290, 항목 4.f. 참조.

κρίμα : 중성명사 κρίμα [judgment]의 단수, 대격. '심판을'

ἐγώ : 1인칭 대명사 ἐγώ [I]의 단수, 주격. '내가'

εἰς : 대격을 취하는 전치사(into, toward). 여기서는 움직임의 방향이나 목적지를 나타낸다. BDAG, s.v. "εἰς," 288, 항목 1.a. 참조. εἰς τὸν κόσμον τοῦτον = '이 세상에'

τόν : 정관사(ὁ, ἡ, τό)의 남성, 단수, 대격. '그'

κόσμον : 남성명사 κόσμος [the world]의 단수, 대격. '세상을'

τοῦτον : 지시대명사(οὗτος, αὕτη, τοῦτο [this])의 남성, 단수, 대격. '이'

ἦλθον : 동사 ἔρχομαι [to go, come]의 단순과거, 능동태, 직설법, 1인칭, 단수. '내가 왔다'

ἵνα : 종속접속사(in order that)

οἱ : 정관사(ὁ, ἡ, τό)의 남성, 복수, 주격.

μή : 부정어(not). 직설법 이외의 서법을 부정한다.

βλέποντες : 동사 βλέπω [to see]의 현재, 능동태, 분사, 남성, 복수, 주격. 명사 없이 독립적으로 사용되었다. οἱ μὴ βλέποντες = '보지 못하는 자들이'

βλέπωσιν : 동사 βλέπω [to see]의 현재, 능동태, 가정법, 3인칭, 복수. '그(녀)들이 보도록'

τυφλοί : 형용사 τυφλός [blind]의 남성, 복수, 주격. '보지 못하는'

γένωνται : 동사 γίνομαι [to become happen]의 단순과거, 중간태, 가정법, 3인칭, 복수. '그(녀)들이 ~이 되도록'

해석 "나는 이 세상에 심판을 위해서 왔다. 보지 못하는 자들이 보도록, 그리고 보는 자들이 보지 못하게 되도록."

8. ἐὰν **πορευθῶ** καὶ ἑτοιμάσω τόπον ὑμῖν, πάλιν ἔρχομαι καὶ παραλήμψομαι ὑμᾶς πρὸς ἐμαυτόν, ἵνα ὅπου εἰμὶ ἐγὼ καὶ ὑμεῖς **ἦτε**. (요 14:3)

ἐάν : 종속접속사(if)

πορευθῶ : 동사 πορεύομαι [to go, proceed]의 단순과거, 수동태, 가정법, 1인칭, 단수. '내가 가면'

ἑτοιμάσω : 동사 ἑτοιμάζω [to prepare]의 단순과거, 능동태, 가정법, 1인칭, 단수. '내가 준비하면'

τόπον : 남성명사 τόπος [a place]의 단수, 대격. '장소를, 처소를'

ὑμῖν : 2인칭 대명사 σύ [you]의 복수, 여격. '너희에게' 여기서는 호의(好意)의 여격(*dativus commodi*)으로 사용되었다. BDF, § 188 참조. ὑμῖν = '너희를 위하여'

πάλιν : 부사(again)

ἔρχομαι : 동사 ἔρχομαι [to go, come]의 현재, 중간태, 직설법, 1인칭, 단수. 여기서는 미래의 의미로 사용되었으며, 이어지는 미래 시제인 παραλήμψομαι는 그 보다 더 이후의 추가적인 동작을 표현한다. '내가 올 것이다.' BDF, § 323(1) 참조.

καί : 순접접속사(and, also). 여기서는 앞선 동작의 결과를 나타낸다(and so). BDF, § 442(2) 참조. ἔρχομαι καὶ παραλήμψομαι = '와서 영접할 것이다'

παραλήμψομαι : 동사 παραλαμβάνω [to receive, take]의 미래, 중간태, 직설법, 1인칭, 단수. '내가 영접할 것이다'

ὑμᾶς : 2인칭 대명사 σύ [you]의 복수, 대격. '너희를'

πρός : 속격, 여격, 대격을 모두 취하는 전치사(toward, near, by, advantageous for). 그러나 전치사 πρός는 주로 대격과 함께 쓰이며 목적, 시간, 공간, 관계 등과 관련한 다양한 상황을 표현한다.

여기서도 대격과 함께 '~에게로'라는 뜻으로 쓰였다. πρὸς
ἐμαυτόν = '나에게로'

ἐμαυτόν : 재귀대명사 ἐμαυτοῦ [of myself]의 남성, 단수, 대격.

ἵνα : 종속접속사(in order that). 가정법과 함께 쓰여 목적을 나타낸다.

ὅπου : 종속접속사(where, whither)

εἰμί : 동사 εἰμί [to be]의 현재, 능동태, 직설법, 1인칭, 단수. '나는 ~이
다/있다'

ἐγώ : 1인칭 대명사 ἐγώ [I]의 단수, 주격. '내가'

καί : 순접접속사(and, also). 여기서는 '또한'(also)이라는 뜻으로 쓰였다.
καὶ ὑμεῖς='너희도'

ὑμεῖς : 2인칭 대명사 σύ [you]의 복수, 주격. '너희가'

ἦτε : 동사 εἰμί [to be]의 현재, 능동태, 가정법, 2인칭, 복수. '너희가 ~
라면'

해석 "내가 가서 너희를 위한 장소를 준비하면, 나는 다시 와서 너
희를 나에게로 영접할 것이다. 그리하여 내가 있는 곳에 너희
도 있도록."

9. εἰ νεκροὶ οὐκ ἐγείρονται, **φάγωμεν** καὶ **πίωμεν**, αὔριον γὰρ ἀποθνῄσκομεν.
(고전 15:32)

εἰ : 종속접속사(if)

νεκροί : 형용사 νεκρός [dead]의 남성, 복수, 주격. 명사 없이 독립적으로
사용되었다. '죽은 자들이.' νεκρός에는 종종 총칭적인 의미의
관사가 생략된다. BDF, § 254(2) 참조.

οὐκ : 부정어(not)

ἐγείρονται : 동사 ἐγείρω [to raise up]의 현재, 수동태, 직설법, 3인칭,
복수. '그(녀)들이 일으킴을 받는다'

φάγωμεν : 동사 ἐσθίω [to eat]의 단순과거, 능동태, 가정법, 1인칭, 복수.
청유의 의미로 사용되었다. '우리가 먹자'

πίωμεν : 동사 πίνω [to drink]의 단순과거, 능동태, 가정법, 1인칭, 복수.
청유의 의미로 사용되었다. '우리가 마시자'

αὔριον : 부사(tomorrow)

γάρ : 종속접속사(for)

ἀποθνῄσκομεν : 동사 ἀποθνῄσκω [to die]의 현재, 능동태, 직설법, 1인칭, 복수. 미래 대신 사용된 현재 시제이다. '우리가 죽을 것이다.' BDF, § 323(1) 참조; Moule, 7 참조.

> **해석** "만일 죽은 자들이 일으킴을 받지 못하면, 우리가 먹고 마시자. 왜냐하면 우리는 내일 죽을 것이기 때문이다."

10. ὅτι αὕτη ἐστὶν ἡ ἀγγελία ἣν ἠκούσατε ἀπ' ἀρχῆς, ἵνα **ἀγαπῶμεν** ἀλλήλους (요일 3:11)

ὅτι : 종속접속사(that, because). 여기서는 이유를 나타낸다.

αὕτη : 지시대명사(οὗτος, αὕτη, τοῦτο [this])의 여성, 단수, 주격. '이것은'

ἐστίν : 동사 εἰμί [to be]의 현재, 능동태, 직설법, 3인칭, 단수. '그(녀)는 ~이다'

ἡ : 정관사(ὁ, ἡ, τό)의 여성, 단수, 주격. '그'

ἀγγελία : 여성명사 ἀγγελία [a message]의 단수, 주격. '소식이, 교훈이'

ἣν : 관계대명사(ὅς, ἥ, ὅ)의 여성, 단수, 대격. '~하는 것'

ἠκούσατε : 동사 ἀκούω [to hear]의 단순과거, 능동태, 직설법, 2인칭, 복수. '너희가 들었다'

ἀπ' : 속격을 취하는 전치사(from). ἀπ' ἀρχῆς = '처음부터'

ἀρχῆς : 여성명사 ἀρχή [a beginnig]의 단수, 속격. '처음의'

ἵνα : 종속접속사(in order that). 여기서는 동격을 나타내는 ὅτι와 거의 같은 의미로 사용되었다. Robertson, 699 참조.

ἀγαπῶμεν : 동사 ἀγαπάω [to love]의 현재, 능동태, 가정법, 1인칭, 복수. 청유의 의미로 사용되었다. '우리가 사랑하자'

ἀλλήλους : 상호대명사 ἀλλήλων [one another]의 남성, 복수, 대격. '서로를'

> **해석** "왜냐하면 이것은 너희가 처음부터 들었던 교훈, 즉 우리가 서로 사랑하자는 것이기 때문이다."

연습문제 36

A. 문법

1. εἰμί의 현재 능동태 부정사를 쓰시오.   εἶναι

2. εἰμί의 미래 부정사를 쓰시오.   ἔσεσθαι

3. 아래 도표의 단어를 분해(parsing)하시오.

변화형동사	시제	태	법	현재능동태 1인칭단수	의미(뜻)
ἀπολυθῆναι	단순과거	수동태	부정사	ἀπολύω	파괴하는 것
λαβεῖν	단순과거	능동태	부정사	λαμβάνω	취하는 것
δοξάζειν	현재	능동태	부정사	δοξάζω	영광스럽게 하는것
πιστεῦσαι	단순과거	능동태	부정사	πιστεύω	믿는 것

B. 아래 문장을 우리말로 옮기시오.

1. ἀπὸ τότε ἤρξατο ὁ Ἰησοῦς **κηρύσσειν** ··· (마 4:17)

   ἀπό : 속격을 취하는 전치사(from). ἀπὸ τότε = '그 때부터'

   τότε : 부사(then, at that time)

   ἤρξατο : 동사 ἄρχω [to rule, mid. to start]의 단순과거, 중간태, 직설법, 3인칭, 단수. '그(녀)가 시작했다'

   ὁ : 정관사(ὁ, ἡ, τό)의 남성, 단수, 주격. '그'

   Ἰησοῦς : 고유명사 Ἰησοῦς [Jesus, Joshua]의 단수, 주격. '예수가'

   κηρύσσειν : 동사 κηρύσσω [to proclaim, preach]의 현재, 능동태, 부정사. '선포하는 것.' 동사 ἤρξατο의 목적어로 사용되었다. ἤρξατο κηρύσσειν = '그가 선포하기 시작했다'

   해석 "그 때부터 예수가 선포하기 시작했다 ···"

2. ἐγένετο δὲ ἐν ταῖς ἡμέραις ταύταις ἐξελθεῖν αὐτὸν εἰς τὸ ὄρος προσεύξασθαι, καὶ ἦν διανυκτερεύων ἐν τῇ προσευχῇ τοῦ θεοῦ. (눅 6:12)

ἐγένετο : 동사 γίνομαι [to become, happen]의 단순과거, 중간태, 직설법, 3인칭, 단수. '그(녀)가 ~이 되었다.' γίνομαι 동사는 통상 become으로 번역되지만, 신약성경에서는 주격 술어 없이 쓰이는 경우가 많으므로 '일어나다'(to happen), '생겨나다'(to be born, be produced), '~이 되다'(to become something) 등 다양한 의미를 갖는다. 보다 자세하는 설명과 예문들을 위해서는 117과 "γίνομαι의 용법" 및 BDAG, s.v. "γίνομαι"를 보라. 본문에서는 서사의 진행을 표현하기 위해서 쓰였으며, 통상 속격 독립 구문(마 9:10), 부정사(막 2:15), ὅτε, ὡς(눅 2:15)나 전치사구(눅 7:11) 등 시간을 나타내는 표현이 뒤따른다. 여기서도 시간을 나타내는 전치사구(ἐν ταῖς ἡμέραις ταύταις)와 부정사(ἐξελθεῖν, προσεύξασθαι)가 이어진다. BDAG, s.v. "γίνομαι," 197, 항목 4.f.; Burton, § 360 참조.

ἐν : 여격을 취하는 전치사. '~안에'(in, within). ἐν ταῖς ἡμέραις ταύταις = '이 날들에,' 즉 '이 때에'

ταῖς : 정관사(ὁ, ἡ, τό)의 여성, 복수, 여격. '그'

ἡμέραις : 여성명사 ἡμέρα [a day]의 복수, 여격. '날들에게'

ταύταις : 지시대명사(οὗτος, αὕτη, τοῦτο [this])의 여성, 복수, 여격. '이'

ἐξελθεῖν : 동사 ἐξέρχομαι [to go out]의 단순과거, 능동태, 부정사. '나가는 것'

αὐτὸν : 3인칭 대명사(αὐτός, αὐτή, αὐτό)의 남성, 단수, 대격. 부정사의 의미상의 주어로 사용되었다. ἐξελθεῖν αὐτὸν ⋯ προσεύξασθαι = '그가 나가서 기도했다'

εἰς : 대격을 취하는 전치사(into, toward). εἰς τὸ ὄρος='산으로'

τό : 정관사(ὁ, ἡ, τό)의 중성, 단수, 대격. '그'

ὄρος : 중성명사 ὄρος [a mountain]의 단수, 대격. '산을'

προσεύξασθαι : 동사 προσεύχομαι [to pray]의 단순과거, 중간태, 부정사. '기도하는 것'

ἦν : 동사 εἰμί [to be]의 미완료, 능동태, 직설법, 3인칭, 단수. '그(녀)가
　　 ～있었다'

διανυκτερεύων : 동사 διανυκτερεύω [to spend the whole night]의 현재,
　　　　　　　　 능동태, 분사, 남성, 단수, 주격. '밤을 보내는.' 동사 ἦν
　　　　　　　　 과 함께 완곡어법을 구성하며, 지속적인 동작을 강조한
　　　　　　　　 다. BDF, § 353(1) 참조.

ἐν : 여격을 취하는 전치사. '～안에'(in, within). ἐν τῇ προσευχῇ = '기도
　　 중에,' 즉 '기도하면서'

τῇ : 정관사(ὁ, ἡ, τό)의 여성, 단수, 여격. '그'

προσευχῇ : 여성명사 προσευχή [prayer]의 단수, 여격. '기도에게'

τοῦ : 정관사(ὁ, ἡ, τό)의 단수. 속격. '그'

θεοῦ : 남성명사 θεός [a god, God]의 단수, 속격. 목적격 속격으로 쓰였
　　　 다. ἡ προσευχή τοῦ θεοῦ = '하나님을 향한 기도.' BDAG, s.v.
　　　 "προσευχή," 878, 항목 1 참조.

175

신약성경 헬라어 교본 연습문제 해제

해석 "그러나 이때에 그는 산으로 나가서 기도하였다. 그리고 하나
　　　 님께 기도하면서 온 밤을 보냈다."

3. οὐ δύναται εἰσελθεῖν εἰς τὴν βασιλείαν τοῦ θεοῦ. (요 3:5)

οὐ : 부정어(not)

δύναται : 동사 δύναμαι [to be able to, be powerful]의 현재, 중간태, 직
　　　　 설법, 3인칭, 단수. '그(녀)가 할 수 있다' 부정사를 목적어로 취
　　　　 한다. δύναται εἰσελθεῖν = '그(녀)가 들어갈 수 있다'

εἰσελθεῖν : 동사 εἰσέρχομαι [to come in, go into]의 단순과거, 능동태, 부
　　　　　 정사. '들어가는 것'

εἰς : 대격을 취하는 전치사(into, toward). εἰς τὴν βασιλείαν τοῦ θεοῦ =
　　　 '하나님의 통치 안으로'

τήν : 정관사(ὁ, ἡ, τό)의 여성, 단수, 대격. '그'

βασιλείαν : 여성명사 βασιλεία [kingdom]의 단수, 대격. '왕국을, 통치를'

τοῦ : 정관사(ὁ, ἡ, τό)의 남성, 단수, 속격. '그'

θεοῦ : 남성명사 θεός [a god, God]의 단수, 속격. '하나님의'

해석 "그는 하나님의 통치 안으로 들어갈 수 없다."

4. μετὰ τὸ γενέσθαι με ἐκεῖ δεῖ με καὶ Ῥώμην ἰδεῖν. (행 19:21)

μετά : 속격(with)과 대격(after)을 취하는 전치사. 여기서는 대격을 취하여 '~후에'라는 뜻으로 사용되었다. μετὰ τὸ γενέσθαι με ἐκεῖ = '내가 거기에 있은 후에'

τό : 정관사(ὁ, ἡ, τό)의 중성, 단수, 대격. '그'

γενέσθαι : 동사 γίνομαι [to become, happen]의 단순과거, 중간태, 부정사. 여기서는 부사 ἐκεῖ와 함께 쓰여 '~에 있다'라는 뜻으로 사용되었다. BDAG, s.v. "γίνομαι," 199, 항목 10.b. 참조. '~에 있는 것'

με : 1인칭 대명사 ἐγώ [I]의 단수, 대격. 부정사 γενέσθαι의 의미상의 주어로 사용되었다.

ἐκεῖ : 부사(there)

δεῖ : 비인칭동사 δεῖ [it is necessary]의 현재, 능동태, 직설법, 3인칭, 단수. '~가 필요하다' 부정사를 목적으로 취한다. δεῖ ἰδεῖν = '보아야 한다'

καί : 순접접속사(and, also). 여기서는 '또한'(also)이라는 뜻으로 쓰였다. καὶ Ῥώμην = '로마도'

Ῥώμην : 고유명사 Ῥώμη [Rome]의 여성, 단수, 대격. '로마를'

ἰδεῖν : 동사 ὁράω [to see]의 단순과거, 능동태, 부정사. '보는 것'

해석 "내가 거기에 있은 후에 나는 로마도 보아야 한다."

5. εἰς τὸ εἶναι αὐτὸν πρωτότοκον ἐν πολλοῖς ἀδελφοῖς (롬 8:29)

εἰς : 대격을 취하는 전치사(into, toward). 목적이나 의도를 나타낸다. Burton, § 409 참조.

τό : 정관사(ὁ, ἡ, τό)의 중성, 단수, 대격. '그'

εἶναι : 동사 εἰμί [to be]의 현재, 능동태, 부정사. '~인 것'

αὐτόν : 3인칭 대명사(αὐτός, αὐτή, αὐτό)의 남성, 단수, 대격. '그를.' 부정사 εἶναι의 의미상의 주어이다.

πρωτότοκον : 형용사 πρωτότοκος [first-born]의 남성, 단수, 대격. '맏아들인'

ἐν : 여격을 취하는 전치사. '~안에'(in, within). ἐν πολλοῖς ἀδελφοῖς = '많은 형제들 가운데'

πολλοῖς : 형용사 πολλύς [much, many]의 남성, 복수, 여격. '많은'

ἀδελφοῖς : 남성명사 ἀδελφός [a brother]의 복수, 여격. '형제들에게'

해 석 "그가 많은 형제들 가운데 맏아들이 될 수 있도록."

6. ἐμοὶ γὰρ τὸ ζῆν Χριστὸς καὶ τὸ **ἀποθανεῖν** κέρδος. (빌 1:21)

ἐμοί : 1인칭 대명사 ἐγώ [I]의 단수, 여격. '나에게'

γάρ : 종속접속사(for)

τό : 정관사(ὁ, ἡ, τό)의 중성, 단수, 주격. '그'

ζῆν : 동사 ζάω [to live]의 현재, 능동태, 부정사. '사는 것'

Χριστός : 남성명사 Χριστός [Christ]의 남성, 단수, 주격. '그리스도가'

καί : 순접접속사(and, also). 여기서는 앞선 동작의 결과를 나타낸다(and so). BDF, § 442(2) 참조. '그러므로, 따라서'

τό : 정관사(ὁ, ἡ, τό)의 중성, 단수, 주격. '그'

ἀποθανεῖν : 동사 ἀποθνήσκω [to die]의 단순과거, 능동태, 부정사. '죽는 것'

κέρδος : 중성명사 κέρδος [gain, profit]의 단수, 주격. '이익이'

해 석 "나에게는 사는 것이 그리스도이므로 죽는 것도 유익이다."

7. οὐκ ἔχετε διὰ τὸ μὴ **αἰτεῖσθαι** ὑμᾶς (약 4:2)

οὐκ : 부정어(not)

ἔχετε : 동사 ἔχω [to have, hold]의 현재, 능동태, 직설법, 2인칭, 복수. '너희가 가지고 있다'

διά : 속격과 대격을 취하는 전치사(through, on account of). 여기서는 대격을 취하여 '~때문에'라는 뜻으로 쓰였으며, 원인이나 이유를 나

타낸다. BDF, § 402(1); Burton, § 108 참조. διὰ τὸ μὴ αἰτεῖσθαι
ὑμᾶς = '너희가 구하지 않기 때문에'

τό : 정관사(ὁ, ἡ, τό)의 중성, 단수, 대격.

μή : 부정어(not).

αἰτεῖσθαι : 동사 αἰτέω [to ask]의 현재, 중간태, 부정사. '구하는 것.' 현재
　　　　　부정사로서 반복적이고 지속적인 요청을 암시한다. Burton, §
　　　　　108 참조.

ὑμᾶς : 2인칭 대명사 σύ [you]의 복수, 대격. 부정사 αἰτεῖσθαι의 의미상
　　　　의 주어이다.

해석　"너희가 구하지 않기 때문에 너희는 가지지 못한다."

연습문제 37

■ 아래 문장을 우리말로 옮기시오.

1. βίβλος γενέσεως Ἰησοῦ Χριστοῦ υἱοῦ Δαυὶδ υἱοῦ Ἀβραάμ. (마 1:1)

   βίβλος : 여성명사 βίβλος [a book]의 단수, 주격. ‘책이’ βίβλος γενέσεως
   　　　　＝ ‘계보의 책’

   γενέσεως : 여성명사 γένεσις [origin, birth, genealogy]의 단수, 속격. ‘계
   　　　　　　보의’

   Ἰησοῦ : 고유명사 Ἰησοῦς [Jesus, Joshua]의 남성, 단수, 속격. ‘예수의’

   Χριστοῦ : 남성명사 Χριστός [Christ]의 남성, 단수, 속격. ‘그리스도의’

   υἱοῦ : 남성명사 υἱός [a son]의 단수, 속격. ‘아들의, 자손의’

   Δαυὶδ : 고유명사 Δαυὶδ [David]의 단수, 속격. ‘다윗의’

   Ἀβραάμ : 고유명사 Ἀβραάμ [Abraham]의 남성, 단수, 속격. ‘아브라함의’

   > **해석**　“다윗의 자손이며 아브라함의 자손인 예수 그리스도의 계보
   > 의 책”

2. λέγω γὰρ ὑμῖν ὅτι δύναται ὁ θεὸς ἐκ τῶν λίθων τούτων ἐγεῖραι τέκνα
   τῷ Ἀβραάμ. (마 3:9)

   λέγω : 동사 λέγω [to say, speak]의 현재, 능동태, 직설법, 1인칭, 단수.
   　　　 ‘내가 말한다’

   γάρ : 종속접속사(for)

   ὑμῖν : 2인칭 대명사 σύ [you]의 복수, 여격. ‘너희에게’

   ὅτι : 종속접속사(that, because). 여기서는 동사 λέγω의 목적절을 이끈다.
   　　　λέγω … ὅτι ＝ ‘나는 …라고 말한다’

   δύναται : 동사 δύναμαι [to be able to, be powerful]의 현재, 중간태, 직
   　　　　　설법, 3인칭, 단수. ‘그(녀)가 할 수 있다’ 부정사를 목적어로 취
   　　　　　한다. δύναται… ἐγεῖραι ＝‘그(녀)가 일으킬 수 있다’

   ὁ : 정관사(ὁ, ἡ, τό)의 남성, 단수, 주격. ‘그’

θεός : 남성명사 θεός [a god, God]의 단수, 주격. '하나님이'

ἐκ : 속격을 취하는 전치사(from). 기원이나 원천을 나타낸다. Robertson, 598 참조. ἐκ τῶν λίθων τούτων = '이 돌들로부터'

τῶν : 정관사(ὁ, ἡ, τό)의 남성, 복수, 속격. '그'

λίθων : 남성명사 λίθος [a stone]의 복수, 속격. '돌들의'

τούτων : 지시대명사(οὗτος, αὕτη, τοῦτο [this])의 남성, 복수, 속격. '이'

ἐγεῖραι : 동사 ἐγείρω [to raise up]의 단순과거, 능동태, 부정사. '일으키는 것'

τέκνα : 중성명사 τέκνον [a child]의 복수, 대격. '자손들을'

τῷ : 정관사(ὁ, ἡ, τό)의 남성, 단수, 여격. '그'

Ἀβραάμ : 고유명사 Ἀβραάμ [Abraham]의 남성, 단수, 여격. '아브라함에게' 여기서는 호의(好意)의 여격(*dativus commodi*)으로 사용되었다. '아브라함을 위해서.' BDF, § 188; Wallace, 142-44 참조.

해석 "왜냐하면 나는 너희에게 하나님은 이 돌들로부터 아브라함을 위한 자손들을 일으킬 수 있다고 말하기 때문이다."

3. ἐγένετο δὲ ἐν ἑτέρῳ σαββάτῳ εἰσελθεῖν αὐτὸν εἰς τὴν συναγωγὴν καὶ διδάσκειν. (눅 6:6)

ἐγένετο : 동사 γίνομαι [to become, happen]의 단순과거, 중간태, 직설법, 3인칭, 단수. '그(녀)가 ~이 되었다.' γίνομαι 동사는 통상 become으로 번역되지만, 신약성경에서는 주격 술어 없이 쓰이는 경우가 많으므로 '일어나다'(to happen), '생겨나다'(to be born, be produced), '~이 되다'(to become something) 등 다양한 의미를 갖는다. 보다 자세하는 설명과 예문들을 위해서는 117과 "γίνομαι의 용법" 및 BDAG, s.v. "γίνομαι"를 보라. 본문에서는 서사의 진행을 표현하기 위해서 쓰였으며, 통상 속격 독립구문(마 9:10), 부정사(막 2:15), ὅτε, ὡς(눅 2:15)나 전치사구(눅 7:11) 등 시간을 나타내는 표현이 뒤따른다. 여기서도 시간을 나타내는 전치사구(ἐν ἑτέρῳ σαββάτῳ)와 부정사(εἰσελθεῖν, διδάσκειν)가 이어진다. BDAG, s.v. "γίνομαι," 197, 항목 4.f.; Burton, § 360 참조.

ἐν : 여격을 취하는 전치사. '~안에'(in, within). ἐν ἑτέρῳ σαββάτῳ = '다른 안식일에'

ἑτέρῳ : 형용사 ἕτερος [other, another, different]의 중성, 단수, 여격. '다른'

σαββάτῳ : 중성명사 σάββατον [the Sabbath]의 단수, 여격.

εἰσελθεῖν : 동사 εἰσέρχομαι [to go into, come in]의 단순과거, 능동태, 부정사. '들어가는 것'

αὐτόν : 3인칭 대명사(αὐτός, αὐτή, αὐτό)의 남성, 단수, 대격. 부정사의 의미상의 주어로 사용되었다. εἰσελθεῖν αὐτόν = '그가 들어가는 것'

εἰς : 대격을 취하는 전치사(into, toward). 유사한 의미로 사용되는 πρός와는 달리 εἰς는 '진입'(entry)이라는 개념을 포함한다. Moule, 67 참조. εἰς τὴν συναγωγήν = '회당 안으로'

τήν : 정관사(ὁ, ἡ, τό)의 여성, 단수, 대격. '그'

συναγωγήν : 여성명사 συναγωγή [a synagogue]의 단수, 대격. '회당을'

διδάσκειν : 동사 διδάσκω [to teach]의 현재, 능동태, 부정사. '가르치는 것'

해석 "그러나 다른 안식일에 그는 그 회당으로 들어가 가르쳤다."

4. ἐγένετο δὲ ἐν ταῖς ἡμέραις ταύταις ἐξελθεῖν αὐτὸν εἰς τὸ ὄρος προσεύξασθαι, καὶ ἦν διανυκτερεύων ἐν τῇ προσευχῇ τοῦ θεοῦ. (눅 6:12)

ἐγένετο : 동사 γίνομαι [to become, happen]의 단순과거, 중간태, 직설법, 3인칭, 단수. '그(녀)가 ~이 되었다.' γίνομαι 동사는 통상 become으로 번역되지만, 신약성경에서는 주격 술어 없이 쓰이는 경우가 많으므로 '일어나다'(to happen), '생겨나다'(to be born, be produced), '~이 되다'(to become something) 등 다양한 의미를 갖는다. 보다 자세하는 설명과 예문들을 위해서는 117과 "γίνομαι의 용법" 및 BDAG, s.v. "γίνομαι"를 보라. 본문에서는 서사의 진행을 표현하기 위해서 쓰였으며, 통상 속격 독립구문(마 9:10), 부정사(막 2:15), ὅτε, ὡς(눅 2:15)나 전치사

구(눅 7:11) 등 시간을 나타내는 표현이 뒤따른다. 여기서도 시간을 나타내는 전치사구(ἐν ταῖς ἡμέραις ταύταις)와 부정사 (ἐξελθεῖν, προσεύξασθαι)가 이어진다. BDAG, s.v. "γίνομαι," 197, 항목 4.f.; Burton, § 360 참조.

ἐν : 여격을 취하는 전치사. '~안에'(in, within). ἐν ταῖς ἡμέραις ταύταις = '이 날들에,' 즉 '이 때에'

ταῖς : 정관사(ὁ, ἡ, τό)의 여성, 복수, 여격. '그'

ἡμέραις : 여성명사 ἡμέρα [a day]의 복수, 여격. '날들에게'

ταύταις : 지시대명사(οὗτος, αὕτη, τοῦτο [this])의 여성, 복수, 여격. '이'

ἐξελθεῖν : 동사 ἐξέρχομαι [to go out]의 단순과거, 능동태, 부정사. '나가는 것'

αὐτόν : 3인칭 대명사(αὐτός, αὐτή, αὐτό)의 남성, 단수, 대격. 부정사의 의미상의 주어로 사용되었다. ἐξελθεῖν αὐτὸν … προσεύξασθαι = '그가 나가서 기도했다'

εἰς : 대격을 취하는 전치사(into, toward). εἰς τὸ ὄρος = '산으로'

τό : 정관사(ὁ, ἡ, τό)의 중성, 단수, 대격. '그'

ὄρος : 중성명사 ὄρος [a mountain]의 단수, 대격. '산을'

προσεύξασθαι : 동사 προσεύχομαι [to pray]의 단순과거, 중간태, 부정사. '기도하는 것'

ἦν : 동사 εἰμί [to be]의 미완료, 능동태, 직설법, 3인칭, 단수. '그(녀)가 ~있었다'

διανυκτερεύων : 동사 διανυκτερεύω [to spend the whole night]의 현재, 능동태, 분사, 남성, 단수, 주격. '밤을 보내는.' 동사 ἦν 과 함께 완곡어법을 구성하며, 지속적인 동작을 강조한다. BDF, § 353(1) 참조.

ἐν : 여격을 취하는 전치사. '~안에'(in, within). ἐν τῇ προσευχῇ = '기도 중에,' 즉 '기도하면서'

τῇ : 정관사(ὁ, ἡ, τό)의 여성, 단수, 여격. '그'

προσευχῇ : 여성명사 προσευχή [prayer]의 단수, 여격. '기도에게'

τοῦ : 정관사(ὁ, ἡ, τό)의 단수. 속격. '그'

θεοῦ : 남성명사 θεός [a god, God]의 단수, 속격. 목적격 속격으로 쓰였
다. ἡ προσευχή τοῦ θεοῦ = '하나님을 향한 기도.' BDAG, s.v.
"προσευχή," 878, 항목 1 참조.

해석 "그러나 이때에 그는 산으로 나가서 기도하였다. 그리고 하나
님께 기도하면서 온 밤을 보냈다."

5. ἐν ἀρχῇ ἦν ὁ λόγος, καὶ ὁ λόγος ἦν πρὸς **τὸν θεόν**, καὶ **θεὸς** ἦν ὁ λόγος.
(요 1:1)

ἐν : 여격을 취하는 전치사. '-안에(in),' 본문에서는 시간이나 때를 나타
낸다.

ἀρχῇ : 여성명사 ἀρχή [a beginning]의 단수, 여격. 전치사 ἐν과 함께 쓰
여 시간이나 때를 나타낸다. ἐν ἀρχῇ = '처음에/태초에'(in the
beginning)

ἦν : 동사 εἰμί [to be] 미완료, 능동태, 직설법. '그(녀)가 ~였다/있었다'

ὁ : 정관사(ὁ, ἡ, τό)의 남성, 단수, 주격. '그'

λόγος : 남성명사 λόγος [a word, the Word]의 주격, 단수. '말씀이'

καί : 순접 접속사(and).

πρός : πρός : 속격, 여격, 대격을 모두 취하는 전치사(toward, near, by,
advantageous for). 본문에서는 대격을 취하여 'with'의 뜻으로 쓰
였다.

τόν : 정관사(ὁ, ἡ, τό)의 남성, 단수, 대격. '그'

θεόν : 남성명사 θεός [a god, God]의 단수, 대격. '하나님을.' πρὸς τὸν
θεόν = '그 하나님과 함께'

θεός : 남성명사 θεός [a god, God]의 단수, 주격. '하나님이.' 본문에서는
주어가 아니라 주격 보어로 쓰였다.

해석 "태초에 말씀이 있었다. 그리고 그 말씀은 하나님과 함께 있
었다. 그리고 그 말씀은 하나님이었다."

신약성경 헬라어 교본 연습문제 해제

6. οὕτως δεῖ αὐτὸν ἀποκτανθῆναι. (계 11:5)

οὕτως : 부사(thus)

δεῖ : 비인칭동사 δεῖ [it is necessary]의 현재, 능동태, 직설법, 3인칭, 단수. '~가 필요하다' 부정사를 목적으로 취한다.

αὐτόν : 3인칭 대명사(αὐτός, αὐτή, αὐτό)의 남성, 단수, 대격. 부정사 ἀποκτανθῆναι의 의미상의 주어이다. '그가'

ἀποκτανθῆναι : 동사 ἀποκτείνω [to kill]의 단순과거, 수동태, 부정사. '죽임을 당하는 것'

해 석 "그는 반드시 그렇게 죽임을 당해야 한다."

연습문제 38

A. 문법

1. μένω의 미래 능동태와 중간태 직설법 변화를 해보시오.

- 능동태 직설법

구분	단수	복수
1인칭	μενῶ	μενοῦμεν
2인칭	μενεῖς	μενεῖτε
3인칭	μενεῖ	μενοῦσι(ν)

- 중간태 직설법

구분	단수	복수
1인칭	μενοῦμαι	μενούμεθα
2인칭	μενῇ	μενεῖσθε
3인칭	μενεῖται	μενοῦνται

2. ἀποστέλλω의 단순과거 능동태와 중간태 가정법 변화를 해보시오.

- 능동태 가정법

구분	단수	복수
1인칭	ἀπέστειλα	ἀπεστείλαμεν
2인칭	ἀπέστειλας	ἀπεστείλατε
3인칭	ἀπέστειλε(ν)	ἀπέστειλαν

- 중간태 가정법

구분	단수	복수
1인칭	ἀπεστειλάμην	ἀπεστειλάμεθα
2인칭	ἀπεστείλω	ἀπεστείλασθε
3인칭	ἀπεστείλατο	ἀπεστείλαντο

3. 아래 도표의 동사를 분해(parsing)하시오.

변화형 동사	인칭	수	시제	태	법	현재능동태 1인칭단수	의미(뜻)
ἐγερεῖ	3인칭	단수	미래	능동태	직설법	ἐγείρω	네가 일으킬 것이다
ἀποθανεῖται	3인칭	단수	미래	중간태	직설법	ἀποθνῄσκω	그(녀)가 죽을 것이다
ἔμειναν	3인칭	복수	단순과거	능동태	직설법	μένω	그(녀)들이 머물렀다
ἐφοβοῦντο	3인칭	복수	미완료	중간태	직설법	φοβέομαι	그(녀)들이 두려워하였다
ἐροῦμεν	1인칭	복수	미래	능동태	직설법	λέγω	우리가 말할 것이다

B. 아래 문장을 우리말로 옮기시오.

1. ἀπεκρίνατο λέγων πᾶσιν ὁ Ἰωάννης· ἐγὼ μὲν ὕδατι βαπτίζω ὑμᾶς
   (눅 3:16)

   ἀπεκρίνατο : 동사 ἀποκρίνω [to answer]의 단순과거, 중간태, 직설법, 3
   인칭, 단수. '그(녀)가 대답했다' 동사 ἀποκρίνω는 신약성경
   에서 거의 대부분 수동태 형태의 이태동사로 사용되지만 간
   혹 중간태로 사용되는 경우가 있다(마 27:12; 막 14:61; 눅
   23:9; 요 5:17, 19; 행 3:12 등). 이 경우 중간태는 본연의
   의미를 살려 주어가 '자신을 위해서' 답변한다는 함의를 지
   닌다. 즉 여기에서 중간태인 ἀπεκρίνατο는 단순히 '대답했
   다'라는 의미라기보다 '(자기의 입장을 변호하면서) 답변했
   다'라는 뜻이다. Wallace, 421 참조.

   λέγων : 동사 λέγω [to say, speak]의 현재, 능동태, 분사, 남성, 단수, 주격.
   '말하는.' 여기서는 주동사인 ἀπεκρίνατο와 구별되는 어떤 동작이
   아니라 동시에 이루어지는 동일한 동작을 표현한다. ἀπεκρίνατο
   λέγων = '대답하여 말했다,' 즉 '대답했다.' Burton, § 122 참조.

   πᾶσιν : 형용사 πᾶς, πᾶσα, πᾶν [all, every, all things]의 남성, 복수, 여격.
   명사 없이 독립적으로 사용되었다. '모든 자들에게'

   ὁ : 정관사(ὁ, ἡ, τό)의 남성, 단수, 주격. '그'

Ἰωάννης : 고유명사 Ἰωάννης [John]의 남성, 단수, 주격. '요한이'

ἐγώ : 1인칭 대명사 ἐγώ [I]의 단수, 주격. '나는, 내가'

μέν : 불변화사(on the one hand)

ὕδατι : 중성명사 ὕδωρ [water]의 단수, 여격. 수단의 여격으로 쓰였다.
      '물로.' BDF, § 193, 195(1.d); Wallace, 155 참조.

βαπτίζω : 동사 βαπτίζω [to baptize]의 현재, 능동태, 직설법, 1인칭, 단
      수. '내가 세례를 베푼다'

ὑμᾶς : 2인칭 대명사 σύ [you]의 복수, 대격. '너희를'

해석   "요한이 모든 자들에게 대답했다. 나는 너희에게 물로 세례를
베풀고 있다."

2. ἐκ τοῦ στόματός σου **κρινῶ** σε, πονηρὲ δοῦλε. (눅 19:22)

ἐκ : 속격을 취하는 전치사(from). 여기서는 어떤 가정의 근거나 이유를
      표현한다. BDAG, s.v. "ἐκ," 297, 항목 3.i. 참조. ἐκ τοῦ στόματός σου
      = '너의 입에 근거하여'

τοῦ : 정관사(ὁ, ἡ, τό)의 중성, 단수, 속격. '그'

στόματος : 중성명사 στόμα [a mouth]의 단수, 속격. '입의'

σου : 2인칭 대명사 σύ [you]의 단수, 속격. '너의'

κρινῶ : 동사 κρίνω [to judge, decide]의 미래, 능동태, 직설법, 1인칭, 단
      수. '내가 판단할 것이다'

σε : 2인칭 대명사 σύ [you]의 단수, 대격. '너를'

πονηρέ : 형용사 πονηρός [evil]의 남성, 단수, 호격. '악한'

δοῦλε : 남성명사 δοῦλος [a slave]의 남성, 단수, 호격. '종아!'

해석   "나는 너의 입에 근거하여 너를 판단할 것이다. 악한 종아!"

3. **ἦραν** οὖν λίθους ἵνα βάλωσιν ἐπ' αὐτόν. (요 8:59)

ἦραν : 동사 αἴρω [to take up, take away]의 단순과거, 능동태, 직설법, 3
      인칭, 복수. '그(녀)들이 들었다'

οὖν : 대등접속사(then, accordingly)

λίθους : 남성명사 λίθος [a stone]의 복수, 대격. '돌들을'

ἵνα : 종속접속사(in order that)

βάλωσιν : 동사 βάλλω [to cry out]의 단순과거, 능동태, 가정법, 3인칭, 복수. '그(녀)들이 던지도록'

ἐπ' : 속격(on, over, at that time)과 여격(on the basis of, at)과 대격(on, to, against)을 모두 취하는 전치사. 여기서는 대격을 취하여 '~에게 /~에 대항하여'라는 뜻으로 쓰였다.

αὐτόν : 3인칭 대명사(αὐτός, αὐτή, αὐτό)의 남성, 단수, 대격. '그를'

해석 "이에 그들이 그에게 던지려고 돌들을 들었다."

4. ἐὰν τὰς ἐντολάς μου τηρήσητε, μενεῖτε ἐν τῇ ἀγάπῃ μου, καθὼς ἐγὼ τὰς
ἐντολὰς τοῦ πατρός μου τετήρηκα καὶ μένω αὐτοῦ ἐν τῇ ἀγάπῃ. (요 15:10)

ἐάν : 종속접속사(if)

τάς : 정관사(ὁ, ἡ, τό)의 여성, 복수, 대격. '그'

ἐντολάς : 여성명사 ἐντολή [a commendment]의 복수, 대격. '계명들을'

μου : 1인칭 대명사 ἐγώ [I]의 단수, 속격. '나의'

τηρήσητε : 동사 τηρέω [to keep]의 단순과거, 능동태, 가정법, 2인칭, 복수. '너희가 지킨다면'

μενεῖτε : 동사 μένω [to remain, abide]의 미래, 능동태, 직설법, 2인칭, 복수. '너희가 거하게 될 것이다'

ἐν : 여격을 취하는 전치사. '~안에'(in, within). ἐν τῇ ἀγάπῃ μου = '나의 사랑 안에'

τῇ : 정관사(ὁ, ἡ, τό)의 여성, 단수, 여격. '그'

ἀγάπῃ : 여성명사 ἀγάπη [love]의 단수, 여격. '사랑에게'

μου : 1인칭 대명사 ἐγώ [I]의 단수, 속격, '나의'

καθώς : 종속접속사(as, just as, even as)

ἐγώ : 1인칭 대명사 ἐγώ [I]의 단수, 주격. '내가'

τοῦ : 정관사(ὁ, ἡ, τό)의 단수, 속격. '그'

πατρός : 남성명사 πατήρ [father]의 단수, 속격. '아버지의'

τετήρηκα : 동사 τηρέω [to keep]의 현재완료, 능동태, 직설법, 1인칭, 단수.
　　　　'내가 지켰다'

μένω : 동사 μένω [to remain, abide]의 현재, 능동태, 직설법, 1인칭, 단수.
　　　　'내가 거하고 있다'

αὐτοῦ : 3인칭 대명사(αὐτός, αὐτή, αὐτό)의 남성, 단수, 속격. '그의'

해석　"만일 너희가 나의 계명들을 지키면 너희는 나의 사랑 안에
　　　　거할 것이다. 마치 내가 나의 아버지의 계명들을 지켰고 그의
　　　　계명 안에 거하고 있듯이."

연습문제 39

■ 아래 문장을 우리말로 옮기시오.

1. εἰ υἱὸς εἶ τοῦ θεοῦ, βάλε **σεαυτὸν** κάτω· (마 4:6)

   εἰ : 종속접속사(if)

   υἱός : 남성명사 υἱός [a son]의 단수, 주격. '아들이'

   εἶ : 동사 εἰμί [to be]의 현재, 능동태, 직설법, 2인칭, 단수. '너는 ~이다'

   τοῦ : 정관사(ὁ, ἡ, τό)의 남성, 단수, 속격. '그'

   θεοῦ : 남성명사 θεός [a god, God]의 단수, 속격. '하나님의'

   βάλε : 동사 βάλλω [to throw, cast]의 단순과거, 명령법, 2인칭, 단수. '너
   는 던지라'

   σεαυτόν : 재귀대명사 σεαυτοῦ [of you]의 남성, 단수, 대격. '너 자신을'

   κάτω : 부사(down, below)

   > **해석**　"네가 만일 하나님의 아들이라면, 너 자신을 아래로 던져라!"

2. ἔλεγεν γὰρ ἐν ἑαυτῇ· ἐὰν μόνον ἅψωμαι τοῦ ἱματίου αὐτοῦ σωθήσομαι.
   (마 9:21)

   ἔλεγεν : 동사 λέγω [to say, speak]의 미완료, 능동태, 직설법, 3인칭, 단수.
   '그(녀)가 말했다'

   γάρ : 종속접속사(for)

   ἐν : 여격을 취하는 전치사(in). ἐν ἑαυτῇ = '자기 안에서,' 즉 '속으로'

   ἑαυτῇ : 재귀대명사 ἑαυτοῦ [of himself, of herself, of itself]의 여성, 단수,
   여격. '자기에게'

   ἐάν : 종속접속사(if). 가정법과 함께 아직 실현되지 않은 미래의 조건을
   표현하지만, 이어지는 미래 직설법과 더불어 보다 개연성이 높은
   미래 상황을 상정한다. Burton, § 250 참조.

   μόνον : 부사(only, alone)

ἅψωμαι : 동사 ἅπτω [to touch]의 단순과거, 중간태, 가정법, 1인칭, 단수.
  '내가 만진다면.' 속격을 목적어로 취한다. ἐὰν μόνον ἅψωμαι
  τοῦ ἱματίου αὐτοῦ = '내가 그의 옷을 만지기만 한다면'
τοῦ : 정관사(ὁ, ἡ, τό)의 중성, 단수, 속격. '그'
ἱματίου : 중성명사 ἱμάτιον [a garment]의 단수, 속격. '옷의'
αὐτοῦ : 3인칭 대명사(αὐτός, αὐτή, αὐτό)의 남성, 단수, 속격. '그의'
σωθήσομαι : 동사 σῴζω [to save]의 미래, 수동태, 직설법, 1인칭, 단수.
  '내가 구원을 받을 것이다'

해석 "그녀는 속으로 말했다. '내가 그의 옷을 만지기만 한다면 나
는 구원을 받을 것이다.'"

3. Ἐὰν ἐγὼ μαρτυρῶ περὶ ἐμαυτοῦ, ἡ μαρτυρία μου οὐκ ἔστιν ἀληθής· (요
  5:31)
  ἐάν : 종속접속사(if). 'εἰ + 직설법' 구문은 직설법의 시제에 관계없이 대체
    적으로 과거나 현재의 사실을 전제하므로 '~라면'이라고 번역하기
    보다 '~이므로' 정도로 이해할 수 있다. 이에 반해 'ἐάν + 가정법'은
    대체로 미래의 조건을 전제하므로 '~라면'이라고 번역하는 것이 자
    연스럽다. BDF, § 372 참조.
  ἐγώ : 1인칭 대명사 ἐγώ [I]의
  μαρτυρῶ : 동사 μαρτυρέω [to testify, bear witness]의 현재, 능동태, 가정
    법/직설법, 1인칭, 단수. '내가 증언한다면/증언한다.' 여기서는
    가정법과 함께 사용되는 ἐάν이 나타나지만, 현재의 사실을 전
    제한다는 뜻에서 직설법이라고 볼 수도 있다. BDF, § 372(2);
    Robertson, 1010 참조.
  περί : 속격과 대격을 취하는 전치사. 여기서는 속격과 함께 쓰여 '~에
    대하여'(concerning, about)라는 뜻으로 쓰였다. περὶ ἐμαυτοῦ =
    '나 자신에 대하여'
  ἐμαυτοῦ : 재귀대명사 ἐμαυτοῦ [of myself]의 남성, 단수, 속격. '나 자신의'
  ἡ : 정관사(ὁ, ἡ, τό)의 여성, 단수, 주격. '그'

μαρτυρία : 여성명사 μαρτυρία [a testimony, evidence]의 단수, 주격. '증
　　　　　언이'

μου : 1인칭 대명사 ἐγώ [I]의 단수, 속격. '나의'

οὐκ : 부정어(not)

ἔστιν : 동사 εἰμί [to be]의 현재, 능동태, 직설법, 3인칭, 단수. '그(녀)는
　　　　~이다'

ἀληθής : 형용사 ἀληθής [true]의 여성, 단수, 주격. '참된'

해석 "내가 나에 대해서 증언한다면 나의 증언은 참되지 않다."

4. ἀλλὰ ἔγνωκα ὑμᾶς ὅτι τὴν ἀγάπην τοῦ θεοῦ οὐκ ἔχετε ἐν ἑαυτοῖς. (요 5:42)

ἀλλά : 대등접속사(but, except)

ἔγνωκα : 동사 γινώσκω [to know]의 현재완료, 능동태, 직설법, 1인칭,
　　　　　단수. '내가 알았다'

ὑμᾶς : 2인칭 대명사 σύ [you]의 복수, 대격. '너희를.' 종속절의 동사인
　　　　ἔχετε의 주어로서 ἔγνωκα ὑμᾶς ὅτι…는 '내가 너희를 알았다 …를'
　　　　이라는 뜻이 아니라, '나는 너희가 …라는 것을 알았다'라는 뜻이
　　　　다. BDAG, s.v. "ὅτι," 732, 항목 1.f. 참조.

ὅτι : 종속접속사(that, because).

τήν : 정관사(ὁ, ἡ, τό)의 여성, 단수, 대격. '그'

ἀγάπην : 여성명사 ἀγάπη [love]의 단수, 대격. '사랑을'

τοῦ : 정관사(ὁ, ἡ, τό)의 남성, 단수, 속격. '그'

θεοῦ : 남성명사 θεός [a god, God]의 단수, 속격. '하나님의'

οὐκ : 부정어(not)

ἔχετε : 동사 ἔχω [to have, hold]의 현재, 능동태, 직설법, 2인칭, 복수. '너
　　　　희가 가지고 있다'

ἐν : 여격을 취하는 전치사(in). ἐν ἑαυτοῖς = '그들 안에'

ἑαυτοῖς : 재귀대명사 ἑαυτοῦ [of himself, of herself, of itself]의 남성, 복
　　　　　수, 여격. '그 자신들에게'

해석 "나는 너희가 너희 속에 하나님의 사랑을 가지고 있지 않다는
　　　　것을 알았다."

5. τεκνία, φυλάξατε ἑαυτὰ ἀπὸ τῶν εἰδώλων. (요일 5:21)

   τεκνία : 중성명사 τέκνον [a child]의 복수, 호격. '자녀들아!'

   φυλάξατε : 동사 φυλάσσω [to guard, keep]의 단순과거, 능동태, 명령법,
             2인칭, 복수. '너희는 보호하라'

   ἑαυτά : 재귀대명사 ἑαυτοῦ [of himself, of herself, of itself]의 중성, 복수,
           대격. '자신들을'

   ἀπό : 속격을 취하는 전치사(from). ἀπὸ τῶν εἰδώλων = '우상들로부터'

   τῶν : 정관사(ὁ, ἡ, τό)의 중성, 복수, 속격. '그'

   εἰδώλων : 중성명사 εἴδωλον [an image, idol]의 복수, 속격. '우상들의'

   해석   "자녀들아! 너희 자신을 우상들로부터 보호하라!"

연습문제 40

■ 아래 문장을 우리말로 옮기시오.

1. γύναι, μεγάλη σου ἡ πίστις· (마 15:28)

   γύναι : 여성명사 γυνή [a woman]의 단수, 호격. '여자여!'

   μεγάλη : 형용사 μέγας, μεγάλη, μέγα [large, great]의 여성, 단수, 주격. '큰'

   σου : 2인칭 대명사 σύ [you]의 단수, 속격. '너의'

   ἡ : 정관사(ὁ, ἡ, τό)의 여성, 단수, 주격. '그'

   πίστις : 여성명사 πίστις [faith]의 단수, 주격. '믿음이'

   > **해석** "여자여! 너의 믿음이 크다."

2. καὶ διὰ τὸ πληθυνθῆναι τὴν ἀνομίαν ψυγήσεται ἡ ἀγάπη τῶν πολλῶν.
   (마 24:12)

   διά : 속격과 대격을 취하는 전치사(through, on account of). 여기서는 대
      격을 취하여 '~때문에'라는 뜻으로 쓰였으며, 원인이나 이유를 나
      타낸다. BDF, § 402(1); Burton, § 108 참조. διὰ τὸ πληθυνθῆναι
      τὴν ἀνομίαν = '불법이 많아져서'

   τό : 정관사(ὁ, ἡ, τό)의 중성, 단수, 대격.

   πληθυνθῆναι : 동사 πληθύνω [to multiply]의 단순과거, 수동태, 부정사.
                  '많아지는 것'

   τήν : 정관사(ὁ, ἡ, τό)의 여성, 단수, 대격. '그'

   ἀνομίαν : 여성명사 ἀνομία [lawlessness]의 단수, 대격. '불법을.' 부정사
              πληθυνθῆναι의 의미상의 주어로 사용되었다.

   ψυγήσεται : 동사 ψύχομαι [to go out, be extinguished]의 미래, 수동태,
                직설법, 3인칭, 단수. '그(녀)가 소멸될 것이다'

   ἡ : 정관사(ὁ, ἡ, τό)의 여성, 단수, 주격. '그'

   ἀγάπη : 여성명사 ἀγάπη [love]의 단수, 주격. '사랑이'

   τῶν : 정관사(ὁ, ἡ, τό)의 남성, 복수, 속격. '그'

πολλῶν : 형용사 πολύς, πολλή, πολύ [many, much]의 남성, 복수, 속격. 명사 없이 독립적으로 사용되었다. '많은 자들의'

해석 "그리고 불법이 많아져서 많은 자들의 사랑이 소멸될 것이다."

3. ὅτι ἐποίησέν μοι **μεγάλα** ὁ δυνατός. καὶ ἅγιον τὸ ὄνομα αὐτοῦ (눅 1:49)

ὅτι : 종속접속사(that, because). 여기서는 이유를 나타낸다.

ἐποίησεν : 동사 ποιέω [to do]의 단순과거, 능동태, 직설법, 3인칭, 단수. '그(녀)가 행하였다'

μοι : 1인칭 대명사 ἐγώ [I]의 단수, 여격. '나에게'

μεγάλα : 형용사 μέγας, μεγάλη, μέγα [large, great]의 중성, 복수, 대격. 명사 없이 독립적으로 사용되었다. '큰일들을'

ὁ : 정관사(ὁ, ἡ, τό)의 남성, 단수, 주격. '그'

δυνατός : 형용사 δυνατός [able, be powerful]의 남성, 단수, 주격. 명사 없이 독립적으로 사용되었다. ὁ δυνατός = '능하신 이가'

ἅγιον : 형용사 ἅγιος [holy]의 중성, 단수, 주격. '거룩한'

τό : 정관사(ὁ, ἡ, τό)의 중성, 단수, 주격. '그'

ὄνομα : 중성명사 ὄνομα [love]의 단수, 주격. '이름이'

αὐτοῦ : 3인칭 대명사(αὐτός, αὐτή, αὐτό)의 남성, 단수, 속격. '그의'

해석 "왜냐하면 능하신 이가 나에게 큰일들을 행하셨기 때문이다. 그리고 그의 이름은 거룩하다."

4. καρπὸν **πολὺν** φέρητε καὶ γένησθε ἐμοὶ μαθηταί. (요 15:8)

καρπόν : 남성명사 καρπός [fruit]의 단수, 대격. '열매를'

πολύν : 형용사 πολύς, πολλή, πολύ [many, much]의 남성, 단수, 대격. '많은'

φέρητε : 동사 φέρω [to bear, bring]의 현재, 능동태, 가정법, 2인칭, 복수. '너희가 맺으면.' 이어지는 또 하나의 가정법인 γένησθε와 함께 둘 다 미래의 조건을 나타낸다. BDF, § 333(2) 참조.

καί : 순접접속사(and, also). 여기서는 앞선 동작의 결과를 나타낸다 (and so). BDF, § 442(2) 참조.

γένησθε : 동사 γίνομαι [to become, happen]의 단순과거, 중간태, 가정법, 2인칭, 복수. '너희가 ~이 된다면.' 본문 비평적으로 논란이 많은 단어이다. ℵ, A, K, Γ, Δ, Ψ, f^{13}, 33, 700, 892, 1241, 1424 𝔐 등의 사본들은 미래형인 γενήσεσθε('너희가 ~이 될 것이다') 를 지지하고, $\mathfrak{P}^{66vid}$, B, D, L, Θ, 565 등의 사본들은 가정법 형태인 본문의 γένησθε('너희가 ~가 된다면')을 지지한다. 목적절을 이끄는 ἵνα 다음에 미래 직설법이 드물게 나타나긴 하지만 (BDF, § 369[2, 3] 참조), 지지하는 사본의 다양성을 고려할 때 앞 문장과 별개의 구절로 볼 수 있는 γενήσεσθε보다는 ἵνα 및 φέρητε와 연계되어 있을 것으로 보이는 γένησθε가 더 개연성이 크다. B. M. Metzger, *A Textual Commentary on the Greek New Testament* (Stuttgart: Deutsche Bibelgesellschaft, 1994), 209 참조. 한글 개역개정의 번역('내 제자가 되리라')은 아마도 γενήσεσθε에 기초한 것으로 보인다.

ἐμοί : 1인칭 대명사 ἐγώ [I]의 단수, 여격. '나에게.' 1인칭 대명사 ἐγώ [I] 의 단수, 여격. '나에게' 동사 γένησθε에 반영된 주어의 관심사를 반영하는 관심의 여격(dative of interest)로서 여기서는 호의(好意) 의 여격(*dativus commodi*)으로 사용되었다고 볼 수 있다. ἐμοί = '나를 위한'(for me). BDF, § 188; Wallace, 142-44 참조.

μαθηταί : 남성명사 μαθητής [a disciple]의 복수, 주격. '제자들이'

해석 "너희가 열매를 많이 맺고 나의 제자가 된다면."

5. αἰνεῖτε τῷ θεῷ ἡμῶν πάντες οἱ δοῦλοι αὐτοῦ καὶ οἱ φοβούμενοι αὐτόν, οἱ μικροὶ καὶ οἱ μεγάλοι. (계 19:5)

αἰνεῖτε : 동사 αἰνέω [to praise]의 현재, 능동태, 명령법, 2인칭, 복수. '너희는 찬양하라'

τῷ : 정관사(ὁ, ἡ, τό)의 남성, 단수, 여격. '그'

θεῷ : 남성명사 θεός [a god, God]의 단수, 여격. '하나님께'

ἡμῶν : 1인칭 대명사 ἐγώ [I]의 복수, 속격. '우리의'

πάντες : 형용사 πᾶς, πᾶσα, πᾶν [all, every, all things]의 남성, 복수, 주격.
　　　'모든'

οἱ : 정관사(ὁ, ἡ, τό)의 남성, 복수, 주격. '그'

δοῦλοι : 남성명사 δοῦλος [a slave]의 복수, 주격. '종들이'

αὐτοῦ : 3인칭 대명사(αὐτός, αὐτή, αὐτό)의 남성, 단수, 속격. '그의'

φοβούμενοι : 동사 φοβέω [to fear]의 현재, 중간태, 분사, 남성, 복수, 주
　　　격. 명사 없이 독립적으로 사용되었다. οἱ φοβούμενοι αὐτόν
　　　= '그를 경외하는 자들'

αὐτόν : 3인칭 대명사(αὐτός, αὐτή, αὐτό)의 남성, 단수, 대격. '그를'

μικροί : 형용사 μικρός [small, little]의 남성, 복수, 주격. 명사 없이 독립
　　　적으로 사용되었다. οἱ μικροί = '작은 자들'

μεγάλοι : 형용사 μέγας, μεγάλη, μέγα [large, great]의 남성, 복수, 주격.
　　　명사 없이 독립적으로 사용되었다. οἱ μεγάλοι = '큰 자들'

해석 "그의 종들, 그를 경외하는 자들, 작은 자들, 큰 자들은 모두
　　　우리 하나님께 찬양하라!"

연습문제 41

■ 아래 문장을 우리말로 옮기시오.

1. καὶ τότε σκανδαλισθήσονται πολλοὶ καὶ **ἀλλήλους** παραδώσουσιν καὶ
   μισήσουσιν **ἀλλήλους·** (마 24:10)

   τότε : 부사(then, at that time)

   σκανδαλισθήσονται : 동사 σκανδαλίζω [to cause to stumble]의 미래, 수
   동태, 직설법, 3인칭, 복수. '그(녀)들이 걸려 넘어질
   것이다'

   πολλοί : 형용사 πολύς, πολλή, πολύ [many, much]의 남성, 복수, 주격.
   명사 없이 독립적으로 사용되었다. πολλοί='많은 자들이'

   ἀλλήλους : 상호대명사 ἀλλήλων [of one another]의 남성, 복수, 대격. '서
   로를'

   παραδώσουσιν : 동사 παραδίδωμι [to hand over, betray]의 미래, 능동태,
   직설법, 3인칭, 복수. '그(녀)들이 넘겨줄 것이다'

   μισήσουσιν : 동사 μισέω [to hate]의 미래, 능동태, 직설법, 3인칭, 복수.
   '그(녀)들이 미워할 것이다'

   > **해석** "그 때에는 많은 자들이 걸려 넘어지고 서로를 넘겨주고 서로
   > 를 미워할 것이다."

2. ἔλεγον πρὸς **ἀλλήλους·** (막 4:41)

   ἔλεγον : 동사 λέγω [to say, speak]의 미완료, 능동태, 직설법, 3인칭, 복
   수. '그(녀)들이 말했다'

   πρός : 속격, 여격, 대격을 모두 취하는 전치사(toward, near, by,
   advantageous for). 그러나 전치사 πρός는 주로 대격과 함께
   쓰이며 목적, 시간, 공간, 관계 등과 관련한 다양한 상황을
   표현한다. 여기서도 대격과 함께 쓰여 상호적인 방향을 표
   현한다. πρὸς ἀλλήλους = '서로를 향하여,' 즉 '서로서로'

ἀλλήλους : 상호대명사 ἀλλήλων [of one another]의 남성, 복수, 대격. '서
    로를'

해 석 "그들은 서로서로 말했다."

3. ἐγένοντο δὲ φίλοι ὅ τε Ἡρῴδης καὶ ὁ Πιλᾶτος ἐν αὐτῇ τῇ ἡμέρᾳ μετ'
    ἀλλήλων (눅 23:12)

ἐγένοντο : 동사 γίνομαι [to become, happen]의 단순과거, 중간태, 직설
    법, 3인칭, 복수. '그(녀)들이 ~가 되었다'

φίλοι : 형용사 φίλος [loving, a friend]의 남성, 복수, 주격. 명사 없이 독립
    적으로 사용되었다. ἐγένοντο δὲ φίλοι = '그들은 친구가 되었다'

ὅ : 정관사(ὁ, ἡ, τό)의 남성, 단수, 주격. '그.' 중성 관계대명사가 아니라
    전접어인 τε로 인해 악센트가 추가되었다.

τε : 불변화사(and, so). 연결사로 사용될 경우 긴밀한 연관성과 관련성을
    나타낸다. BDF, § 443(3); BDAG, s.v. "τε," 993, 항목 2.c.α. 참조.
    여기서 사용된 τε … καί는 단순히 '그리고'라고 번역할 수 있지만 여
    기에 담긴 어감은 예수를 재판하는 과정에서 보여준 헤롯과 빌라도
    의 야합을 잘 보여준다.

Ἡρῴδης : 고유명사 Ἡρῴδης [Herod]의 남성, 단수, 주격. '헤롯이'

Πιλᾶτος : 고유명사 Πιλᾶτος [Pilate]의 남성, 단수, 주격. '빌라도가'

ἐν : 여격을 취하는 전치사(in). 여기서는 시간을 나타낸다.

αὐτῇ : 3인칭 대명사(αὐτός, αὐτή, αὐτό)의 여성, 단수, 여격. 여기서는 '동
    일한'(the same)이라는 뜻으로 사용되었다. BDAG, s.v. "αὐτός,"
    153, 항목 3.b. 참조. ἐν αὐτῇ τῇ ἡμέρᾳ = '바로 그 동일한 날에,'
    즉 '당일에'

τῇ : 정관사(ὁ, ἡ, τό)의 여성, 단수, 여격. '그'

ἡμέρᾳ : 여성명사 ἡμέρα [a day]의 단수, 여격.

μετ' : 속격과 대격을 취하는 전치사(with, after). 여기서는 속격을 취하여
    '~와 더불어'라는 뜻으로 사용되었다. μετ' ἀλλήλων = '서로'

ἀλλήλων : 상호대명사 ἀλλήλων [of one another]의 남성, 복수, 속격. '서
    로의'

해 석 "그러나 그 날에 헤롯과 빌라도는 서로 친구가 되었다."

4. ἔβλεπον εἰς ἀλλήλους οἱ μαθηταί ⋯ (요 13:22)

ἔβλεπον : 동사 βλέπω [to see]의 미완료, 능동태, 직설법, 3인칭, 복수. '그
　　　　(녀)들이 보았다'

εἰς : 대격을 취하는 전치사(into, toward). εἰς ἀλλήλους= '서로를 향하여'

ἀλλήλους : 상호대명사 ἀλλήλων [of one another]의 남성, 복수, 대격. '서
　　　　로를'

οἱ : 정관사(ὁ, ἡ, τό)의 남성, 복수, 주격. '그'

μαθηταί : 남성명사 μαθητής [a disciple]의 복수, 주격. '제자들이'

해 석 "제자들은 서로를 쳐다보았다 ⋯"

5. ἐν τούτῳ γνώσονται πάντες ὅτι ἐμοὶ μαθηταί ἐστε, ἐὰν ἀγάπην ἔχητε ἐν
ἀλλήλοις. (요 13:35)

ἐν : 여격을 취하는 전치사. '~안에'(in, within). 여기서는 이유나 근거를
　　　나타낸다. BDAG, s.v. "ἐν," 329, 항목 9 참조. ἐν τούτῳ = '이로써,
　　　이 때문에'

τούτῳ : 지시대명사(οὗτος, αὕτη, τοῦτο [this])의 단수, 여격. '이것에게'

γνώσονται : 동사 γινώσκω [to know]의 미래, 중간태, 직설법, 3인칭, 복
　　　수. '그(녀)들이 알 것이다'

πάντες : 형용사 πᾶς, πᾶσα, πᾶν [all, every, all things]의 남성, 복수, 주격.
　　　'모든 자들이'

ὅτι : 종속접속사(that, because). 여기서는 동사 γνώσονται의 목적절을 이
　　　끈다(that)

ἐμοί : 1인칭 대명사 ἐγώ [I]의 단수, 여격. '나에게' 동사 ἐστε에 반영된
　　　주어의 관심사를 반영하는 관심의 여격(dative of interest)로서 여
　　　기서는 호의(好意)의 여격(dativus commodi)으로 사용되었다. ἐμοί =
　　　'나를 위한'(for me). BDF, § 188; Wallace, 142-44 참조.

μαθηταί : 남성명사 μαθητής [a disciple]의 복수, 주격. '제자들이.' 동사
　　　ἐστε의 보어로 사용되었다.

ἐστε : 동사 εἰμί [to be]의 현재, 능동태, 직설법, 2인칭, 복수. '너희는 ~
이다'

ἐάν : 가정법과 함께 쓰이는 종속접속사(if)

ἀγάπην : 여성명사 ἀγάπη [love]의 단수, 대격. '사랑을'

ἔχητε : 동사 ἔχω [to have, hold]의 현재, 능동태, 가정법, 2인칭, 복수.
'너희가 가진다면'

ἐν : 여격을 취하는 전치사. '~안에'(in, within).

ἀλλήλοις : 상호대명사 ἀλλήλων [of one another]의 남성, 복수, 여격. 다
양한 전치사와 결합하여 '서로서로'라는 뜻으로 쓰인다.
BDAG, s.v. "ἀλλήλων," 46 참조. ἐν ἀλλήλοις = '서로서로'

해석 "너희가 서로서로 사랑하면, 이로써 모든 사람들이 너희가 나
를 위한 제자들임을 알 것이다."

연습문제 42

A. 문법

1. εἷς, μία, ἕν의 변화를 해보시오.

격	남성	여성	중성
1(주격)	εἷς	μία	ἕν
4(대격)	ἕνα	μίαν	ἕν
2(속격)	ἑνός	μιᾶς	ἑνός
3(여격)	ἑνί	μιᾷ	ἑνί

2. δύο의 여격을 쓰시오.   δυσί(ν)

3. τρεῖς의 중성 여격을 쓰시오.   τρισί(ν)

4. τέσσαρες의 속격을 쓰시오.   τεσσάρων

5. 다음 단어의 뜻을 쓰시오.

Δεκάπολις	데가볼리(열 개의 도시)	κεντυρίων	백부장
χιλίαρχος	천부장	πεντηκοστή	오순절

B. 아래 문장을 우리말로 옮기시오.

1. οὐδεὶς δύναται **δυσὶ** κυρίοις δουλεύειν· (마 6:24)

οὐδείς : 부정대명사(οὐδείς, οὐδεμία, οὐδέν=no one, nothing, no)의 남성, 단수, 주격. '누구도 ~아닌'

δύναται : 동사 δύναμαι [to be able, be powerful]의 현재, 중간태, 직설법, 3인칭, 단수. '그(녀)가 ~할 수 있다.' 부정사를 목적어로 취한다. δύναται … δουλεύειν = '그(녀)는 섬길 수 있다'

δυσί : 형용사 δύο [two]의 여격, 복수. '둘의'

κυρίοις : 남성명사 κυρίοις [a lord, Lord]의 복수, 여격. '주인들에게.' 부정
사 δουλεύειν의 목적어로 사용되었다. δυσὶ κυρίοις δουλεύειν =
'두 주인을 섬기는 것'

δουλεύειν : 동사 δουλεύω [to be]의 현재, 능동태, 부정사. '섬기는 것.'
여격을 취한다.

해 석 "누구도 두 주인을 섬길 수 없다."

2. εἰ θέλεις, ποιήσω ὧδε τρεῖς σκηνάς, σοὶ μίαν καὶ Μωϋσεῖ μίαν καὶ
Ἠλίᾳ μίαν. (마 17:4)

εἰ : 종속접속사(if)

θέλεις : 동사 θέλω [to wish]의 현재, 능동태, 직설법, 2인칭, 단수. '네가
원하고 있다.' εἰ와 함께 쓰여 실제적인 사실을 묘사한다. '(내가
보기에) 당신이 원하시니.' BDF, 372(1, a) 참조.

ποιήσω : 동사 ποιέω [to do, make]의 미래, 능동태, 직설법, 1인칭, 단수.
'내가 만들 것이다'

ὧδε : 부사(here)

τρεῖς : 형용사 τρεῖς, τρία [three]의 여성, 복수, 대격. '세 개의'

σκηνάς : 여성명사 σκήνη [a tent]의 복수, 대격. '장막들을'

σοί : 2인칭 대명사 σύ [you]의 단수, 여격. '당신에게.' 호의(好意)의 여격
(*dativus commodi*)으로 사용되었다 σοί = '당신을 위한'(for you).
BDF, § 188; Wallace, 142-44 참조.

μίαν : 형용사 εἷς, μιᾶ, ἕν [one]의 여성, 단수, 대격. '하나를'

Μωϋσεῖ : 고유명사 Μωϋσῆς [Moses]의 남성, 단수, 여격. '모세에게.' σοί
와 마찬가지로 호의의 여격이다.

Ἠλίᾳ : 고유명사 Ἠλίας [Elijah]의 남성, 단수, 여격. '엘리야에게.' 호의
의 여격이다.

해 석 "당신이 원하시니 내가 여기에 초막 셋을 짓겠습니다. 하나는 당
신을 위하여, 하나는 모세를 위하여, 하나는 엘리야를 위하여."

3. ἑνὸς δέ ἐστιν χρεία· (눅 10:42)

ἑνός : 형용사 εἷς, μιᾶ, ἕν [one]의 중성, 단수, 속격. '하나의.' 명사 없이 독립적으로 사용되어 '한 가지 일의'이라는 뜻으로 쓰였다.

δέ : 역접접속사(but). 여기서는 대조를 위해서 '오히려'(rather)라는 뜻으로 쓰였다. BDAG, s.v. "δέ," 213, 항목 4.c. 참조.

ἐστιν : 동사 εἰμί [to be]의 현재, 능동태, 직설법, 3인칭, 단수. '그(녀)가 ~이다/있다'

χρεία : 여성명사 χρεία [need]의 단수, 주격. '필요가.' χρεία ἐστι τινος 처럼 속격을 취하여 '~가 필요하다'라는 뜻으로 쓰인다. 즉 ἑνὸς ... χρεία에서 ἑνός는 중성이고 χρεία는 여성일 뿐 아니라 χρεία 는 속격을 취하므로, 이는 '하나의 필요'(필요의 개수가 하나라는 뜻)가 아니라 '한 가지 일이 필요하다'는 뜻이다. BDAG, s.v. "χρεία," 1088, 항목 1 참조.

해석 "오히려 한 가지 일이 필요하다."

4. Ἐλθὼν οὖν ὁ Ἰησοῦς εὗρεν αὐτὸν τέσσαρας ἤδη ἡμέρας ἔχοντα ἐν τῷ μνημείῳ. (요 11:17)

ἐλθών : 동사 ἔρχομαι [to go, come]의 단순과거, 능동태, 분사, 남성, 단수, 주격. '온'

οὖν : 대등접속사(then, accordingly)

ὁ : 정관사(ὁ, ἡ, τό)의 남성, 단수, 주격. '그'

Ἰησοῦς : 고유명사 Ἰησοῦς [Jesus, Joshua]의 남성, 단수, 주격. '예수가'

εὗρεν : 동사 εὑρίσκω [to find]의 단순과거, 능동태, 직설법, 3인칭, 단수. '그(녀)가 발견했다'

αὐτόν : 3인칭 대명사(αὐτός, αὐτή, αὐτό)의 남성, 단수, 대격. '그를'

τέσσαρας : 형용사 τέσσαρες, τέσσαρα [four]의 여성, 복수, 대격. '넷의'

ἤδη : 부사(already)

ἡμέρας : 여성명사 ἡμέρα [a day]의 복수, 대격. '날들을'

ἔχοντα : 동사 ἔχω [to have, hold]의 현재, 능동태, 분사, 남성, 단수, 대격. 여기서는 어떤 상태나 조건 하에 존재하다(to be in some state or condition)는 뜻으로 쓰였다. '있는.' BDAG, s.v. "ἔχω," 422, 항목, 10.a. 참조.

ἐν : 여격을 취하는 전치사(in). 여기서는 장소를 나타낸다. ἐν τῷ μνημείῳ = '무덤에'

τῷ : 정관사(ὁ, ἡ, τό)의 중성, 단수, 여격. '그'

μνημείῳ : 중성명사 μνημεῖον [a tomb, monument]의 단수, 여격. '무덤에게'

해 석 "이에 와서 예수는 그가 이미 무덤에서 4일이나 있었다는 것을 발견했다."

5. νυνὶ δὲ μένει πίστις, ἐλπίς, ἀγάπη, τὰ **τρία** ταῦτα· μείζων δὲ τούτων ἡ ἀγάπη. (고전 13:13)

νυνί : 부사(now). δέ와 함께 시간적인 의미는 거의 없이 일반적인 상황에 주목하게 하는 표지로 사용되었다. BDAG, s.v. "νυνί," 682, 항목 2.a. 참조. νυνὶ δέ = '사실은, 그런데 실제는'

μένει : 동사 μένω [to remain, abide, last]의 현재, 능동태, 직설법, 3인칭, 단수. 여기서는 '지속되다'라는 뜻으로 쓰였다. BDAG, s.v. "μένω," 631, 항목 2.b. 참조. '그(녀)가 지속된다'

πίστις : 여성명사 πίστις [faith]의 단수, 주격. '믿음이'

ἐλπίς : 여성명사 ἐλπίς [hope]의 단수, 주격. '소망이'

ἀγάπη : 여성명사 ἀγάπη [love]의 단수, 주격. '사랑이'

τά : 정관사(ὁ, ἡ, τό)의 중성, 복수, 대격. '그'

τρία : 형용사 τρεῖς, τρία [three]의 중성, 복수, 대격. '셋이.' 명사 없이 독립적으로 사용되었다. '세 가지가'

ταῦτα : 지시대명사(οὗτος, αὕτη, τοῦτο [this])의 중성, 복수, 주격. '이'

μείζων : 형용사 μέγας, μεγάλη, μέγα [large, great]의 여성, 단수, 주격. 형태상으로는 비교급이지만 최상급의 의미로 사용되었다. '가장 큰.' BDF, § 244 참조.

τούτων : 지시대명사(οὗτος, αὕτη, τοῦτο [this])의 중성, 복수, 속격. 비교의 속격으로 쓰였다. '이것들보다.' BDF, § 185 참조.

ἡ : 정관사(ὁ, ἡ, τό)의 여성, 단수, 주격. '그'

해 석 "사실은 믿음, 소망, 사랑, 이 세 가지가 지속된다. 그러나 이
것들 가운데 사랑이 가장 크다."

6. εἷς κύριος, μία πίστις, ἓν βάπτισμα, εἷς θεὸς καὶ πατὴρ πάντων
(엡 4:5-6)
εἷς : 형용사 εἷς, μιᾶ, ἕν [one]의 남성, 단수, 주격. '하나인'
κύριος : 남성명사 κύριος [a lord, Lord]의 단수, 주격. '주님이'
μία : 형용사 εἷς, μιᾶ, ἕν [one]의 여성, 단수, 주격. '하나인'
πίστις : 여성명사 πίστις [faith]의 단수, 주격. '믿음이'
ἕν : 형용사 εἷς, μιᾶ, ἕν [one]의 중성, 단수, 주격. '하나인'
βάπτισμα : 중성명사 βάπτισμα [baptism]의 단수, 주격. '세례가'
θεός : 남성명사 θεός [a god, God]의 단수, 주격. '하나님이'
πατήρ : 남성명사 πατήρ [a father]의 단수, 주격. '아버지가'
πάντων : 형용사 πᾶς, πᾶσα, πᾶν [all, every, all things]의 남성, 복수, 속
격. 명사 없이 독립적으로 사용되었다. '모든 자들의'

해 석 "주님도 한 분, 믿음도 하나, 세례도 하나, 모든 이들의 아버
지인 하나님도 한 분."

연습문제 43

■ 아래 문장을 우리말로 옮기시오.

1. λάμπει πᾶσιν τοῖς ἐν τῇ οἰκίᾳ. (마 5:15)

    λάμπει : 동사 λάμπω [to shine]의 현재, 능동태, 직설법, 3인칭, 단수. '그
    (녀)가 비친다'

    πᾶσιν : 형용사 πᾶς, πᾶσα, πᾶν [all, every, all things]의 남성, 복수, 여격.
    '모든 자들에게'

    τοῖς : 정관사(ὁ, ἡ, τό)의 남성, 복수, 여격. 여기서는 이어지는 전치사구
    와 함께 쓰여 일종의 명사 역할을 한다(those who). τοῖς ἐν τῇ
    οἰκίᾳ. = '그 집 안에 있는 자들에게.' BDF, § 266(3) 참조.

    ἐν : 여격을 취하는 전치사(in). ἐν τῇ οἰκίᾳ = '그 집 안에 있는'

    τῇ : 정관사(ὁ, ἡ, τό)의 여성, 단수, 여격. '그'

    οἰκίᾳ : 여성명사 οἰκία [a house]의 단수, 여격. '집에게'

    > **해 석** "그것은 그 집 안에 있는 모든 자를 비춘다."

2. ἤκουσεν αὐτοῦ περὶ τῆς εἰς Χριστὸν Ἰησοῦν πίστεως. (행 24:24)

    ἤκουσεν : 동사 ἀκούω [to hear]의 단순과거, 능동태, 직설법, 3인칭, 단
    수. '그(녀)가 들었다'

    αὐτοῦ : 3인칭 대명사(αὐτός, αὐτή, αὐτό)의 남성, 단수, 속격. 동사
    ἤκουσεν의 목적어로 사용되었다. ἤκουσεν αὐτοῦ = '그(녀)는 그
    를 들었다,' 즉 '그의 말을 들었다'

    περί : 속격과 대격을 취하는 전치사. 속격과 함께 쓰일 경우 어떤 활동이
    나 내적인 마음의 과정이 지칭하거나 관계하는 대상을 표현하며
    (about, concerning), 대격과 함께 쓰일 경우에는 주로 장소나 위치
    를 나타낸다(about, around). 여기서는 속격과 함께 '~에 관하여'라
    는 뜻으로 사용되었다. περὶ τῆς εἰς Χριστὸν Ἰησοῦν πίστεως =
    '그리스도 예수에 대한 믿음에 관해.' BDAG, s.v. "περί," 797-98 참조

τῆς : 정관사(ὁ, ἡ, τό)의 여성, 단수, 속격. '그'

εἰς : 대격을 취하는 전치사(into, toward). εἰς Χριστὸν Ἰησοῦν = '그리스도 예수에 대한.' 이어지는 명사 πίστεως를 수식하는 전치사구이다.

Χριστόν : 남성명사 Χριστός [Messiah, Christ]의 단수, 대격. '그리스도를'

Ἰησοῦν : 고유명사 Ἰησοῦς [Jesus, Joshua]의 단수, 대격. '예수를'

πίστεως : 여성명사 πίστις [faith]의 단수, 속격. '믿음의'

해석 "그는 그리스도 예수에 대한 믿음에 관하여 그에게 들었다."

---

3. ἀνακεφαλαιώσασθαι τὰ πάντα ἐν τῷ Χριστῷ, τὰ ἐπὶ τοῖς οὐρανοῖς καὶ τὰ ἐπὶ τῆς γῆς ἐν αὐτῷ. (엡 1:10)

ἀνακεφαλαιώσασθαι : 동사 ἀνακεφαλαιόω [to sum up, recapitulate]의 단순과거, 중간태, 부정사. 문학적이거나 수사학적인 총괄 요약을 표현하는 말이다(롬 13:9 참조). '요약되는 것, 반복되는 것.' BDAG, s.v. "ἀνακεφαλαιόω," 65, 항목 1 참조.

τά : 정관사(ὁ, ἡ, τό)의 중성, 복수, 주격. '그'

πάντα : 형용사 πᾶς, πᾶσα, πᾶν [all, every, all things]의 중성, 복수, 주격. '모든 것이'

ἐν : 여격을 취하는 전치사(in). ἐν τῷ Χριστῷ='그리스도 안에서.' 부정사를 수식하는 부사적 역할의 전치사구이다.

τῷ : 정관사(ὁ, ἡ, τό)의 남성, 단수, 여격. '그'

Χριστῷ : 남성명사 Χριστός [Messiah, Christ]의 단수, 여격. '그리스도에게'

τά : 정관사(ὁ, ἡ, τό)의 정관사(ὁ, ἡ, τό)의 중성, 복수, 대격. 여기서는 이어지는 전치사구와 함께 쓰여 일종의 명사 역할을 한다(things of, that of). BDF, § 266(3) 참조.

ἐπί : 속격(on, over, at that time)과 여격(on the basis of, at)과 대격(on, to, against)을 모두 취하는 전치사. 여기서는 여격과 함께 사용되어 '~에'라는 장소적인 의미로 쓰였다. ἐπὶ τοῖς οὐρανοῖς = '하늘들에 있는.' BDAG, s.v. "ἐπί," 366 이하 참조.

τοῖς : 정관사(ὁ, ἡ, τό)의 남성, 복수, 여격. '그'

신약성경 헬라어 교본 연습문제 해제

οὐρανοῖς : 남성명사 οὐρανός [heaven]의 복수, 여격. '하늘들에게'

ἐπί : 속격(on, over, at that time)과 여격(on the basis of, at)과 대격(on, to, against)을 모두 취하는 전치사. 여기서는 속격과 함께 사용되어 '~위에'라는 장소적인 의미로 쓰였다. ἐπὶ τῆς γῆς = '땅 위에 있는.' 그러나 같은 구절 안에서 ἐπί가 서로 다른 격을 취하는 것은 의미상의 차이보다는 단순한 문체적 다양성을 위한 것으로 보인다. Moule, 49 참조.

τῆς : 정관사(ὁ, ἡ, τό)의 여성, 단수, 속격. '그'

γῆς : 여성명사 γῆ [the earth, land]의 단수, 속격. '땅의'

αὐτῷ : 3인칭 대명사(αὐτός, αὐτή, αὐτό)의 남성, 단수, 여격. '그에게'

해석 "모든 것들이 그리스도 안에서 요약되도록, 곧 하늘들에 있는 것들과 땅 위에 있는 것들이 그 안에서."

연습문제 44

■ 아래 문장을 우리말로 옮기시오.

1. Ἰάκωβος ὁ τοῦ Ζεβεδαίου καὶ Ἰωάννης ὁ ἀδελφὸς αὐτοῦ (마 10:2)

   Ἰάκωβος : 고유명사 Ἰάκωβος [James]의 남성, 단수, 주격. '야고보가'

   ὁ : 정관사(ὁ, ἡ, τό)의 남성, 단수, 주격. '그'

   τοῦ : 정관사(ὁ, ἡ, τό)의 남성, 단수, 속격. '그'

   Ζεβεδαίου : 고유명사 Ζεβεδαῖος [Zebedee]의 남성, 단수, 속격. 기원이나 관계를 나타내는 속격이다. ὁ τοῦ Ζεβεδαίου = '세베대의 아들.' BDF, § 162 참조.

   Ἰωάννης : 고유명사 Ἰωάννης [John]의 남성, 단수, 주격. '요한이'

   ἀδελφός : 남성명사 ἀδελφός [a brother]의 단수, 주격. '형제가'

   αὐτοῦ : 3인칭 대명사(αὐτός, αὐτή, αὐτό)의 남성, 단수, 속격. '그의'

   해석 "세베대의 아들 야고보와 그의 형제 요한."

2. τὰ περὶ Ἰησοῦ τοῦ Ναζαρηνοῦ (눅 24:19)

   τά : 정관사(ὁ, ἡ, τό)의 정관사(ὁ, ἡ, τό)의 중성, 복수, 대격. 여기서는 이어지는 전치사구와 함께 쓰여 일종의 명사 역할을 한다(things of, that of). BDF, § 266(3) 참조.

   περί : 속격과 대격을 취하는 전치사. 속격과 함께 쓰일 경우 어떤 활동이나 내적인 마음의 과정이 지칭하거나 관계하는 대상을 표현하며(about, concerning), 대격과 함께 쓰일 경우에는 주로 장소나 위치를 나타낸다(about, around). 여기서는 속격과 함께 '~에 관하여'라는 뜻으로 사용되었다. περὶ Ἰησοῦ τοῦ Ναζαρηνοῦ = '나사렛 사람 예수에 관해.' BDAG, s.v. "περί," 797-98 참조.

   Ἰησοῦ : 고유명사 Ἰησοῦς [Jesus, Joshua]의 남성, 단수, 속격. '예수의'

   τοῦ : 정관사(ὁ, ἡ, τό)의 남성, 단수, 속격. '그'

Ναζαρηνοῦ : 남성명사 Ναζαρηνός [a Nazarene]의 단수, 속격. '나사렛
　　　　　사람의.' 기원이나 소속을 나타내는 속격이다.

해석　"나사렛 사람 예수에 관한 것들."

3. οὕτως ἔσται ὁ υἱὸς τοῦ ἀνθρώπου ἐν τῇ καρδίᾳ τῆς γῆς **τρεῖς ἡμέρας
καὶ τρεῖς νύκτας.** (마 12:40)

οὕτως : 부사(thus)

ἔσται : 동사 εἰμί [to be]의 미래, 중간태, 직설법, 3인칭, 단수. '그(녀)가
　　　　~일 것이다/있을 것이다'

ὁ : 정관사(ὁ, ἡ, τό)의 남성, 단수, 주격. '그'

υἱός : 남성명사 υἱός [a son]의 단수, 주격. '아들이'

τοῦ : 정관사(ὁ, ἡ, τό)의 중성, 단수, 속격. '그'

ἀνθρώπου : 남성명사 ἄνθρωπος [a man]의 단수, 속격. '사람의.' ὁ υἱὸς
　　　　　τοῦ ἀνθρώπου='사람의 아들, 즉 인자(人子)'

ἐν : 여격을 취하는 전치사(in). ἐν τῇ καρδίᾳ τῆς γῆς = '땅의 심장에,'
　　즉 '땅 속에'

τῇ : 정관사(ὁ, ἡ, τό)의 여성, 단수, 여격. '그'

καρδίᾳ : 여성명사 καρδία [the heart]의 단수, 여격. '심장에게'

τῆς : 정관사(ὁ, ἡ, τό)의 여성, 단수, 속격. '그'

γῆς : 여성명사 γῆ [the earth, land]의 단수, 속격. '땅의'

τρεῖς : 형용사 τρεῖς, τρία [three]의 여성, 복수, 대격. 시간의 대격으로서
　　　　일정하게 지속되는 시간을 나타낸다. BDF, § 161(2) 참조. τρεῖς
　　　　ἡμέρας καὶ τρεῖς νύκτας = '삼일 밤낮 동안'

ἡμέρας : 여성명사 ἡμέρα [a day]의 복수, 대격. '날들을'

νύκτας : 여성명사 νύξ [night]의 복수, 대격. '밤들을'

해석　"이렇게 인자는 삼일 밤낮 동안 땅 속에 있을 것이다."

4. οὐ μετὰ τῶν ὀθονίων κείμενον ἀλλὰ χωρὶς ἐντετυλιγμένον εἰς **ἕνα**
τόπον. (요 20:7)

οὐ : 부정어(not)

μετά : 속격과 대격을 취하는 전치사(with, after). 여기서는 속격을 취하
여 '~와 더불어, ~함께'라는 뜻으로 쓰였다.

τῶν : 정관사(ὁ, ἡ, τό)의 중성, 복수, 속격. '그'

ὀθονίων : 중성명사 ὀθόνιον [a piece of fine linen]의 복수, 속격. '세마포
들의'

κείμενον : 동사 κεῖμαι [to lie, be laid]의 현재, 수동태, 분사, 중성, 단수,
대격. '놓인'

ἀλλά : 대등접속사(but, except)

χωρίς : 부사(separately, apart, without). 신약성경에서는 주로 속격을 취
하는 전치사로 '~없이'(without)라는 뜻으로 쓰이지만, 여기서
는 순수하게 부사로 사용되어 '따로'(apart)라는 뜻이다. Moule,
87; Robertson, 648 참조.

ἐντετυλιγμένον : 동사 ἐντυλίσσω [to wrap up, fold up]의 현재완료, 수
동태, 분사, 중성, 단수, 대격. '싸여있는'

εἰς : 대격을 취하는 전치사(into). 여기서는 ἐν 대신 '~에'(in)라는 뜻으로
사용되었다. BDF, § 205 참조. εἰς ἕνα τόπον = '한 곳에'

ἕνα : 형용사 εἷς, μιᾶ, ἕν [one]의 남성, 단수, 대격. '하나를'

τόπον : 남성명사 τόπος [a place]의 단수, 대격. '장소를'

해석 "세마포들과 함께 놓여 있지 않고 오히려 따로 한 곳에 싸여
있는."

5. αὐτὸς ὑμᾶς βαπτίσει ἐν **πνεύματι** ἁγίῳ καὶ πυρί. (마 3:11)

αὐτός : 3인칭 대명사(αὐτός, αὐτή, αὐτό)의 남성, 단수, 주격. '그가.' 강조
의 의미로 쓰였다.

ὑμᾶς : 2인칭 대명사 σύ [you]의 복수, 대격. '너희를'

βαπτίσει : 동사 βαπτίζω [to baptize]의 미래, 능동태, 직설법, 3인칭, 단
수. '그(녀)가 세례를 베풀 것이다'

ἐν : 여격을 취하는 전치사. '~안에'(in, within). 여기서는 수단이나 방법
을 표현한다.

πνεύματι : 중성명사 πνεῦμα [a spirit, Spirit]의 단수, 여격. '영에게'

ἁγίῳ : 형용사 ἅγιος [holy]의 중성, 단수, 여격. '거룩한'

πυρί : 중성명사 πῦρ [fire]의 중성, 단수, 여격. '불에게.' ἐν πνεύματι
ἁγίῳ καὶ πυρί = '성령과 불로'

해석 "그는 성령과 불로 너희에게 세례를 베풀 것이다."

6. μακάριοι οἱ πτωχοὶ **τῷ πνεύματι** (마 5:3)

μακάριοι : 형용사 μακάριος [blessed, happy]의 남성, 복수, 주격. '복된'

οἱ : 정관사(ὁ, ἡ, τό)의 남성, 복수, 주격. '그'

πτωχοί : 형용사 πτωχός [poor]의 남성, 복수, 주격. 명사 없이 독립적으
로 사용되었다. οἱ πτωχοί = '가난한 자들.'

τῷ : 정관사(ὁ, ἡ, τό)의 중성, 단수, 여격. '그'

πνεύματι : 중성 명사 πνεῦμα [a sprit, the Spirit]의 단수, 여격. 관심의 여
격으로서 다른 영역이 아닌 '심령에서'라는 뜻이다. τῷ
πνεύματι = '심령이' BDF, § 197 참조.

해석 "심령이 가난한 자들은 복되다."

7. οἱ μαθηταί σου ποιοῦσιν ὃ οὐκ ἔξεστιν ποιεῖν ἐν **σαββάτῳ**. (마 12:2)

οἱ : 정관사(ὁ, ἡ, τό)의 남성, 복수, 주격. '그'

μαθηταί : 남성명사 μαθητής [a disciple]의 복수, 주격. '제자들이.'

σου : 2인칭 대명사 σύ [you]의 단수, 속격. '너의'

ποιοῦσιν : 동사 ποιέω [to do]의 현재, 능동태, 직설법, 3인칭, 복수. '그
(녀)들이 하고 있다'

ὅ : 관계대명사(ὅς, ἥ, ὅ)의 중성, 단수, 대격. '~하는 것'

οὐκ : 부정어(not)

ἔξεστιν : 비인칭동사 ἔξεστι [it is lawful]의 현재, 능동태, 직설법, 3인칭,
단수. 부정사를 목적으로 취한다. '~하는 것이 합법적이다'
ἔξεστιν ποιεῖν='~할 수 있다, 해도 된다.'

ποιεῖν : 동사 ποιέω [to do]의 현재, 능동태, 부정사. '하는 것'

ἐν : 여격을 취하는 전치사(in). 시간을 나타낸다. ἐν σαββάτῳ='안식일에'

σαββάτῳ : 중성명사 σάββατον [the Sabbat]의 단수, 여격. '안식일에게'

해석 "당신의 제자들이 안식일에 하지 말아야 할 일을 하고 있다."

연습문제 45

■ 아래 문장을 우리말로 옮기시오.

1. μέλλει γὰρ Ἡρῴδης ζητεῖν τὸ παιδίον τοῦ ἀπολέσαι αὐτό. (마 2:13)

   μέλλει : 동사 μέλλω [to be about to]의 현재, 능동태, 직설법, 3인칭, 단
   수. '그(녀)가 ~하고자 한다.' 부정사를 목적으로 취한다. μέλλει
   … ζητεῖν = '그가 찾으려 한다.' …

   γάρ : 종속접속사(for)

   Ἡρῴδης : 고유명사 Ἡρῴδης [Herod]의 남성, 단수, 주격. '헤롯이'

   ζητεῖν : 동사 ζητέω [to seek]의 현재, 능동태, 부정사. '찾는 것'

   τό : 정관사(ὁ, ἡ, τό)의 중성, 단수, 대격. '그'

   παιδίον : 중성명사 παιδίον [a child]의 단수, 대격. '아이들'

   τοῦ : 정관사(ὁ, ἡ, τό)의 중성, 단수, 속격. 목적을 나타낸다. Moule, 128;
   Burton, § 397 참조.

   ἀπολέσαι : 동사 ἀπολύω [to destroy]의 단순과거, 능동태, 부정사. '죽이
   는 것'

   αὐτό : 3인칭 대명사(αὐτός, αὐτή, αὐτό)의 중성, 단수, 대격. '그것을'

   > **해석** "왜냐하면 헤롯이 그 아이를 찾아 죽이려 하기 때문이다."

2. ἐξερχόμενοι ἔξω τῆς οἰκίας ἢ τῆς πόλεως ἐκείνης ἐκτινάξατε τὸν
   κονιορτὸν τῶν ποδῶν ὑμῶν. (마 10:14)

   ἐξερχόμενοι : 동사 ἐξέρχομμαι [to go out, come out]의 현재, 중간태, 분
   사, 남성, 복수, 주격. '나가는'

   ἔξω : 부사(without, outside). 여기서는 '밖으로'라는 뜻으로 쓰였으며 속
   격을 취한다. ἔξω τῆς οἰκίας = '그 집 밖으로'

   τῆς : 정관사(ὁ, ἡ, τό)의 여성, 단수, 속격. '그'

   οἰκίας : 여성명사 οἰκία [a house]의 단수, 속격. '집의'

   ἤ : 대등접속사(or)

πόλεως : 여성명사 πόλις [a city]의 단수, 속격. '도시의/마을의'

ἐκείνης : 지시대명사(ἐκεῖνος, ἐκείνη, ἐκεῖνο)의 여성, 단수, 속격. '그'

ἐκτινάξατε : 동사 ἐκτινάσσω [to shake off, shake out]의 단순과거, 능동
　　　　　태, 명령법, 2인칭, 복수. '너희가 털어버려라'

τόν : 정관사(ὁ, ἡ, τό)의 남성, 단수, 대격. '그'

κονιορτόν : 남성명사 κονιορτός [dust]의 단수, 대격. '먼지를'

τῶν : 정관사(ὁ, ἡ, τό)의 남성, 복수, 속격. '그'

ποδῶν : 남성명사 πούς [a foot]의 복수, 속격. '발들의'

ὑμῶν : 2인칭 대명사 σύ [you]의 복수, 속격. '너희의'

해석 "그 집이나 그 마을로부터 나와 너희 발의 먼지를 털어버려라."

3. ἦν δὲ καὶ ὁ Ἰωάννης βαπτίζων ἐν Αἰνὼν ἐγγὺς τοῦ Σαλείμ (요 3:23)

ἦν : 동사 εἰμί [to be]의 미완료, 능동태, 직설법, 3인칭, 단수. '그(녀)가
　　　있었다'

καί : 순접접속사(kai, also). 여겨서는 '또한'(also)이라는 뜻으로 쓰였다.
　　　καὶ ὁ Ἰωάννης = '요한도'

ὁ : 정관사(ὁ, ἡ, τό)의 남성, 단수, 주격. '그'

Ἰωάννης : 고유명사 Ἰωάννης [John]의 남성, 단수, 주격. '요한이'

βαπτίζων : 동사 βαπτίζω [to baptize]의 현재, 능동태, 분사, 남성, 단수,
　　　　　주격. '세례를 베푸는.' 동사 ἦν과 함께 완곡어법을 구성하며,
　　　　　지속적이고 반복적인 동작을 강조한다. BDF, § 353(1); Moule,
　　　　　18 참조. ἦν ⋯ βαπτίζων = '그가 세례를 베풀고 있었다'

ἐν : 여격을 취하는 전치사(in). 장소를 나타낸다. ἐν Αἰνών='에논에서'

Αἰνών : 고유명사 Αἰνών [Aenon]의 여성, 단수, 대격. '에논을'

ἐγγύς : 부사(near). 종종 속격이나 여격을 전치사로 사용되며 시공간적인
　　　　근접성을 표현한다. 여기서는 속격을 취하여 장소를 나타낸다.
　　　　BDAG, s.v. "ἐγγύς," 271, 항목 1.b. 참조. ἐγγὺς τοῦ Σαλείμ =
　　　　'살렘에서 가까운'

τοῦ : 정관사(ὁ, ἡ, τό)의 중성, 단수, 속격. '그'

Σαλείμ : 고유명사 Σαλείμ [Salim]의

해 석 "그러나 요한도 살렘과 가까운 에논에서 세례를 베풀고 있었다."

4. καὶ μείζονα τούτων δείξει αὐτῷ ἔργα, ἵνα ὑμεῖς θαυμάζητε. (요 5:20)

μείζονα : 형용사 μέγας, μεγάλη, μέγα [large, great]의 중성, 복수, 대격, 비교급. '더 큰'

τούτων : 지시대명사(οὗτος, αὕτη, τοῦτο [this])의 중성, 단수, 속격. '이 것들의.' 비교의 속격으로 사용되었다. μείζονα τούτων … ἔργα = '이것들보다 더 큰 일들을'

δείξει : 동사 δείκνυμι [to show]의 미래, 능동태, 직설법, 3인칭, 단수. '그 (녀)가 보일 것이다'

αὐτῷ : 3인칭 대명사(αὐτός, αὐτή, αὐτό)의 남성, 단수, 여격. '그에게'

ἔργα : 중성명사 ἔργον [work, deed]의 복수, 대격. '일들을'

ἵνα : 종속접속사(in order that). 목적을 표현한다.

ὑμεῖς : 2인칭 대명사 σύ [you]의 복수, 주격. '너희가'

θαυμάζητε : 동사 θαυμάζω [to marvel, wonder at]의 현재, 능동태, 가정 법, 2인칭, 복수. '너희가 놀라도록'

해 석 "그리고 그는 너희가 놀라도록 그에게 이것들보다 더 큰 일들을 보일 것이다."

5. ἡμέρας μέσης κατὰ τὴν ὁδὸν εἶδον (행 26:13)

ἡμέρας : 여성명사 ἡμέρα [a day]의 단수, 속격. '날의.' 시간의 속격이며, 특히 어느 한 시점(a point of time)을 지시한다. ἡμέρας μέσης = '하루의 중간에,' 즉 '정오에.' BDF, § 186(2) 참조.

μέσης : 형용사 μέσος [middle]의 여성, 단수, 속격. '가운데의'

κατά : 속격(down from, against)과 대격(according to, along, during)을 취하는 전치사. 여기서는 대격과 함께 일정한 공간적 측면을 표현 하기 위해서 사용되었다. κατὰ τὴν ὁδὸν = '길을 따라,' 즉 '길을 가다가.' BDAG, s.v. "κατά," 511, 항목 B.1.a. 참조.

τήν : 정관사(ὁ, ἡ, τό)의 여성, 단수, 대격. '그'

ὁδόν : 여성명사 ὁδός [a way, road]의 단수, 대격. '길을'

εἶδον : 동사 ὁράω [to see]의 단순과거, 능동태, 직설법, 1인칭, 단수. '내가 보았다'

해석   "나는 정오에 길을 가다가 ~을 보았다."

연습문제 46

■ 아래 문장을 우리말로 옮기시오.

1. τίς ἐστιν οὗτος; (마 21:10)

τίς : 의문대명사 τίς, τί [who, which, what]의 남성, 단수, 주격. '누가?'

ἐστιν : 동사 εἰμί [to be]의 현재, 능동태, 직설법, 3인칭, 단수. '그(녀)가 ~이다'

οὗτος : 지시대명사(οὗτος, αὕτη, τοῦτο [this])의 남성, 단수, 주격. '이 사람이'

해석 "이 사람은 누구인가?"

2. οὐδεὶς ἐπιγινώσκει τὸν υἱὸν εἰ μὴ ὁ πατήρ, οὐδὲ τὸν πατέρα τις ἐπιγινώσκει εἰ μὴ ὁ υἱὸς καὶ ᾧ ἐὰν βούληται ὁ υἱὸς ἀποκαλύψαι. (마 11:27)

οὐδείς : 부정대명사(οὐδείς, οὐδεμία, οὐδέν)의 남성, 단수, 주격. '아무도 아닌'(nobody)

ἐπιγινώσκει : 동사 ἐπιγινώσκω [to come to know]의 현재, 능동태, 직설법, 3인칭, 단수. '그(녀)가 알고 있다'

τόν : 정관사(ὁ, ἡ, τό)의 남성, 단수, 대격. '그'

υἱόν : 남성명사 υἱός [a son]의 단수, 대격. '아들을'

εἰ : 종속접속사(if). '만일'

μή : 부정어(not). 직설법 이외의 서법들에서 사용되며, 여기서는 εἰ와 함께 '~를 제외하고'(except, if not)라는 뜻으로 쓰였다. 대부분의 경우 별도의 동사 없이 사용된다. εἰ μὴ ὁ πατήρ = '아버지를 제외하고.' BDAG, s.v. "εἰ," 278, 6.i.α 항목 참조.

ὁ : 정관사(ὁ, ἡ, τό)의 남성, 단수, 주격. '그'

πατήρ : 남성명사 πατήρ [a father]의 단수, 주격. '아버지가'

οὐδέ : 부정어(and not, not even, nor)

τόν : 정관사(ὁ, ἡ, τό)의 남성, 단수, 대격. '그'

πατέρα : 남성명사 πατήρ [a father]의 단수, 대격. '아버지를'

τις : 부정대명사 τις, τι [someone, something]의 남성, 단수, 주격. '누군
가가'

υἱός : 남성명사 υἱός [a son]의 단수, 주격. '아들이'

ᾧ : 관계대명사(ὅς, ἥ, ὅ)의 남성, 단수, 여격. '~하는 자'

ἐάν : 조건을 표현하는 불변화사(if)

βούληται : 동사 βούλομαι [to wish, determine]의 현재, 중간태, 가정법,
3인칭, 단수. '그(녀)가 원한다면'

ὁ : 정관사(ὁ, ἡ, τό)의 남성, 단수, 주격. '그'

υἱός : 남성명사 υἱός [a son]의 단수, 주격. '아들이'

ἀποκαλύψαι : 동사 ἀποκαλύπτω [to reveal]의 단순과거, 능동태, 부정사.
'계시하는 것'

해석 "아버지 외에는 그 누구도 아들을 알지 못하며, 아들과 아들이
계시하기를 원하는 자 외에는 누구도 아버지를 알지 못한다."

3. τί οὗτος οὕτως λαλεῖ; (막 2:7)

τί : 의문대명사 τίς, τί [who, which, what, why]의 중성, 단수, 대격. '무
엇 때문에?'

οὗτος : 지시대명사(οὗτος, αὕτη, τοῦτο [this])의 남성, 단수, 주격. '이 사
람이'

οὕτως : 부사(thus, in this manner)

λαλεῖ : 동사 λαλέω [to speak]의 현재, 능동태, 직설법, 3인칭, 단수. '그
(녀)가 말한다'

해석 "이 사람이 어찌하여 이런 식으로 말하는가?"

4. καὶ ἐάν τις ὑμῖν εἴπῃ· τί ποιεῖτε τοῦτο; εἴπατε· ὁ κύριος αὐτοῦ χρείαν
ἔχει (막 11:3)

ἐάν : 조건을 표현하는 불변화사(if)

τις : 부정대명사 τις, τι [someone, something]의 남성, 단수, 주격. '누군
가가'

ὑμῖν : 2인칭 대명사 σύ [you]의 복수, 여격. '너희에게'

εἴπῃ : 동사 λέγω [to say, speak]의 단순과거, 능동태, 가정법, 3인칭, 단수. '그(녀)가 말한다면'

τί : 의문대명사 τίς, τί [who, which, what, why]의 중성, 단수, 대격. '무엇 때문에?'

ποιεῖτε : 동사 ποιέω [to do]의 현재, 능동태, 직설법, 2인칭, 복수. '너희가 행한다'

τοῦτο : 지시대명사(οὗτος, αὕτη, τοῦτο [this])의 중성, 단수, 대격. '이것을'

εἴπατε : 동사 λέγω [to say, speak]의 단순과거, 능동태, 명령법, 2인칭, 복수. '너희가 말하라'

ὁ : 정관사(ὁ, ἡ, τό)의 남성, 단수, 주격. '그'

κύριος : 남성명사 κύριος [a lord, Lord]의 단수, 주격. '주인이/주님이.' 나귀의 주인이나, '주님'이라고 해석할 수도 있다.

αὐτοῦ : 3인칭 대명사(αὐτός, αὐτή, αὐτό)의 중성, 단수, 속격. '그것의'

χρείαν : 여성명사 χρεία [need]의 단수, 대격. '필요를.' χρεία ἐστι τινος 처럼 속격을 취하여 '~가 필요하다'라는 뜻으로 쓰인다. ὁ κύριος αὐτοῦ χρείαν ἔχει = '주님(주인)가 그것을 필요로 한다.' BDAG, s.v. "χρεία," 1088, 항목 1 참조.

ἔχει : 동사 ἔχω [to have, hold]의 현재, 능동태, 직설법, 3인칭, 단수. '그(녀)가 가지고 있다'

해석 "그리고 누군가 너희에게 '어찌하여 이런 일을 행하느냐?'라고 말하면, 너희는 '주님이 그것을 필요로 하신다'라고 말하라."

5. τίνι οὖν ὁμοιώσω τοὺς ἀνθρώπους τῆς γενεᾶς ταύτης καὶ τίνι εἰσὶν ὅμοιοι; (눅 7:31)

τίνι : 의문대명사 τίς, τί [who, which, what]의 중성, 단수, 여격. '무엇에, 무엇에게'

οὖν : 대등접속사(then, accordingly).

ὁμοιώσω : 동사 ὁμοιόω [to make like, compare]의 미래, 능동태, 직설법, 1인칭, 단수. '나는 비교할 것이다.' 같게 만들거나 비교한다는

의미이다. 어떤 의미든 모두 ὁμοιόω τινά τινι 형식으로 사용된다. BDAG, s.v. "ὁμοιόω," 707. 항목 1, 2 참조.

τούς : 정관사(ὁ, ἡ, τό)의 남성, 복수, 대격. '그'

ἀνθρώπους : 남성명사 ἄνθρωπος [a man]의 복수, 대격. '사람들을'

τῆς : 정관사(ὁ, ἡ, τό)의 여성, 단수, 속격. '그'

γενεᾶς : 여성명사 γενεά [a generation]의 단수, 속격. '세대의'

ταύτης : 지시대명사(οὗτος, αὕτη, τοῦτο [this])의 여성, 단수, 속격, '이'

εἰσίν : 동사 εἰμί [to be]의 현재, 능동태, 직설법, 3인칭, 복수. '그(녀)들이 ~이다'

ὅμοιοι : 형용사 ὅμοιος [like]의 남성, 복수, 주격. '~와 같은.' 사람이나 사물의 여격과 함께 쓰여 '~와 성격이 같거나 유사하다'라는 뜻으로 쓰인다. 그 외에 비교의 속격이나 비교이 대격과 함께 쓰이며, 절대적으로 쓰이기도 한다. τίνι εἰσὶν ὅμοιοι; = '그들은 무엇과 같은가?' BDAG, s.v. "ὅμοιος," 706. 항목 a 참조.

해석 "나는 이 세대의 사람들을 무엇에 비교할 것인가? 그들은 무엇과 같은가?"

6. τί ποιοῦμεν ὅτι οὗτος ὁ ἄνθρωπος πολλὰ ποιεῖ σημεῖα; (요 11:47)

τί : 의문대명사 τίς, τί [who, which, what]의 중성, 단수, 대격. '무엇을?' τί ποιοῦμεν;은 심의(審議)적 의문문인 τί ποιῶμεν;(우리는 무엇을 해야 하는가?)만큼 심사숙고하는 태도는 아니지만, πῶς ποιοῦμεν;(우리는 어떻게 해야 하는가?)과 마찬가지로 현재의 상황에 어떤 오류나 잘못이 있음을 인정하는 태도를 묘사한다. 심의적 의문문에는 통상 가정법이나 미래 직설법이 사용된다. BDF, § 366(4) 참조.

ποιοῦμεν : 동사 ποιέω [to do]의 현재, 능동태, 직설법, 1인칭, 복수. '우리가 행하고 있다'

ὅτι : 종속접속사(that, because)

οὗτος : 지시대명사(οὗτος, αὕτη, τοῦτο [this])의 남성, 단수, 주격. '이'

ὁ : 정관사(ὁ, ἡ, τό)의 남성, 단수, 주격. '그'

ἄνθρωπος : 남성명사 ἄνθρωπος [a man]의 단수, 주격. '사람이'

πολλά : 형용사 πολύς, πολλή, πολύ [many, much]의 중성, 복수, 대격. '많은'

ποιεῖ : 동사 ποιέω [to do]의 현재, 능동태, 직설법, 3인칭, 단수. '그(녀)가 행하고 있다'

σημεῖα : 중성명사 σημεῖον [a sign]의 복수, 대격. '표적들을'

> **해석** "이 사람이 많은 표적들을 행하고 있으니 우리는 무엇을 해야 하는가?"

7. γινώσκετε τί πεποίηκα ὑμῖν; (요 13:12)

γινώσκετε : 동사 γινώσκω [to know]의 현재, 능동태, 직설법, 2인칭, 복수. '너희가 알고 있다'

τί : 의문대명사 τίς, τί [who, which, what]의 중성, 복수, 대격. '무엇을?'

πεποίηκα : 동사 ποιέω [to do]의 현재완료, 능동태, 직설법, 1인칭, 단수. '내가 행하였다'

ὑμῖν : 2인칭 대명사 σύ [you]의 복수, 여격. '너희에게'

> **해석** "너희는 내가 너희에게 무엇을 행하였는지 알고 있느냐?"

8. κατ' ἐκεῖνον δὲ τὸν καιρὸν ἐπέβαλεν Ἡρῴδης ὁ βασιλεὺς τὰς χεῖρας κακῶσαί τινας τῶν ἀπὸ τῆς ἐκκλησίας. (행 12:1)

κατ' : 속격(down from, against)과 대격(according to, along, during)을 취하는 전치사. 여기서는 대격과 함께 일정한 시간적 측면을 표현하기 위해서 사용되었다. κατ' ἐκεῖνον τὸν καιρόν = '그 때에(at that time).' Moule, 59; BDAG, s.v. "κατά," 511, 항목 B.2.a. 참조.

ἐκεῖνον : 지시대명사(ἐκεῖνος, ἐκείνη, ἐκεῖνο)의 남성, 단수, 대격. '그'

τόν : 정관사(ὁ, ἡ, τό)의 남성, 단수, 대격. '그'

καιρόν : 남성명사 καιρός [time, an appointed time]의 단수, 대격. '시간을'

ἐπέβαλεν : 동사 ἐπιβάλλω [to lay upon]의 단순과거, 능동태, 직설법, 3인칭, 단수. '그(녀)가 댔다'

Ἡρῴδης : 고유명사 Ἡρῴδης [Herod]의 남성, 단수, 주격. '헤롯이'

ὁ : 정관사(ὁ, ἡ, τό)의 남성, 단수, 주격. '그'

βασιλεύς : 남성명사 βασιλεύς [a king]의 단수, 주격. '왕이'

τάς : 정관사(ὁ, ἡ, τό)의 여성, 복수, 대격. '그'

χεῖρας : 여성명사 χείρ [to be]의 복수, 대격. '손들을'

κακῶσαι : 동사 κακόω [to mistreat, harm, do evil]의 단순과거, 능동태,
부정사. 목적을 나타낸다. ἐπέβαλεν ··· τὰς χεῖρας κακῶσαι =
'해하려고 손을 댔다'

τινας : 부정대명사 τις, τι [someone, something]의 남성, 복수, 대격. '어
떤 자들을'

τῶν : 정관사(ὁ, ἡ, τό)의 남성, 복수, 속격. '그.' 대격. 여기서는 이어지는
전치사구와 함께 쓰여 일종의 명사 역할을 한다(those who). BDF,
§ 266(3) 참조.

ἀπό : 속격을 취하는 전치사(from). 여기서는 기원이나 소속을 뜻하기 위
해서 사용되었으며, 소속된 곳과의 긴밀한 관계를 표현한다. 따라
서 οἱ ἀπὸ τῆς ἐκκλησίας는 '교회의 일원들'(members of the church)
이라는 뜻이고, τινας τῶν ἀπὸ τῆς ἐκκλησίας는 '교회의 일원들 가
운데 어떤 자들을'이라는 뜻이다. BDAG, s.v. "ἀπό," 106, 항목
3.b. 참조.

τῆς : 정관사(ὁ, ἡ, τό)의 여성, 단수, 속격. '그'

ἐκκλησίας : 여성명사 ἐκκλησία [assembly, congregation, church]의 단수,
속격. '교회의'

해석　"그 때에 헤롯왕이 교회의 일원들 가운데 어떤 자들을 해하려
고 손을 댔다."

9. σώσω τινὰς ἐξ αὐτῶν. (롬 11:14)

σώσω : 동사 σώζω [to save]의 미래, 능동태, 직설법, 1인칭, 단수/단순과
거, 능동태, 가정법, 1인칭, 단수. '내가 구할 것이다/내가 구한다면.'
이 구절은 조건을 표현하는 종속접속사 εἰ로 시작되는 조건문의 일
부로서 별도의 귀결절이 명시되어 있지 않다. 이처럼 생략된 귀결
절은 실제로 조건절 안에 포함되어 소망이나 바람을 표현한다. 신
약성경에서 이러한 형식의 조건절은 항상 εἰ로 시작되며 가정법, 희

구법, 미래 직설법 등을 취한다(막 11:13; 빌 3:12; 행 27:12 등 참조). (εἰ) … σώσω τινάς = '내가 누군가를 구할 수 있다면.' Burton, § 276 참조.

τινάς : 의문대명사 τίς, τί [who, which, what]의 남성, 복수, 대격. '누군가를'

ἐξ : 속격을 취하는 전치사(from). ἐξ αὐτῶν = '그들 중에서'

αὐτῶν : 3인칭 대명사(αὐτός, αὐτή, αὐτό)의 남성, 복수, 속격. '그들의'

해 석 "내가 그들 가운데 누군가를 구할 수 있다면."

10. τεκνία, **μηδεὶς** πλανάτω ὑμᾶς· ὁ ποιῶν τὴν δικαιοσύνην δίκαιός ἐστιν, καθὼς ἐκεῖνος δίκαιός ἐστιν (요일 3:7)

τεκνία : 중성명사 τεκνίον [a little child]의 복수, 호격. '자녀들아!'

μηδείς : 부정대명사(μηδείς, μηδεμία, μηδέν = no one, nothing, no)의 남성, 단수, 주격. '그 누구도 아닌'

πλανάτω : 동사 πλανάω [to lead astray]의 현재, 능동태, 명령법, 3인칭, 단수. '그(녀)로 하여금 미혹하게 하라.' μηδεὶς πλανάτω ὑμᾶς = '그 누구도 너희를 미혹하지 못하게 하라'

ὑμᾶς : 2인칭 대명사 σύ [you]의 복수, 대격. '너희를'

ὁ : 정관사(ὁ, ἡ, τό)의 남성, 단수, 주격. '그'

ποιῶν : 동사 ποιέω [to do]의 현재, 능동태, 분사, 남성, 단수, 주격. '행하는.' 명사 없이 독립적으로 사용되었다. ὁ ποιῶν = '행하는 자'

τήν : 정관사(ὁ, ἡ, τό)의 여성, 단수, 대격. '그'

δικαιοσύνην : 여성명사 δικαιοσύνη [righteousness]의 단수, 대격. '의를'

δίκαιος : 형용사 δίκαιος [right, just]의 남성, 단수, 주격. '의로운'

ἐστιν : 동사 εἰμί [to be]의 현재, 능동태, 직설법, 3인칭, 단수. '그(녀)가 ～이다'

καθώς : 종속접속사(as)

ἐκεῖνος : 지시대명사(ἐκεῖνος, ἐκείνη, ἐκεῖνο)의 남성, 단수, 주격. '그'

해 석 "자녀들아! 아무도 너희를 미혹하지 못하게 하라. 의를 행하는 자는 의롭다. 그가 의로우신 것과 같이."

연습문제 47

■ 아래 문장을 우리말로 옮기시오.

1. ἐκ σοῦ γὰρ ἐξελεύσεται ἡγούμενος, **ὅστις** ποιμανεῖ τὸν λαόν μου τὸν Ἰσραήλ. (마 2:6)

ἐκ : 속격을 취하는 전치사(from). ἐκ σοῦ = '너에게서, 너로부터'

σοῦ : 2인칭 대명사 σύ [you]의 단수, 속격. '너의'

γαρ : 종속접속사(for)

ἐξελεύσεται : 동사 ἐξέρχομαι [to come out]의 미래, 중간태, 직설법, 3인칭, 단수. '그(녀)가 나올 것이다'

ἡγούμενος : 동사 ἡγέομαι [to be chief, think, rule]의 현재, 중간태, 분사, 남성, 단수, 주격. 관사가 생략된 채로 명사 없이 독립적으로 사용되었다. '다스리는 자.' BDF, § 264(6); BDAG, s.v. "ἡγέομαι," 434, 항목 1 참조.

ὅστις : 관계대명사(ὅστις, ἥτις, ὅτι)의 남성, 단수, 주격. '~하는 자'

ποιμανεῖ : 동사 ποιμαίνω [to shepherd, rule]의 미래, 능동태, 직설법, 3인칭, 단수. '그(녀)가 목자가 될 것이다'

τόν : 정관사(ὁ, ἡ, τό)의 남성, 단수, 대격. '그'

λαόν : 남성명사 λαός [a peolpe]의 '백성을'

μου : 1인칭 대명사 ἐγώ [I]의 단수, 속격. '나의'

Ἰσραήλ : 고유명사 Ἰσραήλ [Israel]의 남성, 단수, 대격. '이스라엘을'

> **해석** "왜냐하면 너에게서 한 다스리는 자가 나올 것이기 때문이다. 그는 나의 백성 이스라엘의 목자가 될 것이다."

2. οἶδεν γὰρ ὁ πατὴρ ὑμῶν **ὧν** χρείαν ἔχετε πρὸ τοῦ ὑμᾶς αἰτῆσαι αὐτόν. (마 6:8)

οἶδεν : 동사 οἶδα [to know]의 현재완료, 능동태, 직설법, 3인칭, 단수. 형태상으로는 현재완료지만 현재 시제로 쓰였다. '그(녀)가 알고 있다'

γάρ : 종속접속사(for)

ὁ : 정관사(ὁ, ἡ, τό)의 남성, 단수, 주격. '그'

πατήρ : 남성명사 πατήρ [father]의 단수, 주격. '아버지가'

ὑμῶν : 2인칭 대명사 σύ [you]의 복수, 속격. '너희의'

ὧν : 관계대명사(ὅς, ἥ, ὅ)의 중성, 복수, 속격. '~하는 것들을.' 별도의 선
　　행사가 없으며, 아마도 οἶδεν의 목적어인 대격 선행사가 생략되었
　　을 것이다. Robertson, 720 참조.

χρείαν : 여성명사 χρεία [a need]의 단수, 대격. '필요를.' χρεία ἐστι
　　τινος처럼 속격을 취하여 '~가 필요하다'라는 뜻으로 쓰인다.
　　ὧν χρείαν ἔχετε = '너희가 필요로 하는 것들을' BDAG, s.v.
　　"χρεία," 1088, 항목 1 참조.

ἔχετε : 동사 ἔχω [to have, hold]의 현재, 능동태, 직설법, 2인칭, 복수. '너
　　희가 가지고 있다'

πρό : 속격을 취하는 전치사(before). πρὸ τοῦ ὑμᾶς αἰτῆσαι='너희가 구하
　　기 전에'

τοῦ : 정관사(ὁ, ἡ, τό)의 중성, 단수, 속격. '그'

ὑμᾶς : 2인칭 대명사 σύ [you]의 복수, 대격. 부정사 αἰτῆσαι의 의미상의
　　주어로 쓰였다.

αἰτῆσαι : 동사 αἰτέω [to ask,]의 단순과거, 능동태, 부정사. '구하는 것'

αὐτόν : 3인칭 대명사(αὐτός, αὐτή, αὐτό)의 남성, 단수, 대격. '그를'

해석　"왜냐하면 너희 아버지께서는 너희가 그에게 구하기 전에 너
　　희가 필요로 하는 것들을 알고 계시기 때문이다."

3. πᾶς οὖν ὅστις ἀκούει μου τοὺς λόγους τούτους καὶ ποιεῖ αὐτούς,
　　ὁμοιωθήσεται ἀνδρὶ φρονίμῳ, ὅστις ᾠκοδόμησεν αὐτοῦ τὴν οἰκίαν ἐπὶ
　　τὴν πέτραν. (마 7:24)

πᾶς : 형용사 πᾶς, πᾶσα, πᾶν [all, every, all things]의 남성, 단수, 주격.
　　'모든 자'

οὖν : 대등접속사(then, accordingly)

ὅστις : 관계대명사(ὅςτις, ἥτις, ὅτις)의 남성, 단수, 주격. '~하는 자'

ἀκούει : 동사 ἀκούω [to hear]의 현재, 능동태, 직설법, 3인칭, 단수. '그 (녀)가 듣는다'

μου : 1인칭 대명사 ἐγώ [I]의 단수, 속격. '나의'

τούς : 정관사(ὁ, ἡ, τό)의 남성, 복수, 대격. '그'

λόγους : 남성명사 λόγος [a word, the Word]의 복수, 대격. '말씀들을'

τούτους : 지시대명사(οὗτος, αὕτη, τοῦτο [this])의 남성, 복수, 대격. '이'

ποιεῖ : 동사 ποιέω [to do]의 현재, 능동태, 직설법, 3인칭, 단수. '그(녀) 가 행하고 있다'

αὐτούς : 3인칭 대명사(αὐτός, αὐτή, αὐτό)의 남성, 복수, 대격. '그것들을'

ὁμοιωθήσεται : 동사 ὁμοιόω [to make like, compare]의 미래, 수동태, 직설법, 3인칭, 단수. '그(녀)는 ~와 같을 것이다.' 같게 만들거나 비교한다는 의미이다. 어떤 의미든 모두 ὁμοιόω τινά τινι 형식으로 사용된다. BDAG, s.v. "ὁμοιόω," 707. 항목 1, 2 참조.

ἀνδρί : 남성명사 ἀνέρ[a man, husband]의 단수, 여격. 여격을 취하는 동사 ὁμοιωθήσεται와 함께 쓰였다. ὁμοιωθήσεται ἀνδρὶ φρονίμῳ = '지혜로운 어떤 사람과 같을 것이다'

φρονίμῳ : 형용사 φρόνιμος [prudent, wise]의 남성, 단수, 여격.

ᾠκοδόμησεν : 동사 οἰκοδομέω [to build, edify]의 단순과거, 능동태, 직설법, 3인칭, 단수. '그(녀)가 지었다'

αὐτοῦ : 3인칭 대명사(αὐτός, αὐτή, αὐτό)의 남성, 단수, 속격. '그의'

τήν : 정관사(ὁ, ἡ, τό)의 여성, 단수, 대격. '그'

οἰκίαν : 여성명사 οἰκία [a house]의 단수, 대격. '집을'

ἐπί : 속격(on, over, at that time)과 여격(on the basis of, at)과 대격(on, to, against)을 모두 취하는 전치사. 여기서는 속격을 취하여 '~위에'라는 뜻으로 쓰였다. ἐπὶ τὴν πέτραν = '바위/반석 위에'

πέτραν : 여성명사 πέτρα [a rock]의 단수, 대격. '바위를'

해석 "나의 이 말들을 듣고 그것들을 행하는 모든 자는 반석 위에 자기 집을 지은 지혜로운 어떤 사람과 같을 것이다."

4. πορευθέντες ἀπαγγείλατε Ἰωάννῃ ἃ ἀκούετε καὶ βλέπετε (마 11:4)

πορευθέντες : 동사 πορεύομαι [to go, proceed]의 단순과거, 수동태, 분
사, 남성, 복수, 주격. '가는'

ἀπαγγείλατε : 동사 ἀπαγγέλλω [to announce, report]의 단순과거, 능동
태, 명령법, 2인칭, 복수. '너희가 보고하라'

Ἰωάννῃ : 고유명사 Ἰωάννης [John]의 단수, 여격. '요한에게'

ἃ : 관계대명사(ὅς, ἥ, ὅ)의 중성, 복수, 대격. '~하는 것들을'

ἀκούετε : 동사 ἀκούω [to hear]의 현재, 능동태, 직설법, 2인칭, 복수. '너
희가 듣고 있다'

βλέπετε : 동사 βλέπω [to see]의 현재, 능동태, 직설법, 2인칭, 복수. '너희
가 보고 있다'

해석 "가서 요한에게 너희가 듣고 보는 것들을 보고하라."

5. ἰδοὺ ἐγὼ ἀποστέλλω τὸν ἄγγελόν μου πρὸ προσώπου σου, ὃς κατασκευάσει
τὴν ὁδόν σου ἔμπροσθέν σου. (마 11:10)

ἰδού : 감탄사(behold)

ἐγώ : 1인칭 대명사 ἐγώ [I]의 단수, 주격. '내가'

ἀποστέλλω : 동사 ἀποστέλλω [to send]의 현재, 능동태, 직설법, 1인칭,
단수. '내가 보낸다'

τόν : 정관사(ὁ, ἡ, τό)의 남성, 단수, 대격. '그'

ἄγγελον : 남성명사 ἄγγελος [a messenger]의 단수, 대격. '사자를'

μου : 1인칭 대명사 ἐγώ [I]의 단수, 속격. '나의'

πρό : 속격을 취하는 전치사(before). πρὸ προσώπου σου = '네 앞서'

προσώπου : 중성명사 πρόσωπον [face, presence]의

σου : 2인칭 대명사 σύ [you]의 단수, 속격. '너의'

ὅς : 관계대명사(ὅς, ἥ, ὅ)의 남성, 단수, 주격. '~하는 자.' 목적을 표현하
는 관계사 절이다. BDF, § 378 참조.

κατασκευάσει : 동사 κατασκευάζω [to prepare]의 미래, 능동태, 직설법,
3인칭, 단수. '그(녀)가 준비할 것이다.'

τήν : 정관사(ὁ, ἡ, τό)의 여성, 단수, 대격. '그'

ὁδόν : 여성명사 ὁδός [a way, road]의 단수, 대격. '길을'

ἔμπροσθέν : 속격을 취하는 전치사(in front of, before). ἔμπροσθέν σου = '너의 앞에서'

해석 "보라! 나는 네 앞서 나의 사자를 보낸다. 그는 네 앞에서 너의 길을 준비할 것이다."

6. ἦσαν δὲ ἐκεῖ γυναῖκες πολλαὶ ἀπὸ μακρόθεν θεωροῦσαι, **αἵτινες ἠκολούθησαν** τῷ Ἰησοῦ ἀπὸ τῆς Γαλιλαίας διακονοῦσαι αὐτῷ (마 27:55)

ἦσαν : 동사 εἰμί [to be]의 미완료, 능동태, 직설법, 3인칭, 복수. '그(녀)들이 있었다'

ἐκεῖ : 부사(there)

γυναῖκες : 여성명사 γυνή [a wife, woman]의 복수, 주격. '여자들이'

πολλαί : 형용사 πολύς, πολλή, πολύ [many, much]의 여성, 복수, 주격. '많은'

ἀπό : 속격을 취하는 전치사(from). '~로부터.' 유사한 의미를 가진 전치사 ἐκ와 의미 차이를 구별하는 것은 쉽지 않으며, 오히려 의미가 겹치는 경우가 많다. 구태여 구별하자면, ἐκ가 '내부로부터'(from within)라는 뜻이라면 ἀπό는 '일반적인 출발 지점'(the general starting point)을 지시한다. BDF, § 209; Moule, 71-72 참조. ἀπὸ μακρόθεν = '멀리서'

μακρόθεν : 부사(from afar).

θεωροῦσαι : 동사 θεωρέω [to look at, behold]의 현재, 능동태, 분사, 여성, 복수, 주격. '보고 있는' 동사 ἦσαν와 함께 진행의 의미를 강조하는 완곡어법으로 사용되었다. BDF, § 353 참조.

αἵτινες : 관계대명사(ὅςτις, ἥτις, ὅτις)의 여성, 복수, 대격. '~하는 자들'

ἠκολούθησαν : 동사 ἀκολουθέω [to follow]의 단순과거, 능동태, 직설법, 3인칭, 단수. '그(녀)들이 따랐다.' 여격을 목적어로 취한다. ἠκολούθησαν τῷ Ἰησοῦ = '그녀들이 예수를 따랐다'

τῷ : 정관사(ὁ, ἡ, τό)의 남성, 단수, 여격. '그'

Ἰησοῦ : 고유명사 Ἰησοῦς [Jesus, Joshua]의 남성, 단수, 여격. '예수에게'

ἀπό : 속격을 취하는 전치사(from). ἀπὸ τῆς Γαλιλαίας = '갈릴리로부터'

τῆς : 정관사(ὁ, ἡ, τό)의 여성, 단수, 속격.

Γαλιλαίας : 고유명사 Γαλιλαία [Galilee]의 여성, 단수, 속격. '갈릴리의'

διακονοῦσαι : 동사 διακονέω [to wait upon, serve]의 현재, 능동태, 분사,
　　　　　　여성, 복수, 주격. '섬기는' 여격을 목적어로 취한다.
　　　　　　διακονοῦσαι αὐτῷ = '그를 섬기는'

αὐτῷ : 3인칭 대명사(αὐτός, αὐτή, αὐτό)의 남성, 단수, 여격. '그에게'

　해석　"그러나 거기에는 많은 여자들이 멀리서 지켜보고 있었다. 그
　　　　들은 갈릴리로부터 그를 섬기며 그를 따랐다."

7. ἔλεγεν τῷ ὄχλῳ ὅτι ἓξ ἡμέραι εἰσὶν ἐν αἷς δεῖ ἐργάζεσθαι (눅 13:14)

ἔλεγεν : 동사 λέγω [to say, speak]의 미완료, 능동태, 직설법, 3인칭, 단수.
　　　　'그(녀)가 말했다'

τῷ : 정관사(ὁ, ἡ, τό)의 남성, 단수, 여격. '그'

ὄχλῳ : 남성명사 ὄχλος [a crowd, multitude]의 단수, 여격. '무리에게'

ὅτι : 종속접속사(that, because). 여기서는 동사 ἔλεγεν의 목적절을 이끈다.

ἓξ : 형용사 ἕξ [six]. 변하지 않는다. '여섯의.' ἓξ ἡμέραι = '여섯 날들이'

ἡμέραι : 여성명사 ἡμέρα [a day]의 복수, 주격. '날들이'

εἰσίν : 동사 εἰμί [to be]의 현재, 능동태, 직설법, 3인칭, 복수. '그(녀)들
　　　이 있다'

ἐν : 여격을 취하는 전치사(in). 여기서는 시간을 나타낸다.

αἷς : 관계대명사(ὅς, ἥ, ὅ)의 여성, 복수, 여격. '~하는 것들'

δεῖ : 비인칭동사 δεῖ [it is necessary]의 현재, 능동태, 직설법, 3인칭, 단
　　　수. 부정사를 목적어로 취한다. δεῖ ἐργάζεσθαι = '일을 해야 한다'

ἐργάζεσθαι : 동사 ἐργάζομαι [to work]의 현재, 중간태, 부정사. '일을 하
　　　　　　는 것'

　해석　"그는 무리에게 말했다. '일을 해야 하는 여섯 날이 있다.'"

8. πᾶν ὃ δίδωσίν μοι ὁ πατὴρ πρὸς ἐμὲ ἥξει (요 6:37)

πᾶν : 형용사 πᾶς, πᾶσα, πᾶν [all, every, all things]의 중성, 단수, 주격. 요한복음과 요한일서에는 남성 복수형태가 사용되리라 예상되는 곳에 중성 복수형이 나타나는 경우가 종종 있다. 그러나 중성은 경우에 따라 개별적인 차원이 아니라 일반적인 차원에서 사람들을 지칭하는 데 사용될 수 있으며, 이 경우 일반적인 성격이나 성질이 강조된다. R. E. Brown, *The Gospel according to John I-XII*, 270; BDF, § 138(1) 참조. ‘모든 자가’

ὃ : 관계대명사(ὅς, ἥ, ὅ)의 중성, 단수, 주격. ‘~하는 것’

δίδωσιν : 동사 δίδωμι [to give]의 현재, 능동태, 직설법, 3인칭, 단수. ‘그(녀)가 준다’

μοι : 1인칭 대명사 ἐγώ [I]의 단수, 여격. ‘나에게’

ὁ : 정관사(ὁ, ἡ, τό)의 남성, 단수, 주격. ‘그’

πατήρ : 남성명사 πατήρ [father]의 단수, 주격. ‘아버지가’

πρός : 속격, 여격, 대격을 모두 취하는 전치사(toward, near, by, advantageous for). 그러나 전치사 πρός는 주로 대격과 함께 쓰이며 목적, 시간, 공간, 관계 등과 관련한 다양한 상황을 표현한다. 여기서는 대격을 취하여 ‘~에게’라는 뜻으로 사용되었다. πρὸς ἐμέ = ‘나에게’

ἐμέ : 1인칭 대명사 ἐγώ [I]의 단수, 대격. ‘나를’

ἥξει : 동사 ἥκω [to have come]의 미래, 능동태, 직설법, 3인칭, 단수. ‘그(녀)가 올 것이다’

해석 “아버지가 주시는 모든 자는 나에게 올 것이다.”

9. πάντες ὅσοι ἦλθον πρὸ ἐμοῦ κλέπται εἰσὶν καὶ λῃσταί (요 10:8)

πάντες : 형용사 πᾶς, πᾶσα, πᾶν [all, every, all things]의 남성, 복수, 주격. ‘모든 자들이’

ὅσοι : 관계대명사 ὅσος, -η, -ον [as many as, as great as]의 남성, 복수, 주격. ‘~하는 자’

ἦλθον : 동사 ἔχομαι [to come]의 단순과거, 능동태, 직설법, 3인칭, 단수. '그(녀)가 왔다'

πρό : 속격을 취하는 전치사(before). πρὸ ἐμοῦ = '나의 앞에'

ἐμοῦ : 1인칭 대명사 ἐγώ [I]의 단수, 속격. '나의'

κλέπται : 남성명사 κλέπτης [a thief]의 복수, 주격. '도둑들이'

εἰσίν : 동사 εἰμί [to be]의 현재, 능동태, 직설법, 3인칭, 복수. '그(녀)들이 ~이다'

λῃσταί : 남성명사 λῃστής [a robber]의 복수, 주격. '강도들이'

해석　"나보다 앞서 온 모든 자들은 도둑들과 강도들이다."

신약성경 헬라어 교본 연습문제 해제

연습문제 48

A. 문법

1. ἁγιάζω의 현재 능동태와 수동태 명령법 변화를 해보시오.

- 현재 능동태 명령법

구분	단수	복수
2인칭	ἁγίαζε	ἁγιάζετε
3인칭	ἁγιαζέτω	ἁγιαζέτωσαν

- 현재 수동태 명령법

구분	단수	복수
2인칭	ἁγιάζου	ἁγιάζεσθε
3인칭	ἁγιαζέσθω	ἁγιαζέσθωσαν

2. ἐλεέω의 단순과거 능동태와 수동태 명령법 변화를 해보시오.

- 단순과거 능동태 명령법

구분	단수	복수
2인칭	ἐλέησον	ἐλεήσατε
3인칭	ἐλεησάτω	ἐλεησάτωσαν

- 단순과거 수동태 명령법

구분	단수	복수
2인칭	ἐλεήθητι	ἐλεήθητε
3인칭	ἐλεηθήτω	ἐλεηθήτωσαν

3. λείπω의 제2단순과거 능동태와 중간태 명령법 변화를 해보시오.

- 제2단순과거 능동태 명령법

구분	단수	복수
2인칭	λίπε	λίπετε
3인칭	λιπέτω	λιπέτωσαν

- 제2단순과거 중간태 명령법

구분	단수	복수
2인칭	λιποῦ	λίπεσθε
3인칭	λιπέσθω	λιπέσθωσαν

4. εἰμί의 현재 명령법 변화를 해보시오.

구분	단수	복수
2인칭	ἴσθι	ἔστε
3인칭	ἔστω	ἔστωσαν

5. 아래 도표의 동사를 분해(parsing)하시오.

변화형 동사	인칭	수	시제	태	법	현재능동태 1인칭단수	의미(뜻)
παράλαβε	2인칭	단수	단순과거	능동태	명령법	παραλαμβάνω	네가 취하라
προσεύχεσθε	2인칭	복수	현재	중간태	명령법	προσεύχομαι	너희는 기도하라
ἁγιασθήτω	3인칭	단수	단순과거	수동태	명령법	ἁγιάζω	그(녀)가 거룩하게 하소서
ποιεῖτε	2인칭	복수	현재	능동태	명령법	ποιέω	너희가 행하라
γνώσεσθε*	2인칭	복수	미래	중간태	직설법	γινώσκω	너희가 알 것이다

* γνώσεσθε는 신구약 전체에서 항상 미래 중간태 직설법으로 사용된다.

B. 아래 문장을 우리말로 옮기시오.

1. οὕτως οὖν προσεύχεσθε ὑμεῖς· Πάτερ ἡμῶν ὁ ἐν τοῖς οὐρανοῖς· ἁγιασθήτω τὸ ὄνομά σου· (마 6:9)

신약성경 헬라어 교본 연습문제 해제

οὕτως : 부사(thus).

οὖν : 대등접속사(then, accordingly)

προσεύχεσθε : 동사 προσεύχομαι [to pray]의 현재, 중간태, 명령, 2인칭, 복수. '너희는 기도하라'

ὑμεῖς : 2인칭 대명사 σύ [you]의 복수, 주격. 강조와 대조를 위해서 사용되었다. (다른 누가 아니라 바로) '너희는' BDF, § 277(1) 참조.

Πάτερ : 남성명사 πατήρ [father]의 단수, 호격. '아버지여!'

ἡμῶν : 1인칭 대명사 ἐγώ [I]의 복수, 속격. '우리의'

ὁ : 정관사(ὁ, ἡ, τό)의 남성, 단수, 주격. '그'

ἐν : 여격을 취하는 전치사(in). ἐν τοῖς οὐρανοῖς = '하늘들에 계신'

τοῖς : 정관사(ὁ, ἡ, τό)의 남성, 복수, 여격. '그'

οὐρανοῖς : 남성명사 οὐρανός [heaven]의 복수, 여격. '하늘들에게'

ἁγιασθήτω : 동사 ἁγιάζω [to sanctify]의 단순과거, 주동태, 명령법, 3인칭, 단수. '그(녀)가 거룩히 되게 하라.' ἁγιασθήτω τὸ ὄνομά σου = '당신의 이름이 거룩히 여김을 받게 하소서!'

τό : 정관사(ὁ, ἡ, τό)의 중성, 단수, 주격. '그'

ὄνομα : 중성명사 ὄνομά [a name]의 중성, 단수, 주격. '이름이'

σου : 2인칭 대명사 σύ [you]의 단수, 속격. '당신의'

해석 "그러므로 너희는 이렇게 기도하라. '하늘들에 계신 우리 아버지! 당신의 이름이 거룩히 여김을 받게 하소서!'"

2. εἴ τις θέλει ὀπίσω μου ἐλθεῖν, ἀπαρνησάσθω ἑαυτὸν καὶ ἀράτω τὸν σταυρὸν αὐτοῦ καὶ ἀκολουθείτω μοι. (마 16:24)

εἰ : 종속접속사(if)

τις : 부정대명사 τις, τι [someone, something]의 남성, 단수, 주격. '누군가가'

θέλει : 동사 θέλω [to wish, desire]의 현재, 능동태, 직설법, 3인칭, 단수. '그(녀)가 원한다.' 부정사를 목적으로 취한다. θέλει … ἐλθεῖν = '그(녀)가 가기를 원한다.'

ὀπίσω : 속격을 취하는 전치사(behind, after). ὀπίσω μου = '나의 뒤'

μου : 1인칭 대명사 ἐγώ [I]의 단수, 속격. '나의'

ἐλθεῖν : 동사 ἔρχομαι [to go, come]의 단순과거, 능동태, 부정사. '가는 것'

ἀπαρνησάσθω : 동사 ἀπαρνέομαι [to deny]의 단순과거, 중간태, 명령법,
　　　　　　 3인칭, 단수. '그(녀)로 하여금 부인하게 하라'

ἑαυτόν : 재귀대명사(ἑαυτοῦ, ἑαυτῆς, ἑαυτοῦ)의 남성, 단수, 대격. '자신을'

ἀράτω : 동사 αἴρω [to take up]의 단순과거, 능동태, 명령법, 3인칭, 단
　　　　 수. '그(녀)로 하여금 지게 하라'

τόν : 정관사(ὁ, ἡ, τό)의 남성, 단수, 대격. '그'

σταυρόν : 남성명사 σταυρός [a cross]의 단수, 대격. '십자가를'

αὐτοῦ : 3인칭 대명사(αὐτός, αὐτή, αὐτό)의 남성, 단수, 속격. '그의'

ἀκολουθείτω : 동사 ἀκολουθέω [to follow]의 현재, 능동태, 명령법, 3인
　　　　　　 칭, 단수. '그(녀)로 하여금 따르게 하라.' 여격을 취한다.
　　　　　　 ἀκολουθείτω μοι = '그(녀)로 하여금 나를 따르게 하라'

μοι : 1인칭 대명사 ἐγώ [I]의 단수, 여격. '나에게'

해석 "누군가 나의 뒤로 가고자 한다면, 그로 하여금 자신을 부인
하고 자기 십자가를 지고 나를 따르게 하라!"

3. καὶ ἰδοὺ σεισμὸς ἐγένετο μέγας· (마 28:2)

　　ἰδού : 감탄사(Behold!)

　　σεισμός : 남성명사 σεισμός [an earthquake]의 단수, 주격. '지진이'

　　ἐγένετο : 동사 γίνομαι [to become, be]의 단순과거, 중간태, 직설법, 3인칭,
　　　　　　 단수. '그(녀)가 되었다, 있었다.' γίνομαι 동사는 통상 become으로
　　　　　　 번역되지만, 신약성경에서는 주격 술어 없이 쓰이는 경우가 많으
　　　　　　 므로 '일어나다'(to happen), '생겨나다'(to be born, be produced),
　　　　　　 '~이 되다'(to become something) 등 매우 다양한 의미를 갖는다.
　　　　　　 보다 자세하는 설명과 예문들을 위해서는 117과 "γίνομαι의 용
　　　　　　 법" 및 BDAG, s.v. "γίνομαι"를 보라. 여기서는 '일어났다, 발생
　　　　　　 했다(to happen)는 의미로 쓰였다. BDAG, s.v. "γίνομαι," 197,
　　　　　　 항목 4를 보라.

μέγας : 형용사 μέγας, μεγάλη, μέγα [large, great]의 남성, 단수, 주격. '큰'

해석 "그리고 큰 지진이 일어난 것이 아닌가!"

4. δεῦτε ἴδετε τὸν τόπον ὅπου ἔκειτο. (마 28:6)

δεῦτε : 부사(come!)

ἴδετε : 동사 ὁράω [to see]의 단순과거, 능동태, 명령법, 2인칭, 복수. '너
희가 보라!'

τόν : 정관사(ὁ, ἡ, τό)의 남성, 단수, 주격. '그'

τόπον : 남성명사 τόπος [a place]의 단수, 대격. '장소를'

ὅπου : 종속접속사(where, whither)

ἔκειτο : 동사 κεῖμαι [to lie]의 미완료, 수동태, 직설법, 3인칭, 단수. '그
(녀)가 놓여 있었다'

해석 "와서 그가 놓여 있던 곳을 보라!"

5. ἀκολούθει μοι ⋯ (마 2:14)

ἀκολούθει : 동사 ἀκολουθέω [to follow]의 현재, 능동태, 명령법, 2인칭,
단수. '네가 따르라.' 여격을 취한다.

μοι : 1인칭 대명사 ἐγώ [I]의 단수, 여격.

해석 "나를 따르라!"

6. ὕπαγε εἰς εἰρήνην καὶ ἴσθι ὑγιὴς ἀπὸ τῆς μάστιγός σου. (마 5:34)

ὕπαγε : 동사 ὑπάγω [to depart]의 현재, 능동태, 명령법, 2인칭, 단수. '네
가 가라!'

εἰς : 대격을 취하는 전치사(into, toward). 여기서는 전치사 ἐν을 대신하
여 도구적인 의미로 사용되었다(약 2:16 참조). εἰς εἰρήνην = '평
화로,' 즉 '평안히.' Moule, 70; BDF, § 206(1) 참조.

εἰρήνην : 여성명사 εἰρήνη [peace]의 단수, 대격. '평화를'

ἴσθι : 동사 εἰμί [to be]의 현재, 능동태, 명령법, 2인칭, 단수. '네가 ~가
되어라!'

ὑγιής : 형용사 ὑγιής [well, healthy]의 여성, 단수, 주격. '건강한'

ἀπό : 속격을 취하는 전치사(from). ἀπὸ τῆς μάστιγός σου = '너의 고통
으로부터'

τῆς : 정관사(ὁ, ἡ, τό)의 여성, 단수, 속격. '그'

μάστιγος : 여성명사 μάστιξ [a whip, scourge, affliction]의

σου : 2인칭 대명사 σύ [you]의 단수, 속격. '너의'

> **해석** "평안히 가라! 그리고 너의 괴로움으로부터 건강하게 되어라!"

7. ἔξελθε ἐξ αὐτοῦ καὶ μηκέτι εἰσέλθῃς εἰς αὐτόν. (막 9:25)

ἔξελθε : 동사 ἐξέρχομαι [to go out, come out]의 단순과거, 능동태, 명령
법, 2인칭, 단수. '너는 나오라!'

ἐξ : 속격을 취하는 전치사(from). ἐξ αὐτοῦ = '그로부터, 그에게서'

αὐτοῦ : 3인칭 대명사(αὐτός, αὐτή, αὐτό)의 남성, 단수, 속격. '그의'

μηκέτι : 부사(no longer). μηκέτι εἰσέλθῃς = '더 이상 들어가지 말라!'

εἰσέλθῃς : 동사 εἰσέρχομαι [to go into]의 단순과거, 능동태, 가정법, 2인
칭, 단수. 부정어 μηκέτι와 함께 쓰여 단순과거 명령법의 부정
형으로 쓰였다.

εἰς : 대격을 취하는 전치사(into). 유사한 의미로 사용되는 전치사 πρός
와는 달리 εἰς는 '진입'(entry)의 개념을 포함한다. εἰς αὐτόν = '그
의 안으로.' Moule, 67 참조.

αὐτόν : 3인칭 대명사(αὐτός, αὐτή, αὐτό)의 남성, 단수, 대격. '그를'

> **해석** "그로부터 나오라! 그리고 다시는 그의 안으로 들어가지 말라!"

8. ἄρθητι καὶ βλήθητι εἰς τὴν θάλασσαν. (막 11:23)

ἄρθητι : 동사 αἴρω [to take up, take away]의 단순과거, 수동태, 명령법,
2인칭, 단수. '너는 들려라!'

βλήθητι : 동사 βάλλω [to throw]의 단순과거, 수동태, 명령법, 2인칭, 단
수. '너는 던져져라'

εἰς : 대격을 취하는 전치사(into). 유사한 의미로 사용되는 전치사 πρός와
　　는 달리 εἰς는 '진입'(entry)의 개념을 포함한다. εἰς τὴν θάλασσαν =
　　'바다 안으로,' 즉 '바다에.' Moule, 67 참조.

τήν : 정관사(ὁ, ἡ, τό)의 여성, 단수, 대격. '그'

θάλασσαν : 여성명사 θάλασσα [the sea]의 단수, 대격. '바다를'

> **해석** "너는 들려서 바다에 던져져라!"

9. ἐγείρεσθε ἄγωμεν· ἰδοὺ ὁ παραδιδούς με ἤγγικεν. (막 14:42)

ἐγείρεσθε : 동사 ἐγείρω [to raise up]의 현재, 수동태, 명령법, 2인칭, 복수.
　　　　　'너희는 일어나라!'

ἄγωμεν : 동사 ἄγω [to be]의 현재, 능동태, 가정법, 1인칭, 복수. 청유의
　　　　　의미로 사용된 가정법이다. '우리가 가자'

ἰδού : 감탄사(behold!)

ὁ : 정관사(ὁ, ἡ, τό)의 남성, 단수, 주격. '그'

παραδιδούς : 동사 παραδίδωμι [to hand over, betray]의 현재, 능동태, 분
　　　　　사, 남성, 단수, 주격. 명사 없이 독립적으로 사용되었다. ὁ
　　　　　παραδιδούς = '넘겨주는 자가'

με : 1인칭 대명사 ἐγώ [I]의 단수, 대격. '나를'

ἤγγικεν : 동사 ἐγγίζω [to come near]의 현재완료, 능동태, 직설법, 3인
　　　　　칭, 단수. '그(녀)가 가까이 왔다'

> **해석** "일어나라! 가자! 보라 나를 넘겨주는 자가 가까이 왔다."

10. δοξάσατε δὴ τὸν θεὸν ἐν τῷ σώματι ὑμῶν. (고전 6:20)

δοξάσατε : 동사 δοξάζω [to glorify]의 단순과거, 능동태, 명령법, 2인칭,
　　　　　복수. '너희가 영화롭게 하라.' 엄중한 정언 명령으로서 동작
　　　　　의 시작이 아니라 '지속'에 방점에 찍힌 명령이다. Wallace,
　　　　　720-21 참조.

δή : 정확성과 강조를 위해 사용되는 불변화사(indeed, therefore). BDF,
　　§ 451(4) 참조.

τόν : 정관사(ὁ, ἡ, τό)의 남성, 단수, 대격. '그'

θεόν : 남성명사 θεός [a god, God]의 단수, 대격. '하나님을'

ἐν : 여격을 취하는 전치사(in). 수단을 표현한다. ἐν τῷ σώματι ὑμῶν =
    '너희의 몸으로.' BDAG, s.v. "ἐν," 328-29, 항목 5 참조.

τῷ : 정관사(ὁ, ἡ, τό)의 중성, 단수, 여격. '그'

σώματι : 중성명사 σῶμα [a body]의 단수, 여격. '몸으로'

ὑμῶν : 2인칭 대명사 σύ [you]의 복수, 속격. '너희의'

해석 ➤ "그러므로 너희 몸으로 하나님을 영화롭게 하라!"

11. **Μὴ ἀγαπᾶτε τὸν κόσμον μηδὲ τὰ ἐν τῷ κόσμῳ. ἐάν τις ἀγαπᾷ τὸν
κόσμον, οὐκ ἔστιν ἡ ἀγάπη τοῦ πατρὸς ἐν αὐτῷ·** (요일 2:15)

μή : 부정어(not). 직설법 이외의 서법을 부정한다.

ἀγαπᾶτε : 동사 ἀγαπάω [to love]의 현재, 능동태, 명령법, 2인칭, 복수.
    '너희가 사랑하라!'

τόν : 정관사(ὁ, ἡ, τό)의 남성, 단수, 대격. '그'

κόσμον : 남성명사 κόσμος [the world]의 단수, 대격. '세상을'

μηδέ : 불변화사(not even, nor)

τά : 정관사(ὁ, ἡ, τό)의 중성, 복수, 대격. 여기서는 이어지는 전치사구
    와 함께 쓰여 일종의 명사 역할을 한다(thing of, that of). τὰ ἐν τῷ
    κόσμῳ = '세상에 있는 것들을.' BDF, § 266(3) 참조.

ἐν : 여격을 취하는 전치사(in)

τῷ : 정관사(ὁ, ἡ, τό)의 남성, 단수, 여격. '그'

κόσμῳ : 남성명사 κόσμος [the world]의 단수, 여격. '세상에게'

ἐάν : 조건을 표현하는 불변화사(if)

τις : 부정대명사 τις, τι [someone, something]의 남성, 단수, 주격. '누
    군가가'

ἀγαπᾷ : 동사 ἀγαπάω [to love]의 현재, 능동태, 가정법, 3인칭, 단수. '그
    (녀)가 사랑한다면'

οὐκ : 부정어(not). 직설법을 부정한다.

ἔστιν : 동사 εἰμί [to be]의 현재, 능동태, 직설법, 3인칭, 단수. '그(녀)가
   ~이다'

ἡ : 정관사(ὁ, ἡ, τό)의 여성, 단수, 주격. '그'

ἀγάπη : 여성명사 ἀγάπη [love]의 단수, 주격. '사랑이'

τοῦ : 정관사(ὁ, ἡ, τό)의 남성, 단수, 속격. '그'

πατρός : 남성명사 πατήρ [father]의 단수, 속격. '아버지의'

αὐτῷ : 3인칭 대명사(αὐτός, αὐτή, αὐτό)의 남성, 단수, 여격. '그에게'

해석 "세상이나 세상에 있는 것들을 사랑하지 말라! 누구든지 세
   상을 사랑하면, 그 안에 아버지의 사랑이 없다."

연습문제 49

A. 문법

1. πιστεύω의 현재완료 능동태와 중간(수동)태 직설법 변화를 해보시오.

- 현재완료 능동태 직설법

구분	단수	복수
1인칭	πεπίστευκα	πεπιστεύκαμεν
2인칭	πεπίστευκας	πεπιστεύκατε
3인칭	πεπίστευκε	πεπίστευκαν/κασι(ν)

- 현재 중간(수동)태 직설법

구분	단수	복수
1인칭	πεπίστευμαι	πεπιστεύμεθα
2인칭	πεπίστευσαι	πεπίστευσθε
3인칭	πεπίστευται	πεπίστευκνται

2. μαρτυρέω의 과거완료 능동태와 중간(수동)태 직설법 변화를 해보시오.

- 과거완료 능동태 직설법

구분	단수	복수
1인칭	ἐμεμαρτυρήκειν	ἐμεμαρτυρήκειμεν
2인칭	ἐμεμαρτυρήκεις	ἐμεμαρτυρήκειτε
3인칭	ἐμεμαρτυρήκει	ἐμεμαρτυρήκεισαν

- 과거완료 중간(수동)태 직설법

구분	단수	복수
1인칭	ἐμεμαρτυρήμην	ἐμεμαρτυρήμεθα
2인칭	ἐμεμαρτύρησο	ἐμεμαρτύρησθε
3인칭	ἐμεμαρτύρητο	ἐμεμαρτύρηντο

3. λύω의 현재완료 능동태 부정사를 쓰시오. **λελύκεναι**

4. 아래 도표의 동사를 분해(parsing)하시오.

변화형 동사	인칭	수	시제	태	법	현능직 1.단	의미(뜻)
ἀκηκόαμεν	1인칭	복수	현재완료	능동태	직설법	ἀκούω	우리가 들었다
βεβάπτισται	3인칭	단수	현재완료	중간/수동태	직설법	βαπτίζω	그가 세례를 베풀었다/받았다
γέγραφασι	3인칭	복수	현재완료	능동태	직설법	γράφω	그(녀)들이 기록하였다
ἐωράκατε	2인칭	복수	현재완료	능동태	직설법	ὁράω	너희가 보았다
τέθνηκα	1인칭	단수	현재완료	능동태	직설법	θνῄσκω	내가 죽었다

B. 아래 문장을 우리말로 옮기시오.

1. οὕτως γὰρ **γέγραπται** διὰ τοῦ προφήτου· (마 2:5)

   οὕτως : 부사(thus)

   γάρ : 종속접속사(for)

   γέγραπται : 동사 γράφω [to write]의 현재완료, 수동태, 직설법, 3인칭,
   단수. '그(녀)가 기록되었다'

   διά : 속격(through)과 대격(on account of)을 취하는 전치사. 여기서는 속
   격을 취하여 '~을 통하여'라는 뜻으로 쓰였다. διὰ τοῦ προφήτου
   = '선지자를 통하여'

   τοῦ : 정관사(ὁ, ἡ, τό)의 남성, 단수, 속격. '그'

   προφήτου : 남성명사 προφήτης [a prophet]의 단수, 속격. '선지자의'

   해석 "왜냐하면 선지자를 통해 기록된 것과 같기 때문이다."

2. καὶ λέγων ὅτι **πεπλήρωται** ὁ καιρὸς καὶ **ἤγγικεν** ἡ βασιλεία τοῦ θεοῦ·
   μετανοεῖτε καὶ πιστεύετε ἐν τῷ εὐαγγελίῳ. (막 1:15)

   λέγων : 동사 λέγω [to say, speak]의 현재, 능동태, 분사, 남성, 단수, 주
   격. '말하는'

ὅτι : 종속접속사(that, because). 여기서는 분사 λέγων의 목적절을 이끈다.

πεπλήρωται : 동사 πληρόω [to fill, fulfill]의 현재완료, 수동태, 직설법, 3인칭, 단수. '그(녀)가 채워졌다, 성취되었다'

ὁ : 정관사(ὁ, ἡ, τό)의 남성, 단수, 주격. '그'

καιρός : 남성명사 καιρός [time, an appointed time]의 단수, 주격. '시간이'

ἤγγικεν : 동사 ἐγγίζω [to come near]의 현재완료, 능동태, 직설법, 3인칭, 단수. '그(녀)가 가까이 왔다'

ἡ : 정관사(ὁ, ἡ, τό)의 여성, 단수, 주격. '그'

βασιλεία : 여성명사 βασιλεία [a kingdom]의 단수, 주격. '통치가'

τοῦ : 정관사(ὁ, ἡ, τό)의 남성, 단수, 속격. '그'

θεοῦ : 남성명사 θεός [a god, God]의 단수, 속격. '하나님의'

μετανοεῖτε : 동사 μετανοέω [to repent]의 현재, 능동태, 명령법, 2인칭, 복수. '너희는 회개하라!'

πιστεύετε : 동사 πιστεύω [to believe, have faith]의 현재, 능동태, 명령법, 2인칭, 복수. '너희는 믿으라!'

ἐν : 여격을 취하는 전치사(in). 여기서는 동사 πιστεύετε와 함께 쓰였으며, 요한복음 3장 15절 이외에 신약성경에 거의 나타나지 않는 특이한 표현이다. Moule, 80 참조. πιστεύετε ἐν τῷ εὐαγγελίῳ = '복음을 믿으라!'

τῷ : 정관사(ὁ, ἡ, τό)의 중성, 단수, 여격.

εὐαγγελίῳ : 중성명사 εὐαγγέλιον [good news, glad tidings, the Gospel]의 단수, 여격. '복음에게'

해석 "그리고 이르기를 '때가 찼고 하나님이 통치가 가까이 왔다. 회개하라! 그리고 복음을 믿으라!'"

3. οὐκ ἐλήλυθα καλέσαι δικαίους ἀλλὰ ἁμαρτωλοὺς εἰς μετάνοιαν. (눅 5:32)

οὐκ : 부정어(not)

ἐλήλυθα : 동사 ἔρχομαι [to come, go]의 현재완료, 능동태, 직설법, 1인칭, 단수. '내가 왔다'

신약성경 헬라어 교본 연습문제 해제

καλέσαι : 동사 καλέω [to call]의 단순과거, 능동태, 부정사. ‘부르는 것.’ 여기서는 목적을 표현하기 위해서 사용되었다. BDF, § 390 참조.

δικαίους : 형용사 δίκαιος [just, right]의 남성, 복수, 대격. 여기서는 명사 없이 독립적으로 사용되었다. ‘의로운 자들을’

ἀλλά : 대등접속사(but, except).

ἁμαρτωλούς : 형용사 ἁμαρτωλός [sinful]의 남성, 복수, 대격. 명사 없이 독립적으로 사용되었다. ‘죄인들을’

εἰς : 대격을 취하는 전치사(into, toward). 동작의 목적과 목표를 표현한다. BDAG, s.v. “εἰς,” 290, 항목 4 참조. εἰς μετάνοιαν = ‘회개를 지향하여’

μετάνοιαν : 여성명사 μετάνοια [repentance]의 단수, 대격. ‘회개를’

해석 “나는 의인들이 아니라 죄인들을 불러 회개시키러 왔다.”

4. ἀμὴν ἀμὴν λέγω σοι ὅτι ὃ **οἴδαμεν** λαλοῦμεν καὶ ὃ **ἑωράκαμεν** μαρτυροῦμεν, καὶ τὴν μαρτυρίαν ἡμῶν οὐ λαμβάνετε. (요 3:11)

ἀμήν : 변하지 않는 형용사 ἀμήν [truly]. 히브리어 אָמֵן을 음역한 것이다. 무엇인가를 확언하거나 확증하기 위해서 사용된다. ‘아멘, 진실로’

λέγω : 동사 λέγω [to say, speak]의 현재, 능동태, 직설법, 1인칭, 단수. ‘내가 말한다’

σοι : 2인칭 대명사 σύ [you]의 단수, 여격. ‘너에게’

ὅτι : 종속접속사(that, because). 여기서는 동사 λέγω의 목적절을 이끈다.

ὅ : 관계대명사(ὅς, ἥ, ὅ)의 중성, 단수, 주격.

οἴδαμεν : 동사 οἶδα [to know]의 현재완료, 능동태, 직설법, 1인칭, 복수. 현재완료 형태지만 현재의 의미로 사용되었다. ‘우리가 알고 있다.’ οἴδαμεν을 포함하여 이하에 나타나는 복수형은 주어가 화자를 포함한 다수라는 뜻이 아니라, ‘문학적 복수’(a literary plural)로서 화자가 스스로의 정체를 은폐하고 일반화시키는 표현 방식이다. Robertson, 406-07 참조.

λαλοῦμεν : 동사 λαλέω [to speak]의 현재, 능동태, 직설법, 1인칭, 복수. '우리가 말한다'

ἑωράκαμεν : 동사 ὁράω [to see]의 현재완료, 능동태, 직설법, 1인칭, 복수. '우리가 보았다'

μαρτυροῦμεν : 동사 μαρτυρέω [to bear witness, testify]의 현재, 능동태, 직설법, 1인칭, 복수. '우리가 증언한다'

καί : 접속사(and, also). 여기서는 놀랍거나 예기치 못한 결과를 강조하기 위해서 '하지만/그럼에도 불구하고'(and yet, nevertheless)라는 역접(逆接)의 의미로 사용되었다. BDAG, s.v. "καί," 495, 항목 1.b.η; BDF, § 442(1) 참조.

τήν : 정관사(ὁ, ἡ, τό)의 여성, 단수, 대격. '그'

μαρτυρίαν : 여성명사 μαρτυρία [a testimony]의 단수, 대격. '증언을'

ἡμῶν : 1인칭 대명사 ἐγώ [I]의 복수, 속격. '우리의'

οὐ : 부정어(not)

λαμβάνετε : 동사 λαμβάνω [to take, receive]의 현재, 능동태, 직설법, 2인칭, 복수. '너희가 받아들인다'

해석 "내가 진실로 진실로 너에게 말한다. 우리는 아는 것을 말하고, 본 것을 증언한다. 하지만 너희는 우리의 증언을 받아들이지 않는다."

5. ἤδη ὑμεῖς καθαροί ἐστε διὰ τὸν λόγον ὃν λελάληκα ὑμῖν· (요 15:3)

ἤδη : 부사(already)

ὑμεῖς : 2인칭 대명사 σύ [you]의 복수, 주격. '너희가'

καθαροί : 형용사 καθαρός [clean]의 남성, 복수, 주격. '깨끗한'

ἐστε : 동사 εἰμί [to be]의 현재, 능동태, 직설법, 2인칭, 복수. '너희가 ~ 이다'

διά : 속격과 대격을 취하는 전치사(through, on account of). 여기서는 대격을 취하여 '~때문에'라는 뜻으로 쓰였으며, 원인이나 근거를 나타낸다. διὰ τὸν λόγον = '말씀으로 인해.' BDF, § 402(1); Robertson, 584 참조.

신약성경 헬라어 교본 연습문제 해제

τόν : 정관사(ὁ, ἡ, τό)의 남성, 단수, 주격. '그'

λόγον : 남성명사 λόγος [a word, the Word]의 단수, 대격. '말씀을'

ὅν : 관계대명사(ὅς, ἥ, ὅ)의 남성, 단수, 대격. '~하는 것'

λελάληκα : 동사 λαλέω [to speak]의 현재완료, 능동태, 직설법, 1인칭,
　　　　　단수. '내가 말했다'

ὑμῖν : 2인칭 대명사 σύ [you]의 복수, 여격. '너희에게'

해석 "너희는 내가 너희에게 말한 말씀으로 인해 이미 깨끗하다."

6. τοῖς πᾶσιν γέγονα πάντα (고전 9:22)

τοῖς : 정관사(ὁ, ἡ, τό)의 남성, 복수, 여격. '그'

πᾶσιν : 형용사 πᾶς, πᾶσα, πᾶν [all, every, all things]의 남성, 복수, 여격.
　　　　'모든 자들에게'

γέγονα : 동사 γίνομαι [to become]의 현재완료, 능동태, 직설법, 1인칭,
　　　　　단수. '내가 되었다'

πάντα : 형용사 πᾶς, πᾶσα, πᾶν [all, every, all things]의 중성, 복수, 주격.
　　　　'모든 것들이'

해석 "나는 모든 자들에게 모든 것들이 되었다."

7. καὶ οὐ δύναται ἁμαρτάνειν, ὅτι ἐκ τοῦ θεοῦ γεγέννηται. (요일 3:9)

καί : 접속사(and, also). 여기서는 '또한'(also)이라는 뜻으로 쓰였다.

οὐ : 부정어(not)

δύναται : 동사 δύναμαι [to be able, be powerful]의 현재, 중간태, 직설법,
　　　　　3인칭, 단수. '그(녀)가 할 수 있다.' 부정사를 목적어로 취한다.
　　　　　οὐ δύναται ἁμαρτάνειν = '죄를 지을 수 없다'

ἁμαρτάνειν : 동사 ἁμαρτάνω [to sin]의 현재, 능동태, 부정사. '죄를 짓는 것'

ὅτι : 종속접속사(that, because). 여기서는 이유를 표현한다. '왜냐하면'

ἐκ : 속격을 취하는 전치사(from). 기원을 표현한다. ἐκ τοῦ θεοῦ='하나님
　　으로부터'

τοῦ : 정관사(ὁ, ἡ, τό)의 남성, 단수, 속격. '그'

θεοῦ : 남성명사 θεός [a god, God]의 단수, 속격. ‘하나님의’

γεγέννηται : 동사 γεννάω [to beget]의 현재완료, 수동태, 직설법, 3인칭,
단수. ‘그(녀)가 태어났다’

해석 "그리고 그는 죄를 지을 수도 없다. 왜냐하면 그는 하나님으
로부터 태어났기 때문이다."

8. ἡμεῖς ἐγνώκαμεν καὶ πεπιστεύκαμεν τὴν ἀγάπην ἣν ἔχει ὁ θεὸς ἐν ἡμῖν.
(요일 4:16)

ἡμεῖς : 1인칭 대명사 ἐγώ [I]의 복수, 주격. ‘우리가’

ἐγνώκαμεν : 동사 γινώσκω [to come to know, learn]의 현재완료, 능동
태, 직설법, 1인칭, 복수. ‘우리가 알았다’

πεπιστεύκαμεν : 동사 πιστεύω [to believe, have faith]의 현재완료, 능동
태, 직설법, 1인칭, 복수. ‘우리가 믿었다’

τήν : 정관사(ὁ, ἡ, τό)의 여성, 단수, 대격. ‘그’

ἀγάπην : 여성명사 ἀγάπη [love]의 단수, 대격. ‘사랑을’

ἥν : 관계대명사(ὅς, ἥ, ὅ)의 여성, 단수, 대격. ‘~하는 것’

ἔχει : 동사 ἔχω [to have, hold]의 현재, 능동태, 직설법, 3인칭, 단수. ‘그
(녀)가 가지고 있다’

ὁ : 정관사(ὁ, ἡ, τό)의 남성, 단수, 주격. ‘그’

θεός : 남성명사 θεός [a god, God]의 단수, 주격. ‘하나님이’

ἐν : 여격을 취하는 전치사(in). ἐν ἡμῖν = ‘우리 안에’

ἡμῖν : 1인칭 대명사 ἐγώ [I]의 복수, 여격. ‘우리에게’

해석 "우리는 하나님이 우리 안에 가지고 계신 그 사랑을 알고 믿
었다."

연습문제 50

A. 문법

1. ἰσχυρός, α, ον의 비교급과 최상급 변화를 해보시오.

- 비교급 변화

구분	단수			복수		
	남성	여성	중성	남성	여성	중성
1(주격)	ἰσχυρότερος	ἰσχυροτέρα	ἰσχυρότερον	ἰσχυρότεροι	ἰσχυρότεραι	ἰσχυρότερα
4(대격)	ἰσχυρότερον	ἰσχυροτέραν	ἰσχυρότερον	ἰσχυροτέρους	ἰσχυροτέρας	ἰσχυρότερα
2(속격)	ἰσχυροτέρου	ἰσχυροτέρας	ἰσχυροτέρου	ἰσχυροτέρων	ἰσχυροτέρων	ἰσχυροτέρων
3(여격)	ἰσχυροτέρῳ	ἰσχυροτέρᾳ	ἰσχυροτέρῳ	ἰσχυροτέροις	ἰσχυροτέραις	ἰσχυροτέροις

- 최상급 변화

구분	단수			복수		
	남성	여성	중성	남성	여성	중성
1(주격)	ἰσχυρότατος	ἰσχυροτάτη	ἰσχυρότατον	ἰσχυρότατοι	ἰσχυρόταται	ἰσχυρότατα
4(대격)	ἰσχυρότατον	ἰσχυροτάτην	ἰσχυρότατον	ἰσχυροτάτους	ἰσχυροτάτας	ἰσχυρότατα
2(속격)	ἰσχυροτάτου	ἰσχυροτάτης	ἰσχυροτάτου	ἰσχυροτάτων	ἰσχυροτάτων	ἰσχυροτάτων
3(여격)	ἰσχυροτάτῳ	ἰσχυροτάτῃ	ἰσχυροτάτῳ	ἰσχυροτάτοις	ἰσχυροτάταις	ἰσχυροτάτοις

2. μικρός의 비교급 변화를 해보시오.

구분	단수		복수	
	남성/여성	중성	남성/여성	중성
1(주격)	ἐλάσσων	ἔλασσον	ἐλάσσονες	ἐλάσσονα
4(대격)	ἐλάσσονα	ἔλασσον	ἐλάσσονας	ἐλάσσονα
2(속격)	ἐλάσσονος	ἐλάσσονος	ἐλασσόνων	ἐλασσόνων
3(여격)	ἐλάσσονι	ἐλάσσονι	ἐλάσσοσι(ν)	ἐλάσσοσι(ν)

3. μείζων의 중성, 대격을 쓰시오.　　　　μεῖζον

4. δίκαιος의 최상급 여성 여격을 쓰시오.　　δικαιοτάτᾳ

B. 아래 문장을 우리말로 옮기시오.

1. εἰ οὖν οὐδὲ ἐλάχιστον δύνασθε, τί περὶ τῶν λοιπῶν μεριμνᾶτε;
　(눅 12:26)
　εἰ : 조건을 표현하는 접속사(if)
　οὖν : 대등접속사(then, accordingly)
　οὐδέ : 부정어(and not, nor)
　ἐλάχιστον : 형용사 μικρός [small, little]의 최상급, 중성, 대격. 이른바
　　　　　　　절대 최상급(the elative superlative)으로서 '지극히 작은 것
　　　　　　　을'이라는 뜻이다. Robertson, 670 참조.
　δύνασθε : 동사 δύναμαι [to be able, be powerful]의 현재, 중간태, 2인칭,
　　　　　　복수. '너희가 할 수 있다'
　τί : 의문대명사 τίς, τί [who, which, what]의 중성, 단수, 대격. '어찌하여?'
　περί : 속격과 대격을 취하는 전치사. 속격과 함께 쓰일 경우 어떤 활동
　　　　이나 내적인 마음의 과정이 지칭하거나 관계하는 대상을 표현하
　　　　며(about, concerning), 대격과 함께 쓰일 경우에는 주로 장소나 위
　　　　치를 나타낸다(about, around). 여기서는 속격과 함께 '~에 관하
　　　　여'라는 뜻으로 사용되었다. περὶ τῶν λοιπῶν = '나머지 것들에
　　　　관해.' BDAG, s.v. "περί," 797-98 참조.
　τῶν : 정관사(ὁ, ἡ, τό)의 중성, 복수, 속격. '그'
　λοιπῶν : 형용사 λοιπός [remaining]의 중성, 복수, 속격. 명사 없이 독립
　　　　　적으로 사용되었다. '나머지 것들의'
　μεριμνᾶτε : 동사 μεριμνάω [to be anxious, be distracted]의 현재, 능동태,
　　　　　　　직설법, 2인칭, 복수. '너희가 염려한다'

해석　"그러므로 너희가 지극히 작은 것도 하지 못한다면, 어찌하여
　　　　나머지 것들에 관해 염려하느냐?"

2. ὁ δὲ Παῦλος· οὐ μαίνομαι, φησίν, **κράτιστε** Φῆστε, ἀλλὰ ἀληθείας καὶ
σωφροσύνης ῥήματα ἀποφθέγγομαι. (행 26:25)

ὁ : 정관사(ὁ, ἡ, τό)의 남성, 단수, 주격. '그'

Παῦλος : 고유명사 Παῦλος [Paul]의 남성, 단수, 주격. '바울이'

οὐ : 부정어(not)

μαίνομαι : 동사 μαίνομαι [to be rage, furious]의 현재, 수동태, 직설법,
1인칭, 단수. '내가 화가 났다'

φησίν : 동사 φήμι [to say]의 현재, 능동태, 직설법, 3인칭, 단수. '그(녀)
가 말한다.

κράτιστε : 동사 ἀγαθός [good]의 최상급, 남성, 단수, 호격. '고위 공직
자'(*vir egregius*)를 부르는 호칭에 대한 공식적인 헬라어 번역
어이다(행 23:26; 24:3; 26:25 등). '각하(閣下)!'(Your
Excellency!). BDF, § 60(2) 참조.

Φῆστε : 고유명사 Φῆστος [Festus]의 남성, 단수, 호격. '베스도여!'

ἀλλά : 대등접속사(but, except)

ἀληθείας : 여성명사 ἀλήθεια [truth]의 단수, 속격. '진리의'

σωφροσύνης : 여성명사 σωφροσύνη [self-control, moderation, good
judgment]의 단수, 속격. '자제(自制)의'

ῥήματα : 중성명사 ῥῆμα [a word]의 복수, 대격. '말들을'

ἀποφθέγγομαι : 동사 ἀποφθέγγομαι [to declare, utter]의 현재, 중간태,
직설법, 1인칭, 단수. '내가 말한다'

해석 "그러나 바울이 말했다. '베스도 각하! 저는 화가 난 것이 아
니라 오히려 참되고 온전한 말들을 하고 있습니다.'"

3. ἀγαπᾷς με **πλέον** τούτων; (요 21:15)

ἀγαπᾷς : 동사 ἀγαπάω [to love]의 현재, 능동태, 직설법, 2인칭, 단수. '네
가 사랑한다'

με : 1인칭 대명사 ἐγώ [I]의 단수, 대격. '나를'

πλέον : 형용사 πολύς, πολλή, πολύ [many, much]의 비교급, 중성, 단수,
대격. '~보다 더'

τούτων : 지시대명사(οὖτος, αὕτη, τοῦτο [this])의 남성, 복수, 속격. 명사 없이 독립적으로 사용되었다. 비교의 속격으로서 '이 사람들보다'라는 뜻이다. πλέον τούτων = '이 사람들보다 더.' BDF, § 185(1) 참조.

해석 "너는 이 사람들보다 더 나를 사랑하느냐?"

4. τὸ μωρὸν τοῦ θεοῦ **σοφώτερον** τῶν ἀνθρώπων ἐστὶν καὶ τὸ ἀσθενὲς τοῦ θεοῦ **ἰσχυρότερον** τῶν ἀνθρώπων. (고전 1:25)

τό : 정관사(ὁ, ἡ, τό)의 중성, 단수, 주격. '그'

μωρόν : 형용사 μωρός [foolish]의 중성, 단수, 주격. 명사 없이 독립적으로 사용되었다. '어리석음이.' 형용사의 중성형은 관사와 함께 종종 추상 명사처럼 사용된다. 이 경우 흔히 또 다른 속격 명사의 수식을 받는다. τὸ μωρὸν τοῦ θεοῦ = '하나님의 어리석음이.' BDF, §263 (2); Burton, § 425 참조.

τοῦ : 정관사(ὁ, ἡ, τό)의 남성, 단수, 속격. '그'

θεοῦ : 남성명사 θεός [a god, God]의 단수, 속격. '하나님의'

σοφώτερον : 형용사 σοφός [wise]의 비교급, 중성, 단수, 주격. '더 지혜로운'

τῶν : 정관사(ὁ, ἡ, τό)의 남성, 복수, 속격. '그'

ἀνθρώπων : 남성명사 ἄνθρωπος [a man]의 복수, 속격. '사람들의.' 비교의 속격으로서, 아마도 원래 형태는 τῆς σοφίας τῶν ἀνθρώπων('인간들의 지혜보다')이었을 것이다. Moule, 98 참조.

ἐστίν : 동사 εἰμί [to be]의 현재, 능동태, 직설법, 3인칭, 단수. '그(녀)가 ~이다'

ἀσθενές : 형용사 ἀσθενής [weak]의 중성, 단수, 주격. 명사 없이 독립적으로 사용되었다. '연약함이'

ἰσχυρότερον : 형용사 ἰσχυρός [strong]의 비교급, 중성, 단수, 주격. '더 강한'

해석 "하나님의 어리석음이 사람들(의 지혜)보다 더 지혜롭고, 하나님의 연약함이 사람들(의 강함)보다 더 강하다."

5. μακαριωτέρα δέ ἐστιν ἐὰν οὕτως μείνη, κατὰ τὴν ἐμὴν γνώμην· (고전 7:40)

　μακαριωτέρα : 형용사 μακάριος [blessed, happy]의 비교급, 여성, 단수, 주격. '더 복된'

　ἐστιν : 동사 εἰμί [to be]의 현재, 능동태, 직설법, 3인칭, 단수. '그(녀)가 ~이다'

　ἐάν : 조건을 표현하는 종속접속사(if)

　οὕτως : 부사(as)

　μείνη : 동사 μένω [to remain, abide]의 단순과거, 능동태, 가정법, 3인칭, 단수. '그(녀)가 거한다면'

　κατά : 속격(down from, against)과 대격(according to, along, during)을 취하는 전치사. 여기서는 대격과 함께 사용되어 판단이나 상벌의 근거가 되는 일정한 규범을 표현한다. κατὰ τὴν ἐμὴν γνώμην = '나의 견해에 따르면,' 즉 '나의 견해로는.' BDAG, s.v. "κατά," 512, 항목 B.5.a.β. 참조.

　τήν : 정관사(ὁ, ἡ, τό)의 여성, 단수, 대격. '그'

　ἐμὴν : 1인칭 소유형용사(ἐμός, ἐμή, ἐμόν)의 여성, 단수, 대격. '나의'

　γνώμην : 여성명사 γνώμη [opinion, consent]의 단수, 대격. '의견을'

> **해석** "내 견해로는, 그가 그렇게 지낸다면 그것이 더 좋다."

6. μὴ ἰσχυρότεροι αὐτοῦ ἐσμεν; (고전 10:22)

　μή : 부정어(not). 의문문에서 사용될 경우 부정적인 답변을 기대한다.

　ἰσχυρότεροι : 형용사 ἰσχυρός [strong]의 비교급, 남성, 복수, 주격. '더 강한'

　αὐτοῦ : 3인칭 대명사(αὐτός, αὐτή, αὐτό)의 남성, 단수, 속격. '그의.' 비교의 속격이다. ἰσχυρότεροι αὐτοῦ = '그보다 더 강한' BDF, § 185 참조.

　ἐσμεν : 동사 εἰμί [to be]의 현재, 능동태, 직설법, 1인칭, 복수. '우리가 ~이다'

> **해석** "우리는 그보다 더 강하지 않지 않느냐?"

7. μείζων δὲ ὁ προφητεύων ἢ ὁ λαλῶν γλώσσαις (고전 14:5)

μείζων : 형용사 μέγας, μεγάλη, μέγα [large, great]의 비교급, 남성, 단수, 주격. '더 큰'

ὁ : 정관사(ὁ, ἡ, τό)의 남성, 단수, 주격. '그'

προφητεύων : 동사 προφητεύω [to be]의 현재, 능동태, 분사, 남성, 단수, 주격. 명사 없이 독립적으로 사용되었다. '예언하는 자'

ἢ : 불변화사(or, than). 여기서는 비교급과 함께 '~보다'라는 뜻으로 쓰였다. 신약성경에서는 비교를 표현하기 위해서 대체로 비교의 속격이 사용되며, 불변화사 ἤ는 속격이 적절하지 않거나 비교의 상황이 충분히 분명하지 않는 경우에서만 사용된다. BDF, § 185(2) 참조

λαλῶν : 동사 λαλέω [to speak]의 현재, 능동태, 분사, 남성, 단수, 주격. 명사 없이 독립적으로 사용되었다. '말하는 자'

γλώσσαις : 여성명사 γλῶσσα [a tongue, language]의 복수, 여격. 수단의 여격이다. '방언으로' BDF, § 193 참조.

해 석 "예언하는 자가 방언으로 말하는 자보다 더 위대하다."

연습문제 51

A. 문법

1. κακός, α, ον의 부사형을 쓰시오. **κακῶς**

2. ἱκανῶς의 비교급을 쓰시오. **ἱκανόστερον**

3. μεγαλῶς의 최상급을 쓰시오. **μεγάλοτατα**

B. 아래 문장을 우리말로 옮기시오.

1. ἀνεῖλεν πάντας τοὺς παῖδας τοὺς ἐν Βηθλέεμ καὶ ἐν πᾶσι τοῖς ὁρίοις
   αὐτῆς ἀπὸ διετοῦς καὶ **κατωτέρω** ⋯ (마 2:16)

   ἀνεῖλεν : 동사 ἀναιρέω [to put to death, kill, take up]의 단순과거, 능동
   태, 직설법, 3인칭, 단수. '그(녀)가 죽였다'

   πάντας : 형용사 πᾶς, πᾶσα, πᾶν [all, every, all things]의 중성, 복수, 대
   격. '모든'

   τούς : 정관사(ὁ, ἡ, τό)의 중성, 복수, 대격. '그'

   παῖδας : 중성명사 παῖς [a boy, girl, child, servant]의 복수, 대격. '아이들을'

   ἐν : 여격을 취하는 전치사(in). 형용사처럼 사용된 전치사구이다. τοὺς ἐν
   Βηθλέεμ = '베들레헴에 있는'

   Βηθλέεμ : 고유명사 Βηθλέεμ [Bethlehem]의 여성, 단수, 여격. '베들레헴
   에게'

   πᾶσι : 형용사 πᾶς, πᾶσα, πᾶν [all, every, all things]의 중성, 복수, 여격.
   '모든.' ἐν πᾶσι τοῖς ὁρίοις αὐτῆς가 앞에 나오는 관사 τούς에 함
   께 걸린다. τοὺς ἐν Βηθλέεμ καὶ ἐν πᾶσι τοῖς ὁρίοις αὐτῆς = '베
   들레헴과 그것의 온 근방에 있는'

   τοῖς : 정관사(ὁ, ἡ, τό)의 중성, 복수, 여격. '그'

   ὁρίοις : 중성명사 ὅριον [a boundary, region]의 복수, 여격. '그 지역들에게'

   αὐτῆς : 3인칭 대명사(αὐτός, αὐτή, αὐτό)의 여성, 단수, 속격. '그녀의'

ἀπό : 속격을 취하는 전치사(from). ἀπὸ διετοῦς = '두 살부터'

διετοῦς : 남성명사 διέτης [two year]의 단수, 속격. '두 살의'

κατωτέρω : 부사(lower, below). '상대적으로 더 낮은, 아래쪽을 향하는' 이라는 뜻의 형용사 κάτω의 비교급인 κατώτερος의 부사 형태이다. 숫자와 함께 쓰여 '그것보다 아래'라는 뜻으로 쓰였다. ἀπὸ διετοῦς καὶ κατωτέρω = '두 살로부터, 그리고 그 아래로.' BDAG, s.v. "κατωτέρω," 535 참조.

해석 "그는 베들레헴과 그것의 온 근방에 있는 모든 아이들을 두 살로부터 그 아래로 다 죽였다."

2. Λέγω γὰρ ὑμῖν ὅτι ἐὰν μὴ περισσεύσῃ ὑμῶν ἡ δικαιοσύνη **πλεῖον** τῶν γραμματέων καὶ Φαρισαίων, οὐ μὴ εἰσέλθητε εἰς τὴν βασιλείαν τῶν οὐρανῶν. (마 5:20)

λέγω : 동사 λέγω [to say, speak]의 현재, 능동태, 직설법, 1인칭, 단수. '내가 말한다'

γάρ : 종속접속사(for)

ὑμῖν : 2인칭 대명사 σύ [you]의 복수, 여격. '너희에게'

ὅτι : 종속접속사(that, because). 여기서는 동사 λέγω의 목적절을 이끈다 (that).

ἐάν : 조건을 표현하는 불변화사(if)

μή : 부정어(not). 직설법 이외의 서법을 부정한다.

περισσεύσῃ : 동사 περισσεύω [to abound, be rich]의 단순과거, 능동태, 가정법, 3인칭, 단수. '그(녀)가 풍부하다면'

ὑμῶν : 2인칭 대명사 σύ [you]의 복수, 속격. '너희의'

ἡ : 정관사(ὁ, ἡ, τό)의 여성, 단수, 주격. '그'

δικαιοσύνη : 여성명사 δικαιοσύνή [righteousness]의 단수, 주격. '의가'

πλεῖον : 형용사 πολύς, πολλή, πολύ [many, much]의 비교급, 중성, 단수, 대격. '~보다 더'

τῶν : 정관사(ὁ, ἡ, τό)의 남성, 복수, 속격. '그'

γραμματέων : 남성명사 γραμματεύς [a scribe]의 복수, 속격. '서기관들의.' 비교의 속격이다. πλεῖον τῶν γραμματέων καὶ Φαρισαίων = '서기관들과 바리새인들보다 더.' BDF, § 185(1) 참조.

Φαρισαίων : 남성명사 Φαρισαῖος [a Pharisee]의 복수, 속격. '바리새인들의'

οὐ : 부정어(not). 'οὐ μή + 단순과거 가정법' 형태로 쓰여 매우 강한 부정을 표현한다. 사실 'οὐ μή + 단순과거 가정법' 형식은 헬라어에서 무엇인가를 부정하는 가장 강력한 방식으로서 'οὐ + 직설법'이 일종의 확실성(a certainty)을 부정하는 것이라면, 'οὐ μή + 단순과거 가정법'은 일말의 잠재성(a potentiality)마저 부정하면서 미래에 어떤 일이 벌어질 가능성을 원천적으로 배제한다. 이런 의미에서 οὐ μὴ εἰσέλθητε는 일종의 '금지'('결코 들어가서는 안 된다!')로 해석할 수도 있다. Robertson, 933; Wallace, 468-69; BDAG, s.v. "μή," 646, 항목 4.a. 참조.

εἰσέλθητε : 동사 εἰσέρχομαι [to go in, come in]의 단순과거, 능동태, 가정법, 2인칭, 복수. '너희가 들어간다면.' οὐ μή와 함께 쓰여 강한 부정을 나타낸다. οὐ μὴ εἰσέλθητε = '너희는 결코 들어가지 못할 것이다.'

εἰς : 대격을 취하는 전치사(into).

τήν : 정관사(ὁ, ἡ, τό)의 여성, 단수, 대격. '그'

βασιλείαν : 여성명사 βασιλεία [kingdom]의 단수, 대격. '왕국을'

τῶν : 정관사(ὁ, ἡ, τό)의 남성, 복수, 속격. '그'

οὐρανῶν : 남성명사 οὐρανός [heaven]의 복수, 속격. '하늘들의'

해석 "왜냐하면 나는 '너희의 의가 서기관들과 바리새인들보다 더 낫지 못하면 너희는 결코 천국에 들어가지 못할 것이다'라고 말하기 때문이다."

3. οὗτός ἐστιν **ἀληθῶς** ὁ σωτὴρ τοῦ κόσμου. (요 4:42)

οὗτος : 지시대명사(οὗτος, αὕτη, τοῦτο [this])의 남성, 단수, 주격. 명사 없이 독립적으로 사용되었다. '이 사람이'

ἐστιν : 동사 εἰμί [to be]의 현재, 능동태, 직설법, 3인칭, 단수. '그(녀)가 ~이다'

ἀληθῶς : 부사(truly)

ὁ : 정관사(ὁ, ἡ, τό)의 남성, 단수, 주격. '그'

σωτήρ : 남성명사 σωτήρ [Savior]의 단수, 주격. '구원자가'

τοῦ : 정관사(ὁ, ἡ, τό)의 남성, 단수, 속격. '그'

κόσμου : 남성명사 κόσμος [the world]의 단수, 속격. '세상의'

해석 "이 사람은 진실로 세상의 구원자이다."

4. ἠγάπησαν οἱ ἄνθρωποι **μᾶλλον** τὸ σκότος ἢ τὸ φῶς· (요 3:19)

ἠγάπησαν : 동사 ἀγαπάω [to love]의 단순과거, 능동태, 직설법, 3인칭, 복수. '그(녀)들이 사랑했다'

οἱ : 정관사(ὁ, ἡ, τό)의 남성, 복수, 주격. '그'

ἄνθρωποι : 남성명사 ἄνθρωπος [a man]의 복수, 주격. '사람들이'

μᾶλλον : 부사(more, rather)

τό : 정관사(ὁ, ἡ, τό)의 중성, 단수, 대격. '그'

σκότος : 중성명사 σκότος [darkness]의 단수, 대격. '어두움을'

ἢ : 불변화사(or). 비교를 표현한다. ἢ τὸ φῶς = '빛보다.' 신약성경에서는 비교를 표현하기 위해서 대체로 비교의 속격이 사용되며, 불변화사 ἤ는 속격이 적절하지 않거나 비교의 상황이 충분히 분명하지 않는 경우에서만 사용된다. BDF, § 185(2) 참조.

φῶς : 중성명사 φῶς [light]의 중성, 대격. '빛을'

해석 "사람들이 빛보다 어두움을 더 사랑했다."

5. ἀγαπᾷς με **πλέον** τούτων; (요 21:15)

ἀγαπᾷς : 동사 ἀγαπάω [to love]의 현재, 능동태, 직설법, 2인칭, 단수. '네가 사랑한다'

με : 1인칭 대명사 ἐγώ [I]의 단수, 대격. '나를'

πλέον : 형용사 πολύς, πολλή, πολύ [many, much]의 비교급, 중성, 단수, 대격. '~보다 더'

신약성경 헬라어 교본 연습문제 해제

τούτων : 지시대명사(οὗτος, αὕτη, τοῦτο [this])의 남성, 복수, 속격. 명사 없이 독립적으로 사용되었다. 비교의 속격으로서 '이 사람들보다'라는 뜻이다. πλέον τούτων = '이 사람들보다 더.' BDF, § 185(1) 참조.

해석 "너는 이 사람들보다 더 나를 사랑하느냐?"

6. Ἰουδαίους οὐδὲν ἠδίκησα ὡς καὶ σὺ **κάλλιον** ἐπιγινώσκεις. (행 25:10)

Ἰουδαίους : 형용사 Ἰουδαῖος [Jewish]의 남성, 복수, 대격. 명사적으로 사용되었다. '유대인들을.' 신약성경에서는 주로 명사 없이 독립적으로 쓰여 '유대인'(a Jew, Judean)을 뜻한다. BDAG, s.v. "Ἰουδαῖος," 478, 2 항목 참조.

οὐδέν : 부정대명사(οὐδείς, οὐδεμία, οὐδέν = no one, nothing, no)의 중성, 단수, 대격. '아무것도'

ἠδίκησα : 동사 ἀδικέω [to do wrong, harm]의 단순과거, 능동태, 직설법, 1인칭, 단수. '내가 불의를 행하였다.' 두 개의 대격을 취한다. Ἰουδαίους οὐδὲν ἠδίκησα = '나는 유대인들에게 아무런 불의도 행하지 않았다.' Robertson, 484 참조.

ὡς : 불변화사(as)

καί : 대등접속사(and, also). 여기서는 '또한'(also)이라는 뜻으로 쓰였다. καὶ σύ = '당신도'

σύ : 2인칭 대명사 σύ [you]의 단수, 주격. '네가'

κάλλιον : 부사 καλῶς [fitly, appropriately, in the right way]의 비교급. 그러나 여기서는 '더 잘'(better)이라는 뜻이 아니라 '매우 잘'(very well)이라는 뜻으로 쓰였다. BDAG, s.v. "καλῶς," 506, 항목 7; BDF, § 244(2) 참조.

ἐπιγινώσκεις : 동사 ἐπιγινώσκω [to come to know, recognize]의 현재, 능동태, 직설법, 2인칭, 단수. '네가 알고 있다'

해석 "당신도 잘 알고 있듯이 나는 유대인들에게 아무런 불의도 행하지 않았다."

7. ἀσπάζονται ὑμᾶς πάντες οἱ ἅγιοι, **μάλιστα** δὲ οἱ ἐκ τῆς Καίσαρος
   οἰκίας. (빌 4:22)

   ἀσπάζονται : 동사 ἀσπάζομαι [to greet, salute]의 현재, 중간태, 직설법,
      3인칭, 복수. '그(녀)들이 문안한다'

   ὑμᾶς : 2인칭 대명사 σύ [you]의 복수, 대격. '너희를'

   πάντες : 형용사 πᾶς, πᾶσα, πᾶν [all, every, all things]의 남성, 복수, 주
      격. '모든'

   οἱ : 정관사(ὁ, ἡ, τό)의 남성, 복수, 주격. '그'

   ἅγιοι : 형용사 ἅγιος [holy]의 남성, 복수, 주격. 독립적으로 사용되었다.
      '성도들이'

   μάλιστα : 부사(especially)

   ἐκ : 속격을 취하는 전치사(from). 종종 가족, 인종, 도시, 민족, 지역 등의
      기원이나 소속을 표현하며, 여기서도 소속을 나타낸다. οἱ ἐκ τῆς
      Καίσαρος οἰκίας = '가이사의 집에 속한 자들이.' BDAG, s.v. "ἐκ,"
      296, 항목 3.b.; BDF, § 437 참조.

   τῆς : 정관사(ὁ, ἡ, τό)의 여성, 단수, 속격. '그'

   Καίσαρος : 남성명사 Καῖσαρ [Caesar]의 단수, 속격. '가이사의'

   οἰκίας : 여성명사 οἰκία [a house]의 단수, 속격. '집의'

   해석 "모든 성도들이 너희에게 문안하며, 특히 가이사의 집에 속한
      자들이 (너희에게 문안한다)."

연습문제 52

A. 문법

1. δίδωμι 동사의 기본형을 쓰시오.

시제	현재 능동태	미래 능동태	과거 능동태	현재완료 능동태	현재완료 수동태	과거 수동태
기본형	δίδωμι	δώσω	ἔδωκα	δέδωκα	δέδομαι	ἐδόθην

2. δίδωμι의 현재 능동태 분사 남성, 여성, 중성 단수 주격과 속격을 각각 쓰시오.

구분	남성	여성	중성
주격	διδούς	διδοῦσα	διδόν
속격	διδόντος	διδούσης	διδόντος

3. δίδωμι의 현재와 과거 능동태 부정사를 각각 쓰시오.
   διδόναι(현재 능동태 부정사), **δοῦναι**(과거 능동태 부정사)

4. δίδωμι의 단순과거 능동태 분사 남성, 여성, 중성 단수 주격을 각각 쓰시오.
   δούς(단순과거 능동태 분사 남성 단수 주격), **δοῦσα**(단순과거 능동태 분사 여성 단수 주격), **δόν**(단순과거 능동태 분사 중성 단수 주격)

5. 아래 도표의 동사를 분해(parsing)하시오.

변화형 동사	인칭	수	시제	태	법	현재능동태 1인칭단수	의미(뜻)
δίδως	2인칭	단수	현재	능동태	직설법	δίδωμι	네가 준다
διδῶτε	2인칭	복수	현재	능동태	가정법	δίδωμι	너희가 준다면
δίδου	3인칭	단수	현재	능동태	명령법	δίδωμι	네가 주어라
ἐδίδομεν	1인칭	복수	미완료	능동태	직설법	δίδωμι	우리가 주었다
ἔδωκαν	3인칭	복수	단순과거	능동태	직설법	δίδωμι	그녀들이 주었다
δῶς	2인칭	단수	단순과거	능동태	가정법	δίδωμι	네가 준다면
δότωσαν	3인칭	복수	단순과거	능동태	명령법	δίδωμι	그(녀)들로 하여금 주게 하라
δέδοσαι	2인칭	단수	현재완료	중간태	직설법	δίδωμι	네가 주었다

B. 아래 문장을 우리말로 옮기시오.

1. Μὴ δῶτε τὸ ἅγιον τοῖς κυσὶν μηδὲ βάλητε τοὺς μαργαρίτας ὑμῶν
   ἔμπροσθεν τῶν χοίρων (마 7:6)

   μή : 부정어(not). 직설법 이외의 서법을 부정한다.

   δῶτε : 동사 δίδωμι [to give]의 단순과거, 능동태, 가정법, 2인칭, 복수.
   단순과거 명령을 부정하는 것이다. μὴ δῶτε = '너희는 주지 말라!'

   τό : 정관사(ὁ, ἡ, τό)의 중성, 단수, 대격. '그'

   ἅγιον : 형용사 ἅγιος [holy]의 중성, 단수, 대격. 명사 없이 독립적으로
   사용되었다. '거룩한 것을'

   τοῖς : 정관사(ὁ, ἡ, τό)의 남성, 복수, 여격. '그'

   κυσίν : 남성명사 κύων [a dog]의 복수, 여격. '개들에게'

   μηδέ : 부정어(but not, nor)

   βάλητε : 동사 βάλλω [to throw, cast]의 단순과거, 능동태, 가정법, 2인
   칭, 복수. μηδὲ βάλητε = '너희는 던지지 말라!'

   τούς : 정관사(ὁ, ἡ, τό)의 남성, 복수, 대격. '그'

   μαργαρίτας : 남성명사 μαργαρίτης [a pearl]의 복수, 대격. '진주들을'

   ὑμῶν : 2인칭 대명사 σύ [you]의 복수, 속격. '너희의'

   ἔμπροσθεν : 속격을 취하는 전치사(in front of, before). ἔμπροσθεν τῶν
   χοίρων = '돼지들 앞에'

   τῶν : 정관사(ὁ, ἡ, τό)의 남성, 복수, 속격. '그'

   χοίρων : 남성명사 χοίρος [a pig]의 복수, 속격. '돼지들의'

   해석 "거룩한 것을 개에게 주지 말고 너희의 진주들을 돼지들 앞에
   던지지 말라."

2. ὑμῖν δέδοται γνῶναι τὰ μυστήρια τῆς βασιλείας τῶν οὐρανῶν, ἐκείνοις
   δὲ οὐ δέδοται. (마 13:11)

   ὑμῖν : 2인칭 대명사 σύ [you]의 복수, 여격. '너희에게'

   δέδοται : 동사 δίδωμι [to give]의 현재완료, 수동태, 직설법, 3인칭, 단수.
   '그(녀)가 주어졌다'

γνῶναι : 동사 γινώσκω [to know, realize]의 단순과거, 능동태, 부정사. '아는 것'

τά : 정관사(ὁ, ἡ, τό)의 중성, 복수, 대격. '그'

μυστήρια : 중성명사 μυστήριον [a mystery]의 복수, 대격. '비밀들을'

τῆς : 정관사(ὁ, ἡ, τό)의 여성, 단수, 속격. '그'

βασιλείας : 여성명사 βασιλεία [kingdom]의 단수, 속격. '왕국의'

τῶν : 정관사(ὁ, ἡ, τό)의 남성, 단수, 속격. '그'

οὐρανῶν : 남성명사 οὐρανός [heaven]의 복수, 속격. '하늘들의'

ἐκείνοις : 지시대명사(ἐκεῖνος, ἐκείνη, ἐκεῖνο)의 남성, 복수, 여격. 명사 없이 독립적으로 사용되었으며, ὑμῖν과 대조를 이룬다. (너희를 제외한) '그들에게.' Robertson, 707 참조.

οὐ : 부정어(not)

해석 "천국의 비밀들을 아는 것이 너희에게는 주어졌으나 그들에게는 주어지지 않았다."

3. ἐδόθη μοι πᾶσα ἐξουσία ἐν οὐρανῷ καὶ ἐπὶ τῆς γῆς. (마 28:18)

ἐδόθη : 동사 δίδωμι [to give]의 단순과거, 수동태, 직설법, 3인칭, 단수. '그(녀)가 주어졌다'

μοι : 1인칭 대명사 ἐγώ [I]의 단수, 여격. '나에게'

πᾶσα : 형용사 πᾶς, πᾶσα, πᾶν [all, every, all things]의 여성, 단수, 주격. '모든'

ἐξουσία : 여성명사 ἐξουσία [authority]의 단수, 주격. '권위가'

ἐν : 여격을 취하는 전치사. '~안에'(in, within). 여기서는 장소나 위치를 나타낸다. ἐν οὐρανῷ = '하늘에.' BDAG, s.v. "ἐν," 326, 1번 항목 참조.

οὐρανῷ : 남성명사 οὐρανός [heaven]의 단수, 여격. '하늘에'

ἐπί : 속격(on, over, at that time)과 여격(on the basis of, at)과 대격(on, to, against)을 모두 취하는 전치사. 여기서는 속격을 취하여 '~에/위에'라는 뜻으로 쓰였다. ἐπὶ τῆς γῆς = '땅 위에'

τῆς : 정관사(ὁ, ἡ, τό)의 여성, 단수, 속격. '그'

γῆς : 여성명사 γῆ [the earth, land]의 단수, 속격. '땅의.'

해석 "하늘과 땅에 있는 모든 권위가 나에게 주어졌다."

4. πῶς δύναται οὗτος ἡμῖν **δοῦναι** τὴν σάρκα αὐτοῦ φαγεῖν. (요 6:52)

πῶς : 부사(how?)

δύναται : 동사 δύναμαι [to be powerful, be able to]의 현재, 중간태, 직설법, 3인칭, 단수. '그(녀)가 할 수 있다. 부정사를 목적어로 취한다. δύναται … δοῦναι = '그(녀)가 줄 수 있다'

οὗτος : 지시대명사(οὗτος, αὕτη, τοῦτο [this])의 남성, 단수, 주격. 명사 없이 독립적으로 사용되었다. '이 사람이'

ἡμῖν : 1인칭 대명사 ἐγώ [I]의 복수, 여격. '우리에게'

δοῦναι : 동사 δίδωμι [to give]의 단순과거, 능동태, 부정사. '주는 것'

τήν : 정관사(ὁ, ἡ, τό)의 단수, 대격. '그'

σάρκα : 여성명사 σάρξ [flesh]의 단수, 대격. '몸을'

αὐτοῦ : 3인칭 대명사(αὐτός, αὐτή, αὐτό)의 남성, 단수, 속격. '그의'

φαγεῖν : 동사 ἐσθίω [to eat]의 단순과거, 능동태, 부정사. 목적이나 결과를 나타낸다. '먹도록'

해석 "이 사람이 어떻게 자기 몸을 우리에게 주어서 먹게 할 수 있느냐?"

5. αἰτείτω παρὰ τοῦ **διδόντος** θεοῦ πᾶσιν ἁπλῶς. (약 1:5)

αἰτείτω : 동사 αἰτέω [to ask]의 현재, 능동태, 명령법, 3인칭, 단수. '그(녀)로 하여금 구하게 하라.' 전치사 παρά나 ἀπό와 함께 쓰인다. αἰτεῖν παρά τινος = '~에게 구하다.' BDF, § 155(2); BDAG, s.v. "παρά," 30 참조. 아울러 통상 영어로는 'let him ask' 정도로 번역되지만 헬라어 명령법의 함의는 호소나 허락이 아니라 말 그대로 '명령'(commend)이다. 따라서 지혜가 부족한 자는 하나님께 구할 수 있는 추가적인 선택지(option)가 있는 것이 아니라, 구해야 하는 의무(obligation)를 진다(he *must* ask of God). Wallace, 486 참조.

παρά : 속격, 여격, 대격을 모두 취하는 전치사(from, beside, with, alongside of).

τοῦ : 정관사(ὁ, ἡ, τό)의 남성, 단수, 속격. '그'

διδόντος : 동사 δίδωμι [to give]의 현재, 능동태, 분사, 남성, 단수, 속격. '주는'

θεοῦ : 남성명사 θεός [a god, God]의 단수, 속격. '하나님의'

πᾶσιν : 형용사 πᾶς, πᾶσα, πᾶν [all, every, all things]의 남성, 복수, 여격. 명사 없이 독립적으로 사용되었다. '모든 자들에게'

ἁπλῶς : 부사(sincerely, generously)

해 석   "그로 하여금 모든 자들에게 후하게 주시는 하나님께 구하게 하라!"

연습문제 53

A. 문법

1. 아래 도표의 동사를 분해(parsing)하시오.

변화형 동사	인칭	수	시제	태	법	현재능동태 1인칭단수	의미(뜻)
ἔγνωμεν	1인칭	단수	단순과거	능동태	직설법	γινώσκω	우리가 알았다
γνῶ	1인칭	단수	단순과거	능동태	가정법	γινώσκω	내가 안다면
γνῶθι	2인칭	단수	단순과거	능동태	명령법	γινώσκω	너는 알라!

B. 아래 문장을 우리말로 옮기시오.

1. καὶ τότε ὁμολογήσω αὐτοῖς ὅτι οὐδέποτε ἔγνων ὑμᾶς· (마 7:23)

   τότε : 부사(then, at that time)

   ὁμολογήσω : 동사 ὁμολογέω [to confess, profess]의 미래, 능동태, 직설법,
     1인칭, 단수. '내가 선언할 것이다'

   αὐτοῖς : 3인칭 대명사(αὐτός, αὐτή, αὐτό)의 남성, 복수, 여격. '그들에게'

   ὅτι : 종속접속사(that, because). 여기서는 동사 ὁμολογήσω의 목적절을
     이끈다.

   οὐδέποτε : 부사(never)

   ἔγνων : 동사 γινώσκω [to know, realize]의 단순과거, 능동태, 직설법, 1
     인칭, 단수. '내가 알았다'

   ὑμᾶς : 2인칭 대명사 σύ [you]의 복수, 대격. '너희를'

   > **해석** "그 때에 나는 그들에게 나는 너희를 전혀 알지 못했다고 선
   > 언할 것이다."

2. γνοὺς δὲ ὁ Ἰησοῦς τὴν πονηρίαν αὐτῶν εἶπεν· (마 22:18)

   γνούς : 동사 γινώσκω [to know, realize]의 단순과거, 능동태, 분사, 남성,
     단수, 주격. '아는'

ὁ : 정관사(ὁ, ἡ, τό)의 남성, 단수, 주격. '그'

Ἰησοῦς : 고유명사 Ἰησοῦς [Jesus, Joshua]의 단수, 주격. '예수가'

τήν : 정관사(ὁ, ἡ, τό)의 여성, 단수, 대격. '그'

πονηρίαν : 여성명사 πονηρία [iniquity, wickedness]의 단수, 대격. '사악
함을'

αὐτῶν : 3인칭 대명사(αὐτός, αὐτή, αὐτό)의 남성, 복수, 속격. '그들의'

εἶπεν : 동사 λέγω [to say, speak]의 단순과거, 능동태, 직설법, 3인칭, 단수.
'그(녀)가 말했다'

해석 "그러나 예수는 그들의 사악함을 알고 말했다."

3. ἔγνωσαν γὰρ ὅτι πρὸς αὐτοὺς τὴν παραβολὴν εἶπεν. (막 12:12)

ἔγνωσαν : 동사 γινώσκω [to know, realize]의 단순과거, 능동태, 직설법,
3인칭, 복수. '그(녀)들이 알았다'

γάρ : 종속접속사(for)

ὅτι : 종속접속사(that, because). 여기서는 ἔγνωσαν의 목적절을 이끈다.

πρός : 속격, 여격, 대격을 모두 취하는 전치사(toward, near, by,
advantageous for). 그러나 전치사 πρός는 주로 대격과 함께 쓰이며
목적, 시간, 공간, 관계 등과 관련한 다양한 상황을 표현하며 '~를
향하여'(toward)라는 뜻을 나타낸다. 여기서는 관심의 대상을 표현
하는 동시에 다소 적의(敵意)의 어감을 함축하고 있다(against).
πρὸς αὐτούς = '그들에 관하여/그들을 향하여.' Moule, 53, 97;
BDF, § 239(6) 참조.

αὐτούς : 3인칭 대명사(αὐτός, αὐτή, αὐτό)의 남성, 복수, 대격. '그들을'

τήν : 정관사(ὁ, ἡ, τό)의 여성, 단수, 대격. '그'

παραβολήν : 여성명사 παραβολή [a parable]의 단수, 대격. '비유를'

εἶπεν : 동사 λέγω [to say, speak]의 단순과거, 능동태, 직설법, 3인칭, 단
수. '그(녀)가 말했다.' 동일한 단순과거지만 ἔγνωσαν에 비해서 상
대적으로 앞선 동작을 표현한다. BDF, § 324 참조.

해석 "왜냐하면 그들은 그가 자기들을 두고 그 비유를 말했다는 것
을 알고 있었기 때문이다."

4. ἀλλ᾽ ἵνα γνῷ ὁ κόσμος ὅτι ἀγαπῶ τὸν πατέρα, καὶ καθὼς ἐνετείλατό μοι ὁ πατήρ, οὕτως ποιῶ. ἐγείρεσθε, ἄγωμεν ἐντεῦθεν. (요 14:31)

ἀλλ᾽ : 대등접속사(but, except)

ἵνα : 종속접속사(in order that). 여기서는 가정법과 함께 쓰여 목적을 표현하며, 다소간 명령의 의미를 나타낸다. Moule, 144; Wallace, 477 참조. ἵνα γνῷ ὁ κόσμος = '세상이 알도록/세상은 알아야 한다(the world needs to learn)'

γνῷ : 동사 γινώσκω [to know, realize]의 단순과거, 능동태, 가정법, 3인칭, 단수. '그(녀)가 알도록'

ὁ : 정관사(ὁ, ἡ, τό)의 남성, 단수, 주격. '그'

κόσμος : 남성명사 κόσμος [the world]의 단수, 주격. '세상이'

ὅτι : 종속접속사(that, because). 여기서는 γνῷ의 목적절을 이끈다.

ἀγαπῶ : 동사 ἀγαπάω [to love]의 현재, 능동태, 직설법, 1인칭, 단수. '내가 사랑한다'

τόν : 정관사(ὁ, ἡ, τό)의 남성, 단수, 대격. '그'

πατέρα : 남성명사 πατήρ [father]의 단수, 대격. '아버지를'

καθώς : 종속접속사(just as, even as)

ἐνετείλατό : 동사 ἐντέλλω [to be]의 단순과거, 중간태, 직설법, 3인칭, 단수. '그(녀)가 명했다'

μοι : 1인칭 대명사 ἐγώ [I]의 단수, 여격. '나에게'

πατήρ : 남성명사 πατήρ [father]의 단수, 주격. '아버지가'

οὕτως : 부사(thus)

ποιῶ : 동사 ποιέω [to do]의 현재, 능동태, 직설법, 1인칭, 단수. '내가 행한다'

ἐγείρεσθε : 동사 ἐγείρω [to raise up]의 현재, 수동태, 명령법, 2인칭, 복수. '너희는 일어나라!'

ἄγωμεν : 동사 ἄγω [to be]의 현재, 능동태, 가정법, 1인칭, 복수. 청유의 의미로 사용된 가정법이다. '우리가 가자'

ἐντεῦθεν : 부사(hence, thereupon)

"오직 내가 아버지를 사랑하고 아버지가 나에게 명하신 대로
내가 행하고 있다는 것을 세상이 알게 하기 위함이다. 그러니
일어나라! 가자!"

연습문제 54

■ 아래 문장을 우리말로 옮기시오.

1. ὁ δὲ ἐγερθεὶς παρέλαβεν τὸ παιδίον καὶ τὴν μητέρα αὐτοῦ νυκτὸς
   (마 2:14)

   ὁ : 정관사(ὁ, ἡ, τό)의 남성, 단수, 주격. 여기서는 일종의 인칭대명사 역
   할을 한다. ὁ δὲ ἐγερθεὶς = '그러나 그가 일어나 …' BDF, § 266(3);
   Wallace, 212-13 참조.

   ἐγερθεὶς : 동사 ἐγείρω [to raise up, rise, get up]의 단순과거, 수동태, 분
   사, 남성, 단수, 주격. 수동태 형태의 자동사로 쓰였다. '일어
   난.' BDAG, s.v. "ἐγείρω," 271, 항목 4 참조.

   παρέλαβεν : 동사 παραλαμβάνω [to receive, take]의 단순과거, 능동태, 직
   설법, 3인칭, 단수. '그(녀)가 취했다'

   τό : 정관사(ὁ, ἡ, τό)의 중성, 단수, 대격. '그'

   παιδίον : 중성명사 παιδίον [a child, infant]의 단수, 대격. '아이를'

   τήν : 정관사(ὁ, ἡ, τό)의 여성, 단수, 대격. '그'

   μητέρα : 여성명사 μήτηρ [mother]의 단수, 대격. '어머니를'

   αὐτοῦ : 3인칭 대명사(αὐτός, αὐτή, αὐτό)의 중성, 단수, 속격. '그것의'(아
   이의)

   νυκτός : 여성명사 νύξ [night]의 단수, 속격. 시간의 속격이다. '밤에'

   해석 "그리고 그는 밤에 일어나 아이와 그의 어머니를 취했다(데리
   고 갔다)."

2. ὁ δὲ ἀποκριθεὶς εἶπεν· (마 17:11)

   ὁ : 정관사(ὁ, ἡ, τό)의 남성, 단수, 주격. '그.' 여기서는 일종의 인칭대명
   사 역할을 한다.

   ἀποκριθεὶς : 동사 ἀποκρίνω [to answer]의 단순과거, 수동태, 분사, 남성,
   단수, 주격. '대답하는.' 여기서는 주동사인 εἶπεν과 구별되

는 어떤 동작이 아니라 동시에 이루어지는 동일한 동작을
표현한다. ἀποκριθεὶς εἶπεν = '대답하여 말했다,' 즉 '대답
했다.' Burton, § 122 참조.

εἶπεν : 동사 λέγω [to say, speak]의 단순과거, 능동태, 직설법, 3인칭, 단수.
'그(녀)가 말했다'

해석 "그러자 그가 대답했다."

3. οἱ μὲν ἔλεγον ὅτι ἀγαθός ἐστιν … (요 7:12)

οἱ : 정관사(ὁ, ἡ, τό)의 남성, 복수, 주격. '그.' 여기서는 일종의 인칭대명
사 역할을 한다. οἱ μὲν ἔλεγον = '그들은 한편으로 …라고 말했다.'

μέν : 불변화사(on the other hand, indeed)

ἔλεγον : 동사 λέγω [to say, speak]의 미완료, 능동태, 직설법, 3인칭, 복
수. '그(녀)들이 말했다'

ὅτι : 종속접속사(that, because). 여기서는 ἔλεγον의 목적절을 이끈다.

ἀγαθός : 형용사 ἀγαθός [good]의 남성, 단수, 주격. '선한'

ἐστιν : 동사 εἰμί [to be]의 현재, 능동태, 직설법, 3인칭, 단수. '그(녀)가
~이다'

해석 "그들은 한편으로 그가 선하다고 말했다 …"

4. οἱ μὲν οὖν ἐπορεύοντο χαίροντες ἀπὸ προσώπου τοῦ συνεδρίου …
(행 5:41)

οἱ : 정관사(ὁ, ἡ, τό)의 남성, 복수, 주격. 여기서는 일종의 인칭대명사 역
할을 한다. οἱ μὲν οὖν ἐπορεύοντο = '이에 그들은 …를 떠났다.'

μέν : 불변화사(on the other hand, indeed). 대등접속사인 οὖν과 함께 문
장의 서두에 쓰여 서사를 계속 이어가는 역할을 한다. μὲν οὖν =
'이에.' BDF, § 450(4), 451; Moule, 162; BDAG, s.v. "μέν," 630,
2.e. 참조.

οὖν : 대등접속사(then, accordingly)

ἐπορεύοντο : 동사 πορεύομαι [to go, proceed]의 미완료, 중간태, 직설법,
3인칭, 복수. '그(녀)들이 갔다'

χαίροντες : 동사 χαίρω [to rejoice]의 현재, 능동태, 분사, 남성, 복수, 주격. '기뻐하는'

ἀπό : 속격을 취하는 전치사(from). ἀπὸ προσώπου τοῦ συνεδρίο υ= '공회 앞으로부터'

προσώπου : 중성명사 προσώπον [face, presence]의 단수, 속격. '면전의'

τοῦ : 정관사(ὁ, ἡ, τό)의 중성, 단수, 속격. '그'

συνεδρίου : 중성명사 συνεδρίον [a council, the Sanhedrin]의 단수, 속격. '공회의'

해석 "이에 그들은 기뻐하면서 공회 앞을 떠났다."

5. αὐτὸς ἔδωκεν τοὺς μὲν ἀποστόλους, τοὺς δὲ προφήτας, τοὺς δὲ εὐαγγελιστάς, τοὺς δὲ ποιμένας καὶ διδασκάλους (엡 4:11)

αὐτός : 3인칭 대명사(αὐτός, αὐτή, αὐτό)의 남성, 단수, 주격.

ἔδωκεν : 동사 δίδωμι [to give]의 단순과거, 능동태, 직설법, 3인칭, 단수. '그(녀)가 주었다'

τούς : 정관사(ὁ, ἡ, τό)의 남성, 복수, 대격. '그'

μέν : 불변화사(on the other hand, indeed). 여기서는 와 함께 '한편으로는 … 다른 한편으로는'(on the one hand … on the other hand)이라는 뜻으로 쓰였다.

ἀποστόλους : 남성명사 ἀπόστολος [a messenger, an apostle]의 복수, 대격. '사도들을'

προφήτας : 남성명사 προφήτης [a prophet]의 복수, 대격. '선지자들을'

εὐαγγελιστάς : 남성명사 εὐαγγελιστής [a evangelist]의 복수, 대격. '복음전파자들을'

ποιμένας : 남성명사 ποιμέν [a shepherd]의 복수, 대격. '목자들을'

διδασκάλους : 남성명사 διδάσκαλος [a teacher]의 복수, 대격. '선생들을'

해석 "그는 한편으로 사도들을, 다른 한편으로는 선지자들과 복음전파자들과 목자들과 선생들을 주셨다."

연습문제 55

A. 문법

1. τίθημι 동사의 기본형을 쓰시오.

시제	현재 능동태	미래 능동태	과거 능동태	현재완료 능동태	현재완료 수동태	과거 수동태
기본형	τίθημι	θήσω	ἔθηκα	τέθεικα	τέθειμαι	ἐτεθην

2. τίθημι의 현재 능동태 분사 남성, 여성, 중성 단수 주격과 속격을 각각 쓰시오.

구분	남성	여성	중성
주격	τιθείς	τιθεῖσα	τιθέν
속격	τιθέντος	τιθείσης	τιθέντος

3. τίθημι의 현재와 과거 능동태 부정사를 각각 쓰시오.
   τιθέναι(현재 능동태 부정사), θεῖναι(과거 능동태 부정사)

4. τίθημι의 단순과거 능동태 분사 남성, 여성, 중성 단수 주격을 각각 쓰시오.
   θείς(단순과거 능동태 분사 남성 단수 주격), θεῖσα(단순과거 능동태 분사 여성 단수 주격), θέν(단순과거 능동태 분사 중성 단수 주격)

5. 아래 도표의 동사를 분해(parsing)하시오.

변화형 동사	인칭	수	시제	태	법	현재능동태 1인칭단수	의미(뜻)
τίθησι	3인칭	단수	현재	능동태	직설법	τίθημι	그(녀)가 둔다
ἐτιθέμεν	1인칭	복수	미완료	능동태	직설법	τίθημι	우리가 두었다
τιθῆτε	2인칭	복수	현재	능동태	가정법	τίθημι	너희가 둔다면
τίθεσθε	2인칭	복수	현재	중간태	직설법	τίθημι	너희가 두었다
ἐθήκαμεν	1인칭	복수	단순과거	능동태	직설법	τίθημι	우리가 두었다
θῶμαι	1인칭	단수	단순과거	중간태	가정법	τίθημι	내가 둔다면
θές	2인칭	단수	단순과거	능동태	명령법	τίθημι	네가 두어라
θέσθε	2인칭	복수	단순과거	수동태	명령법	τίθημι	너희가 놓여라

B. 아래 문장을 우리말로 옮기시오.

1. ἐν ταῖς ἀγοραῖς ἐτίθεσαν τοὺς ἀσθενοῦντας ··· (막 6:56)

   ἐν : 여격을 취하는 전치사(in). ἐν ταῖς ἀγοραῖς='시장에'

   ταῖς : 정관사(ὁ, ἡ, τό)의 여성, 복수, 여격. '그'

   ἀγοραῖς : 여성명사 ἀγορά [a market-place]의 복수, 여격. '시장들에게'

   ἐτίθεσαν : 동사 τίθημι [to place]의 미완료, 능동태, 직설법, 3인칭, 복수. '그(녀)들이 두었다'

   τούς : 정관사(ὁ, ἡ, τό)의 남성, 복수, 대격. '그'

   ἀσθενοῦντας : 동사 ἀσθενέω [to be weak, be sick]의 현재, 능동태, 분사, 남성, 복수, 대격. 명사 없이 독립적으로 사용되었다. '병든 자들을'

   해석 "그들은 시장에 병든 자들을 두었다."

2. καὶ ἔθηκεν θεμέλιον ἐπὶ τὴν πέτραν· (눅 6:48)

   ἔθηκεν : 동사 τίθημι [to place]의 단순과거, 능동태, 직설법, 3인칭, 단수. '그(녀)가 두었다'

θεμέλιον : 남성명사 θεμέλιος [a foundation]의 단수, 대격. '기초를'

ἐπί : 속격(on, over, at that time)과 여격(on the basis of, at)과 대격(on, to, against)을 모두 취하는 전치사. 여기서는 대격을 취하여 '~위에'라는 뜻으로 쓰였다. ἐπὶ τὴν πέτραν = '바위 위에'

τήν : 정관사(ὁ, ἡ, τό)의 여성, 단수, 대격. '그'

πέτραν : 여성명사 πέτρα [a rock]의 단수, 대격. '바위를'

해석　"그리고 그는 바위 위에 기초를 놓았다."

3. καθὼς γινώσκει με ὁ πατὴρ κἀγὼ γινώσκω τὸν πατέρα, καὶ τὴν ψυχήν μου **τίθημι** ὑπὲρ τῶν προβάτων. (요 10:15)

καθώς : 종속접속사(as, just as)

γινώσκει : 동사 γινώσκω [to know]의 현재, 능동태, 직설법, 3인칭, 단수. '그(녀)가 알고 있다'

με : 1인칭 대명사 ἐγώ [I]의 단수, 대격. '나를'

ὁ : 정관사(ὁ, ἡ, τό)의 남성, 단수, 주격. '그'

πατήρ : 남성명사 πατήρ [father]의 단수, 주격. '아버지가'

κἀγώ : 1인칭 대명사 ἐγώ [I]의 단수, 주격과 접속사 καί의 축약형 (coronis, καί+ἐγώ). 여기서 접속사 καί는 '또한'(also)이라는 뜻으로 쓰였다. κἀγώ = '나도'

γινώσκω : 동사 γινώσκω [to come to know, learn]의 현재, 능동태, 직설법, 1인칭, 단수. '나는 안다'

τόν : 정관사(ὁ, ἡ, τό)의 단수, 대격. '그'

πατέρα : 남성명사 πατήρ [father]의 단수, 대격. '아버지를'

τήν : 정관사(ὁ, ἡ, τό)의 여성, 단수, 대격. '그'

ψυχήν : 여성명사 ψυχή [soul, life, self]의 단수, 대격. '생명을'

μου : 1인칭 대명사 ἐγώ [I]의 단수, 속격. '나의'

τίθημι : 동사 τίθημι [to place, give up]의 현재, 능동태, 직설법, 1인칭, 단수. 여기서는 '버리다(to give up, take off)라는 뜻으로 쓰였다. '내가 버린다.' BDAG, s.v. "τίθημι," 1003, 항목 1.b.β. 참조.

ὑπέρ : 속격(in behalf of)과 대격(above)을 취하는 전치사. 여기서는 속격
　　　을 취하여 '~을 위하여'라는 뜻으로 사용되었다. ὑπὲρ τῶν
　　　προβάτων = '양들을 위해서'

τῶν : 정관사(ὁ, ἡ, τό)의 중성, 복수, 속격. '그'

προβάτων : 중성명사 προβάτον [a sheep]의 복수, 속격. '양들의'

해석　"아버지가 나를 아는 것처럼 나도 아버지를 알고 있다. 그리
　　　고 나는 양들을 위해서 나의 생명을 버린다."

4. καὶ ἐτίθουν παρὰ τοὺς πόδας τῶν ἀποστόλων, διεδίδετο δὲ ἑκάστῳ …
　　(행 4:35)

ἐτίθουν : 동사 τίθημι [to place]의 미완료, 능동태, 직설법, 3인칭, 복수.
　　　　　'그(녀)들이 두었다'

παρά : 속격, 여격, 대격을 모두 취하는 전치사(from, beside, with,
　　　alongside of). 여기서는 대격과 함께 '~곁에'라는 뜻으로 쓰였다.
　　　παρὰ τοὺς πόδας τῶν ἀποστόλων = '사도들의 발치에'

τούς : 정관사(ὁ, ἡ, τό)의 남성, 복수, 대격. '그'

πόδας : 동사 πούς [a foot]의 복수, 대격. '발들을'

τῶν : 정관사(ὁ, ἡ, τό)의 남성, 복수, 속격. '그'

ἀποστόλων : 남성명사 ἀπόστολος [a messenger, an apostle]의 복수, 속격.
　　　　　　　'사도들의'

διεδίδετο : 동사 διαδίδωμι [to distribute, give]의 미완료, 수동태, 직설
　　　　　법, 3인칭, 단수. '그(녀)가 분배되었다'

δέ : 대등접속사(but, and). 여기서는 '그리고'(and)라는 뜻으로 사용되었다.

ἑκάστῳ : 형용사 ἕκαστος [each]의 남성, 단수, 여격. '각자에게'

해석　"그리고 그들은 사도들의 발치에 두었다. 그리고 그것은 각자
　　　에게 …분배되었다."

5. ἐξουσίαν ἔχω θεῖναι αὐτήν, καὶ ἐξουσίαν ἔχω πάλιν λαβεῖν αὐτήν·
　　(요 10:18)

신
약
성
경
헬
라
어
교
본
연
습
문
제
해
제

ἐξουσίαν : 여성명사 ἐξουσία [authority]의 단수, 대격. '권한을, 권위를'

ἔχω : 동사 ἔχώ [to have, hold]의 현재, 능동태, 직설법, 1인칭, 단수. '내가 가지고 있다'

θεῖναι : 동사 τίθημι [to place]의 단순과거, 능동태, 부정사. 여기서는 '버리다(to give up, take off)라는 뜻으로 쓰였다. '버리는 것.' BDAG, s.v. "τίθημι," 1003, 항목 1.b.β. 참조.

αὐτήν : 3인칭 대명사(αὐτός, αὐτή, αὐτό)의 여성, 단수, 대격.

πάλιν : 부사(again)

λαβεῖν : 동사 λαμβάνω [to receive]의 단순과거, 능동태, 부정사. '얻는 것'

해 석 "나는 그것을 버릴 권한을 가지고 있다. 그리고 그것을 다시 얻을 권한도 가지고 있다."

연습문제 56

A. 문법

1. ἵστημι 동사의 기본형을 쓰시오.

시제	현재 능동태	미래 능동태	과거 능동태	현재완료 능동태	현재완료 수동태	과거 수동태
기본형	ἵστημι	στήσω	ἔστησα	ἔστηκα	ἔσταμαι	ἐστάθην

2. ἵστημι의 현재 능동태 분사 남성, 여성, 중성 단수 주격과 속격을 각각 쓰시오.

구분	남성	여성	중성
주격	ἱστάς	ἱστᾶσα	ἱστάν
속격	ἱστάντος	ἱστάσης	ἱστάντος

3. ἵστημι의 현재와 과거 능동태 부정사를 각각 쓰시오.
   ἱστάναι(현재 능동태 부정사), στῆναι(과거 능동태 부정사)

4. ἵστημι의 단순과거 능동태 분사 남성, 여성, 중성 단수 주격을 각각 쓰시오.
   στάς(단순과거 능동태 분사 남성 단수 주격), στᾶσα(단순과거 능동태 분사 여성 단수 주격), στάν(단순과거 능동태 분사 중성 단수 주격)

5. 아래 도표의 동사를 분해(parsing)하시오.

변화형 동사	인칭	수	시제	태	법	현재능동태 1인칭단수	의미(뜻)
ἵστης	2인칭	단수	현재	능동태	직설법	τίθημι	네가 일으킨다(타동사)
ἱστάμεθα	1인칭	복수	미완료	중간/수동태	직설법	τίθημι	우리가 일으킨다(타동사)
ἱστῆτε	2인칭	복수	현재	능동태	가정법	τίθημι	너희가 일으킨다면
ἵστη	2인칭	단수	현재	능동태	명령법	τίθημι	네가 일어서라
ἔστησαν	3인칭	복수	단순과거	능동태	직설법	τίθημι	너희가 일어섰다(자동사)
στῇ	2인칭	단수	단순과거	능동태	가정법	τίθημι	네가 일어선다면
στῆθι	2인칭	단수	단순과거	능동태	명령법	τίθημι	네가 일어서라
ἔστην	1인칭	단수	단순과거	능동태	직설법	τίθημι	내가 일어섰다

B. 아래 문장을 우리말로 옮기시오.

1. Τότε παραλαμβάνει αὐτὸν ὁ διάβολος εἰς τὴν ἁγίαν πόλιν καὶ **ἔστησεν** αὐτὸν ἐπὶ τὸ πτερύγιον τοῦ ἱεροῦ ··· (마 4:5)

   τότε : 부사(then, at that time)

   παραλαμβάνει : 동사 παραλαμβάνω [to receive, take]의 현재, 능동태, 직설법, 3인칭, 단수. '역사적 현재'(historical present)로서 화자(話者)가 마치 현장에 있는 것처럼 과거 사건을 생생하게 묘사하기 위해서 사용된다. 특히 복음서에서 매우 자주 쓰이며 과거형으로 번역하는 것이 자연스럽다. '그(녀)가 데리고 갔다.' Burton, § 14 참조.

   αὐτόν : 3인칭 대명사(αὐτός, αὐτή, αὐτό)의 남성, 단수, 대격. '그를'

   ὁ : 정관사(ὁ, ἡ, τό)의 남성, 단수, 주격. '그.' 유일한 존재를 지칭하기 위해서 사용된 관사로서, 신약성경에서 διάβολος는 단 세 번(딤전 3:11; 딤후 3:3; 딛 2:3)만 형용사 역할을 하는 복수형으로 사용될 뿐 모두 명사 역할을 하는 단수형으로 사용되며, 단순히 악한 존재가 아니라 특정 존재를 지칭한다. ὁ διάβολος = '그 고소하는 자가.' Wallace, 224 참조.

διάβολος : 남성명사 διάβολος [a slanderer, a accuser, the Devil]의 단수, 주격. '고소하는 자가'

εἰς : 대격을 취하는 전치사(into, toward). εἰς τὴν ἁγίαν πόλιν = '거룩한 도시로'

τήν : 정관사(ὁ, ἡ, τό)의 여성, 단수, 대격. '그'

ἁγίαν : 형용사 ἅγιος [holy]의 여성, 단수, 대격. '거룩한'

πόλιν : 여성명사 πόλις [a city]의 단수, 대격. '도시를'

ἔστησεν : 동사 ἵστημι [to cause to stand, stand]의 단순과거, 능동태, 직설법, 3인칭, 단수. '그(녀)가 세웠다'

ἐπί : 속격(on, over, at that time)과 여격(on the basis of, at)과 대격(on, to, against)을 모두 취하는 전치사. 여기서는 대격과 함께 사용되어 '~위에'라는 뜻으로 쓰였다. ἐπὶ τὸ πτερύγιον τοῦ ἱεροῦ = '성전의 꼭대기에.' BDAG, s.v. "ἐπί," 363, 항목 1.c.α. 참조.

τό : 정관사(ὁ, ἡ, τό)의 중성, 단수, 대격. '그'

πτερύγιον : 중성명사 πτερύγιον [highest point, pinnacle]의 단수, 대격. '꼭대기를'

τοῦ : 정관사(ὁ, ἡ, τό)의 중성, 단수, 속격.

ἱεροῦ : 중성명사 ἱερόν [a temple]의 단수, 속격. '성전의'

해석 "그 때에 그 고소하는 자가 그를 거룩한 도시로 데리고 갔다. 그리고 그는 그를 성전의 꼭대기에 세웠다."

2. ἐὰν δὲ μὴ ἀκούσῃ, παράλαβε μετὰ σοῦ ἔτι ἕνα ἢ δύο, ἵνα ἐπὶ στόματος δύο μαρτύρων ἢ τριῶν **σταθῇ** πᾶν ῥῆμα· (마 18:16)

ἐάν : 조건문을 이끄는 불변화사(if)

μή : 부정어(not). 직설법 이외의 서법을 부정한다.

ἀκούσῃ : 동사 ἀκούω [to hear]의 단순과거, 능동태, 가정법, 3인칭, 단수. '그(녀)가 듣는다면'

παράλαβε : 동사 παραλαμβάνω [to receive, take]의 단순과거, 능동태, 명령법, 2인칭, 단수. '네가 데리고 가라'

μετά : 속격과 대격을 취하는 전치사(with, after). 여기서는 속격을 취하여 '~와 더불어, ~함께'라는 뜻으로 쓰였다. μετὰ σοῦ = '너와 함께'

σοῦ : 2인칭 대명사 σύ [you]의 단수, 속격. '너의'

ἔτι : 부사(still, yet, even)

ἕνα : 형용사 εἷς, μιᾶ, ἕν [one]의 남성, 단수, 대격. '하나의'

ἤ : 대등접속사(or)

δύο : 형용사 δύο [two]의 남성, 복수, 대격. '둘의'

ἵνα : 종속접속사(in order that)

ἐπί : 속격(on, over, at that time)과 여격(on the basis of, at)과 대격(on, to, against)을 모두 취하는 선치사. 여기서는 속격과 함께 사용되어 '~에 근거하여'라는 뜻으로 쓰였다. ἐπὶ στόματος δύο μαρτύρων ἤ τριῶν = '두 세 증인들의 입에 근거하여.' BDAG, s.v. "ἐπι," 365, 항목 8; BDF, § 234(4) 참조.

στόματος : 중성명사 στόμα [a mouth]의 단수, 속격. '입의'

μαρτύρων : 남성명사 μαρτύς [a witness]의 복수, 속격. '증인들의'

τριῶν : 형용사 τρεῖς, τρία [three]의 남성, 복수, 속격. '셋의'

σταθῇ : 동사 ἵστημι [to cause to stand, stand, confirm]의 단순과거, 수동태, 가정법, 3인칭, 단수. '그(녀)가 확증되도록'

πᾶν : 형용사 πᾶς, πᾶσα, πᾶν [all, every, all things]의 중성, 단수, 주격. '모든'

ῥῆμα : 중성명사 ῥῆμα [a word]의 단수, 주격. '말이'

해석 "만일 그가 듣지 않으면, 두 세 증인들의 입에 근거하여 모든 말이 확증되도록 너와 함께 한 명이나 두 명을 데리고 가라!"

3. καὶ **στὰς** ὁ Ἰησοῦς ἐφώνησεν αὐτοὺς καὶ εἶπεν· τί θέλετε ποιήσω ὑμῖν; (마 20:32)

στάς : 동사 ἵστημι [to cause to stand, stand]의 단순과거, 능동태, 분사, 남성, 단수, 주격. '일어선'

ὁ : 정관사(ὁ, ἡ, τό)의 남성, 단수, 주격. '그'

Ἰησοῦς : 고유명사 Ἰησοῦς [Jesus, Joshua]의 단수, 주격. '예수가'

ἐφώνησεν : 동사 φωνέω [to call]의 단순과거, 능동태, 직설법, 3인칭, 단수. '그(녀)가 불렀다'

αὐτούς : 3인 대명사(αὐτός, αὐτή, αὐτό)의 남성, 복수, 대격. '그들을'

εἶπεν : 동사 λέγω [to say, speak]의 단순과거, 능동태, 직설법, 3인칭, 단수. '그(녀)가 말했다'

τί : 의문대명사 τίς, τί [who, which, what]의 중성, 단수, 대격. '무엇을?'

θέλετε : 동사 θέλω [to wish desire]의 현재, 능동태, 직설법, 2인칭, 복수. '너희가 원한다'

ποιήσω : 동사 ποιέω [to do]의 단순과거, 능동태, 가정법, 1인칭, 단수. '내가 행한다면'

ὑμῖν : 2인칭 대명사 σύ [you]의 복수, 여격. '너희에게'

해석 "그리고 예수가 일어서서 그들을 불러 말했다. '너희는 내가 너희에게 무엇을 해주기를 원하느냐?'"

4. ἔγειρε καὶ **στῆθι** εἰς τὸ μέσον· καὶ ἀναστὰς **ἔστη**. (눅 6:8)

ἔγειρε : 동사 ἐγείρω [to raise up]의 현재, 능동태, 명령법, 2인칭, 단수. '네가 일어나라!'

στῆθι : 동사 ἵστημι [to cause to stand, stand]의 단순과거, 능동태, 명령법, 2인칭, 단수. '네가 서라!'

εἰς : 대격을 취하는 전치사(into, toward). 여기서는 ἐν 대신 사용되었다. εἰς τὸ μέσον = '가운데에.' BDAG, s.v. "εἰς," 289, 항목 1.a.δ.; BDF, § 205 참조.

τὸ : 정관사(ὁ, ἡ, τό)의 중성, 단수. 대격. '그'

μέσον : 형용사 μέσος [middle, in the midst]의 중성, 단수, 대격. 명사 없이 독립적으로 사용되었으며, 별도의 관사도 쓰이지 않는다. τὸ μέσον = '가운데'(the middle) BDF, § 264(4); BDAG, s.v. "μέσος," 634, 항목 1.b. 참조.

ἀναστάς : 동사 ἀνίστημι [to cause to rise, rise]의 단순과거, 능동태, 분사, 남성, 단수, 주격. '일어나는'

ἔστη : 동사 ἵστημι [to cause to stand, stand]의 단순과거, 능동태, 직설법, 3인칭, 단수. '그(녀)가 일어섰다'

해석 "일어나서 가운데에 서라! 그러자 그가 일어나서 섰다."

5. Ἰδοὺ **ἕστηκα** ἐπὶ τὴν θύραν καὶ κρούω· (계 3:20)

ἰδού : 감탄사(behold)

ἕστηκα : 동사 ἵστημι [to cause to stand, stand]의 현재완료, 능동태, 직설법, 3인칭, 단수. '내가 서 있다.' 헬라어에서 현재 완료는 과거의 일회적인 동작의 결과가 현재에까지 영향을 미치는 상황을 표현하는 것이지만 경우에 따라 현재적인 동작을 표현하기도 한다. 여기서 사용된 현재완료형인 ἕστηκα도 최근에 완결되어 현재에도 여전히 지속되고 있는 동작을 표현하고 있으므로 현재처럼 번역하는 것이 자연스럽다. Robertson, 894-95 참조.

ἐπί : 속격(on, over, at that time)과 여격(on the basis of, at)과 대격(on, to, against)을 모두 취하는 전치사. 여기서는 대격과 함께 사용되어 '~의 가까이에'라는 뜻으로 쓰였다. ἐπὶ τὴν θύραν = '문 가까이에.' BDAG, s.v. "ἐπι," 363, 항목 1.c.γ. 참조.

τήν : 정관사(ὁ, ἡ, τό)의 여성, 단수, 대격. '그'

θύραν : 여성명사 θύρα [a door]의 단수, 대격. '문을'

κρούω : 동사 κρούω [to knock, strike]의 현재, 능동태, 직설법, 1인칭, 단수. '내가 두드리고 있다'

해석 "보라! 내가 문 가까이에 서서 두드리고 있다."

연습문제 57

A. 문법

아래 도표의 동사를 분해(parsing)하시오.

변화형 동사	인칭	수	시제	태	법	현재능동태 1인칭단수	의미(뜻)
ἀφείς	2인칭	단수	현재	능동태	직설법	ἀφίημι	내가 용서한다
ἤφιε	3인칭	단수	미완료	능동태	직설법	ἀφίημι	그(녀)가 용서하였다
ἀφιῶμεν	1인칭	복수	현재	능동태	가정법	ἀφίημι	우리가 용성한다면
ἀφίετε	2인칭	복수	현재	능동태	직설법	ἀφίημι	너희가 용서한다
ἀφεθήσεται	3인칭	단수	미래	수동태	직설법	ἀφίημι	그(녀)가 용서될 것이다
ἀφῆκα	1인칭	단수	단순과거	능동태	직설법	ἀφίημι	내가 용서하였다
ἀφέωνται	3인칭	복수	현재완료	수동태	직설법	ἀφίημι	그(녀)들이 용서되었다

신약 성경 헬라어 교본 연습문제 해제

B. 아래 문장을 우리말로 옮기시오.

1. οἱ δὲ εὐθέως **ἀφέντες** τὸ πλοῖον καὶ τὸν πατέρα αὐτῶν ἠκολούθησαν αὐτῷ. (마 4:22)

   οἱ : 정관사(ὁ, ἡ, τό)의 남성, 복수, 주격. 여기서는 일종의 인칭대명사 역할을 한다. οἱ δὲ εὐθέως ἀφέντες = '그러나 그들이 즉시 …를 버리고.' BDF, § 266(3); Wallace, 212-13 참조.

   εὐθέως : 부사(immediately)

   ἀφέντες : 동사 ἀφίημι [to let go, forgive]의 단순과거, 능동태, 분사, 남성, 복수, 주격. '버리는'

   τό : 정관사(ὁ, ἡ, τό)의 중성, 단수, 대격. '그'

   πλοῖον : 중성명사 πλοῖον [a boat]의 단수, 대격. '배를'

τόν : 정관사(ὁ, ἡ, τό)의 남성, 단수, 대격. '그'

πατέρα : 남성명사 πατήρ [a father]의 단수, 대격. '아버지를'

αὐτῶν : 3인칭 대명사(αὐτός, αὐτή, αὐτό)의 남성, 복수, 속격. '그들의'

ἠκολούθησαν : 동사 ἀκολουθέω [to follow]의 단순과거, 능동태, 직설법,
3인칭, 복수. 여격을 취한다. '그(녀)들이 뒤따랐다.'
ἠκολούθησαν αὐτῷ = '그들이 그를 따랐다'

αὐτῷ : 3인칭 대명사(αὐτός, αὐτή, αὐτό)의 남성, 단수, 여격. '그에게'

해석 "그러자 그들은 즉시 자신들의 배와 아버지를 버려두고 그를
따랐다."

2. ἐξουσίαν ἔχει ὁ υἱὸς τοῦ ἀνθρώπου ἐπὶ τῆς γῆς **ἀφιέναι** ἁμαρτίας ⋯
(마 9:6)

ἐξουσίαν : 여성명사 ἐξουσία [authority]의 단수, 대격. '권위를'

ἔχει : 동사 ἔχω [to have, hold]의 현재, 능동태, 직설법, 3인칭, 단수. '그
(녀)가 가지고 있다'

ὁ : 정관사(ὁ, ἡ, τό)의 남성, 단수, 주격. '그'

υἱός : 남성명사 υἱός [a son]의 단수, 주격. '아들이'

τοῦ : 정관사(ὁ, ἡ, τό)의 중성, 단수, 속격. '그'

ἀνθρώπου : 남성명사 ἄνθρωπος [a man]의 단수, 속격. '사람의.' ὁ υἱὸς
τοῦ ἀνθρώπου = '사람의 아들, 즉 인자(人子)'

ἐπί : 속격(on, over, at that time)과 여격(on the basis of, at)과 대격(on,
to, against)을 모두 취하는 전치사. 여기서는 속격을 취하여 '~에/
위에'라는 뜻으로 쓰였다.

τῆς : 정관사(ὁ, ἡ, τό)의 여성, 단수, 속격. '그'

γῆς : 여성명사 γῆ [the earth, land]의 단수, 속격. '땅의.' ἐπὶ τῆς γῆς =
'땅에서'

ἀφιέναι : 동사 ἀφίημι [to let go, forgive]의 현재, 능동태, 부정사. '용서
하는 것'

ἁμαρτίας : 여성명사 ἁμαρτία [a sin]의 복수, 대격. '죄들을'

해석 "인자는 땅에서 죄들을 사할 권위를 가지고 있다."

3. καὶ ὃς ἐὰν εἴπῃ λόγον κατὰ τοῦ υἱοῦ τοῦ ἀνθρώπου, ἀφεθήσεται αὐτῷ·
ὃς δ' ἂν εἴπῃ κατὰ τοῦ πνεύματος τοῦ ἁγίου, οὐκ ἀφεθήσεται αὐτῷ οὔτε
ἐν τούτῳ τῷ αἰῶνι οὔτε ἐν τῷ μέλλοντι. (마 12:32)

ὅς : 관계대명사(ὅς, ἥ, ὅ)의 남성, 단수, 주격. '~하는 자는'

ἐάν : 조건을 표현하는 종속접속사(if)

εἴπῃ : 동사 λέγω [to be]의 단순과거, 능동태, 가정법, 3인칭, 단수. '그
(녀)가 말한다면'

λόγον : 남성명사 λόγος [a word]의 단수, 대격. '말을'

κατά : 속격(down from, against)과 대격(according to, along, during)을
취하는 전치사. 여기서는 속격과 함께 '~에 반대하여'(against)라
는 뜻으로 쓰였다. κατὰ τοῦ υἱοῦ τοῦ ἀνθρώπου = '인자에 반대
하여.' BDAG, s.v. "κατά," 511, 항목 A.2.b.β. 참조.

τοῦ : 정관사(ὁ, ἡ, τό)의 남성, 단수, 속격. '그'

υἱοῦ : 남성명사 υἱός [a son]의 단수, 속격. '아들의'

τοῦ : 정관사(ὁ, ἡ, τό)의 중성, 단수, 속격. '그'

ἀνθρώπου : 남성명사 ἄνθρωπος [a man]의 단수, 속격. '사람의.' ὁ υἱὸς
τοῦ ἀνθρώπου = '사람의 아들, 즉 인자(人子)'

ἀφεθήσεται : 동사 ἀφίημι [to let go, forgive]의 미래, 수동태, 직설법, 3
인칭, 단수. 여격과 함께 '용서하다'라는 뜻으로 쓰인다.
ἀφεθήσεται αὐτῷ = '그(녀)가 용서될 것이다.' BDAG, s.v.
"ἀφίημι," 156, 항목 2 참조.

αὐτῷ : 3인칭 대명사(αὐτός, αὐτή, αὐτό)의 남성, 단수, 여격. '그에게'

ἄν : 관계대명사 다음에 단순과거 가정법과 함께 쓰여 미래를 보다 생생
하게 묘사하거나 현재의 일반적인 확신 또는 가정을 표현하는 조건
문의 일부를 형성한다. ὃς ἄν = '~하는 자는 누구든지.' BDAG, s.v.
"ἄν," 1.b.α. ; BDF, § 380 참조.

τοῦ : 정관사(ὁ, ἡ, τό)의 중성, 단수, 속격. '그'

πνεύματος : 중성명사 πνεῦμα [a spirit, Spirit]의 단수, 속격. '영의'

ἁγίου : 형용사 ἅγιος [holy]의 중성, 단수, 속격. '거룩한'

οὐκ : 부정어(not). οὐκ … οὔτε …= 'neither … nor …'

οὔτε : 부정어(neither, nor)

ἐν : 여격을 취하는 전치사(in). ἐν τούτῳ τῷ αἰῶνι = '이 세대에서'

τούτῳ : 지시대명사(οὗτος, αὕτη, τοῦτο [this])의 남성, 단수, 여격. '이'

τῷ : 정관사(ὁ, ἡ, τό)의 남성, 단수, 여격. '그'

αἰῶνι : 남성명사 αἰών [an age]의 단수, 여격. '세대에게'

μέλλοντι : 동사 μέλλω [to be about to]의 현재, 능동태, 분사, 남성, 단수, 여격. '오는'

> **해석** "그리고 누가 인자에 반대하여 말을 한다면 그는 용서될 것이다. 그러나 누구든지 성령에 반대하여 말하는 자, 그는 이 세대에서나 오는 세대에서나 용서를 받지 못할 것이다."

4. καὶ οὐκ **ἤφιεν** λαλεῖν τὰ δαιμόνια, ὅτι ᾔδεισαν αὐτόν. (막 1:34)

οὐκ : 부정어(not)

ἤφιεν : 동사 ἀφίημι [to let go, forgive]의 미완료, 능동태, 직설법, 3인칭, 단수. '그가 허락했다'

λαλεῖν : 동사 λαλέω [to speak]의 현재, 능동태, 부정사. '말하는 것'

τά : 정관사(ὁ, ἡ, τό)의 중성, 복수, 대격. '그'

δαιμόνια : 중성명사 δαιμόνιον [a demon]의 복수, 대격. '악령들을'

ὅτι : 종속접속사(that, because). 여기서는 이유를 나타낸다.

ᾔδεισαν : 동사 οἶδα [to know]의 과거완료, 능동태, 직설법, 3인칭, 복수. 형태는 과거완료지만 단순과거의 의미로 쓰였다. '그(녀)들이 알고 있었다'

αὐτόν : 3인칭 대명사(αὐτός, αὐτή, αὐτό)의 남성, 단수, 대격. '그를'

> **해석** "그리고 그는 악령들이 말하는 것을 허락하지 않았다. 왜냐하면 그것들이 그를 알고 있었기 때문이었다."

5. Εἰρήνην **ἀφίημι** ὑμῖν, εἰρήνην τὴν ἐμὴν δίδωμι ὑμῖν· (요 14:27)

εἰρήνην : 여성명사 εἰρήνη [peace]의 단수, 대격. '평화를'

ἀφίημι : 동사 ἀφίημι [to let go, forgive]의 현재, 능동태, 직설법, 1인칭, 단수. 여기서는 무엇이 지속되게 하거나 어떤 장소에 남아있도

록 한다는 뜻으로 쓰였다. '내가 남긴다.' BDAG, s.v. "ἀφίημι,"
항목 4 참조. εἰρήνην ἀφίημι ὑμῖν = '나는 너희에게 평화를 남
긴다'

ὑμῖν : 2인칭 대명사 σύ [you]의 복수, 여격. '너희에게'

τήν : 정관사(ὁ, ἡ, τό)의 여성, 단수, 대격. '그'

ἐμήν : 1인칭 소유형용사(ἐμός, ἐμή, ἐμόν)의 여성, 단수, 대격. '나의'

δίδωμι : 동사 εἰμί [to be]의 현재, 능동태, 직설법, 1인칭, 단수. '내가 준다'

해석 "나는 너희에게 평화를 남긴다(남겨주고 간다). 나는 너희에
게 나의 평화를 준다."

6. εἴ τις ἀδελφὸς γυναῖκα ἔχει ἄπιστον καὶ αὕτη συνευδοκεῖ οἰκεῖν μετ'
αὐτοῦ, μὴ **ἀφιέτω** αὐτήν· (고전 7:12)

εἰ : 조건을 나타내는 종속접속사(if)

τις : 부정대명사 τις, τι [someone, something]의 남성, 단수, 주격. '어떤
자가'

ἀδελφός : 남성명사 ἀδελφός [a brother]의 단수, 주격. '형제가'

γυναῖκα : 여성명사 γυνή [a woman, wife]의 단수, 대격. '아내를'

ἔχει : 동사 ἔχω [to have, hold]의 현재, 능동태, 직설법, 3인칭, 단수. '그
(녀)가 가지고 있다'

ἄπιστον : 형용사 ἄπιστος [faithless, unbelieving]의 여성, 단수, 대격. '믿
음이 없는'

αὕτη : 지시대명사(οὗτος, αὕτη, τοῦτο [this])의 여성, 단수, 주격. '이 여
자가'

συνευδοκεῖ : 동사 συνευδοκέω [to consent, agree]의 현재, 능동태, 직설
법, 3인칭, 단수. '그(녀)가 동의한다.' 부정사를 취한다.
συνευδοκεῖ οἰκεῖν = '그(녀)가 살기로 동의한다'

οἰκεῖν : 동사 οἰκέω [to dwell, inhabit]의 현재, 능동태, 부정사. '사는 것'

μετ' : 속격과 대격을 취하는 전치사(with, after). 여기서는 속격을 취하여
'~와 더불어, ~함께'라는 뜻으로 쓰였다. μετ' αὐτοῦ = '그와 더불
어/함께.'

αὐτοῦ : 3인칭 대명사(αὐτός, αὐτή, αὐτό)의 남성, 단수, 속격. '그의'

μή : 부정어(not). 직설법 이외의 서법을 부정한다.

ἀφιέτω : 동사 ἀφίημι [to let go, forgive]의 현재, 능동태, 명령법, 3인칭,
단수. 여기서는 '떠나다'(to leave, depart from)라는 뜻으로 쓰였
다. '그(녀)로 하여금 떠나게 하라.' BDAG, s.v. "ἀφίημι," 항목 3
참조. μὴ ἀφιέτω αὐτήν = '그로 하여금 그녀를 떠나지 말게 하라'

αὐτήν : 3인칭 대명사(αὐτός, αὐτή, αὐτό)의 여성, 단수, 대격. '그녀를.'

해석 "어떤 형제가 믿지 않는 아내가 있고 이 여자가 그와 더불어
사는 데 동의하면 그로 하여금 그녀를 떠나지 말게 하라."

연습문제 58

A. 문법

1. δείκνυμι의 현재 능동태 직설법 변화를 해보시오.

구분	단수	복수
1인칭	δείκνυμι	δείκνυμεν
2인칭	δείκνυς	δείκνυτε
3인칭	δείκνυσι(ν)	δείκνυασι(ν)

2. φημί의 현재 능동태 직설법 변화를 해보시오.

구분	단수	복수
1인칭	φημί	φαμέν
2인칭	φής	φατέ
3인칭	φησί(ν)	φασί(ν)

3. ἀπόλλυμι의 현재 능동태 직설법 변화를 해보시오.

구분	단수	복수
1인칭	ἀπόλλυμι	ἀπόλλυμεν
2인칭	ἀπόλλυς	ἀπόλλυτε
3인칭	ἀπόλλυσι(ν)	ἀπόλλυασι(ν)

4. 아래 도표의 동사를 분해(parsing)하시오.

변화형 동사	인칭	수	시제	태	법	현재능동태 1인칭단수	의미(뜻)
δείκνυσι	3인칭	단수	현재	능동태	직설법	δείκνυμι	그(녀)가 보여준다
φατέ	2인칭	복수	현재	능동태	직설법	φημί	너희가 말한다
ἀπόλλυμεν	1인칭	복수	현재	능동태	직설법	ἀπόλλυμι	우리가 파괴한다

B. 아래 문장을 우리말로 옮기시오.

1. Πάλιν παραλαμβάνει αὐτὸν ὁ διάβολος εἰς ὄρος ὑψηλὸν λίαν καὶ **δείκνυσιν** αὐτῷ πάσας τὰς βασιλείας τοῦ κόσμου καὶ τὴν δόξαν αὐτῶν ⋯ (마 4:8)

πάλιν : 부사(again)

παραλαμβάνει : 동사 παραλαμβάνω [to receive, take]의 현재, 능동태, 직설법, 3인칭, 단수. '역사적 현재'(historical present)로서 화자(話者)가 마치 현장에 있는 것처럼 과거 사건을 생생하게 묘사하기 위해서 사용된다. 특히 복음서에서 매우 자주 쓰이며 과거형으로 번역하는 것이 자연스럽다. '그(녀)가 데리고 갔다.' Burton, § 14 참조.

αὐτόν : 3인칭 대명사(αὐτός, αὐτή, αὐτό)의 남성, 단수, 대격. '그를'

ὁ : 정관사(ὁ, ἡ, τό)의 남성, 단수, 주격. '그.' 유일한 존재를 지칭하기 위해서 사용된 관사로서, 신약성경에서 διάβολος는 단 세 번(딤전 3:11; 딤후 3:3; 딛 2:3)만 형용사 역할을 하는 복수형으로 사용될 뿐 모두 명사 역할을 하는 단수형으로 사용되며 단순히 악한 존재가 아니라 특정 존재를 지칭한다. ὁ διάβολος = '그 고소하는 자가.' Wallace, 224 참조.

διάβολος : 남성명사 διάβολος [a slanderer, a accuser, the Devil]의 단수, 주격. '고소하는 자가'

εἰς : 대격을 취하는 전치사(into, toward). εἰς ὄρος ὑψηλὸν λίαν = '매우 높은 산으로'

ὄρος : 중성명사 ὄρος [a mountain]의 단수, 대격. '산을'

ὑψηλόν : 형용사 ὑψηλός [high]의 중성, 단수, 대격. '높은'

λίαν : 부사(greatly)

δείκνυσιν : 동사 δείκνυμι [to show]의 현재, 능동태, 직설법, 3인칭, 단수. παραλαμβάνει와 마찬가지로 역사적 현재이다. '그(녀)가 보여주었다'

αὐτῷ : 3인칭 대명사(αὐτός, αὐτή, αὐτό)의 남성, 단수, 여격. '그에게'

πάσας : 형용사 πᾶς, πᾶσα, πᾶν [all, every, all things]의 여성, 복수, 대격.
   '모든'

τάς : 정관사(ὁ, ἡ, τό)의 여성, 복수, 대격. '그'

βασιλείας : 여성명사 βασιλεία [kingdom]의 복수, 대격. '왕국들을'

τοῦ : 정관사(ὁ, ἡ, τό)의 남성, 단수, 속격. '그'

κόσμου : 남성명사 κόσμος [the world]의 단수, 속격. '세상의'

τήν : 정관사(ὁ, ἡ, τό)의 여성, 단수, 대격. '그'

δόξαν : 여성명사 δόξα [glory]의 단수, 대격. '영광을'

αὐτῶν : 3인칭 대명사(αὐτός, αὐτή, αὐτό)의 여성, 복수, 속격. '그녀들의'

해석   "그 고소하는 자는 그를 다시 매우 높은 산으로 데리고 갔다. 그
리고 그에게 세상 모든 왕국들과 그것들의 영광을 보여주었다."

2. εἰ δὲ μή, ῥήξει ὁ οἶνος τοὺς ἀσκοὺς καὶ ὁ οἶνος **ἀπόλλυται** καὶ οἱ ἀσκοί·
   ἀλλὰ οἶνον νέον εἰς ἀσκοὺς καινούς. (막 2:22)

εἰ : 조건을 나타내는 종속접속사(if). 여기서는 부정어 μή와 함께 쓰여
   '그렇지 않으면'(if not)이라는 뜻으로 쓰였다. BDF, § 376; BDAG,
   s.v. "εἰ," 278, 항목 6.i.α. 참조.

μή : 부정어(not)

ῥήξει : 동사 ῥήγνυμι [to break apart, throw down]의 미래, 능동태, 직설
   법, 3인칭, 단수. '그(녀)가 찢어버릴 것이다'

ὁ : 정관사(ὁ, ἡ, τό)의 남성, 단수, 주격. '그'

οἶνος : 남성명사 οἶνος [wine]의 단수, 주격. '포도주가'

τούς : 정관사(ὁ, ἡ, τό)의 남성, 복수, 대격. '그'

ἀσκούς : 남성명사 ἀσκός [a (leather) bottle, wineskin]의 복수, 대격. '부
   대들을'

καί : 대등접속사(and, also). 여기서는 καί … καί … 구문으로 쓰여 '~
   뿐만 아니라 ~도'(not only … but also)이라는 뜻을 나타낸다. καὶ
   ὁ οἶνος ἀπόλλυται καὶ οἱ ἀσκοί· = '포도주뿐만 아니라 부대들도
   파괴된다'

ἀπόλλυται : 동사 ἀπόλλυμι [to destroy]의 현재, 수동태, 직설법, 3인칭, 단수. '그(녀)가 파괴된다'

οἱ : 정관사(ὁ, ἡ, τό)의 남성, 복수, 주격. '그'

ἀσκοί : 남성명사 ἀσκός [a (leather) bottle, wineskin]의 복수, 주격. '부대들이'

ἀλλά : 대등접속사(but, except)

οἶνον : 남성명사 οἶνος [wine]의 단수, 대격. '포도주를'

νέον : 형용사 νέος [new]의 남성, 단수, 대격. '새로운'

εἰς : 대격을 취하는 전치사(into, toward). 여기서는 '~를 향하여'가 아니라 장소를 표현하는 ἐν 대신 사용되어 '~안에'라는 뜻으로 사용되었다. εἰς ἀσκοὺς καινούς = '새 부대들 안에.' BDF, § 205 참조.

ἀσκοὺς : 남성명사 ἀσκός [a (leather) bottle, wineskin]의 복수, 대격. '부대들을'

καινούς : 형용사 καινός [new]의 남성, 복수, 대격. '새로운'

해석 "그렇지 않으면, 그 포도주가 부대들을 찢어버릴 것이고, 포도주뿐 아니라 그 부대들도 버리게 된다. 오히려 새 포도주를 새 부대들 안에 (둔다)."

3. καὶ προαγαγὼν αὐτοὺς ἔξω ἔφη· κύριοι, τί με δεῖ ποιεῖν ἵνα σωθῶ; (행 16:30)

προαγαγών : 동사 προαγάγω [to lead forth, go before]의 현재, 능동태, 분사, 남성, 단수, 주격. '이끄는'

αὐτούς : 3인칭 대명사(αὐτός, αὐτή, αὐτό)의 남성, 복수, 대격. '그들을'

ἔξω : 부사(without, outside)

ἔφη : 동사 φημί [to be]의 단순과거/미완료, 능동태, 직설법, 3인칭, 단수. '그(녀)가 말했다'

κύριοι : 남성명사 κύριος [a lord, Lord]의 복수, 호격. '선생들이여!'

τί : 의문대명사 τίς, τί [who, which, what]의 중성, 단수, 대격. '무엇을?'

με : 1인칭 대명사 ἐγώ [I]의 단수, 대격. '나를' 부정사의 의미상의 주어로 쓰였다. τί με δεῖ ποιεῖν = ' 내가 무엇을 해야 하는가?'

δεῖ : 비인칭동사 δεῖ [it is necessary]의 현재, 능동태, 직설법, 3인칭, 단수. '~가 필요하다' 부정사를 목적으로 취한다. δεῖ ποιεῖν = '해야 한다'

ποιεῖν : 동사 ποιέω [to do]의 현재, 능동태, 부정사. '행하는 것'

ἵνα : 종속접속사(in order that). 목적을 표현한다. ἵνα σωθῶ = '내가 구원을 받으려면'

σωθῶ : 동사 σώζω [to save]의 단순과거, 수동태, 가정법, 1인칭, 단수. '내가 구원받으면'

해석 "그는 그들을 밖으로 데리고 나가 말했다. '선생들이여! 내가 구원을 받으려면 무엇을 해야 합니까?'"

연습문제 59

A. 문법

1. οἶδα의 현재완료 능동태 직설법 변화를 해보시오.

구분	단수	복수
1인칭	οἶδα	οἴδαμεν
2인칭	οἶδας	οἴδατε
3인칭	οἶδε(ν)	οἴδασι(ν)

2. οἶδα의 부정사를 쓰시오. εἰδέναι

3. 아래 도표의 동사를 분해(parsing)하시오.

변화형 동사	인칭	수	시제	태	법	현재능동태 1인칭단수	의미(뜻)
οἴδασι	3인칭	복수	현재완료	능동태	직설법	οἶδα	그(녀)들이 알고 있다
εἰδῶμεν	1인칭	복수	현재완료	능동태	가정법	οἶδα	우리가 안다면
ἴσθι	2인칭	단수	현재완료	능동태	명령법	οἶδα	너는 알라!
ᾔδει	3인칭	단수	과거완료	능동태	직설법	οἶδα	그(녀)가 알고 있었다

B. 아래 문장을 우리말로 옮기시오.

1. ὁ δὲ ἀποκριθεὶς εἶπεν· ἀμὴν λέγω ὑμῖν, οὐκ **οἶδα** ὑμᾶς. (마 25:12)

   ὁ : 정관사(ὁ, ἡ, τό)의 남성, 단수, 주격. 여기서는 일종의 인칭대명사처럼 사용되었다. ὁ δὲ ἀποκριθεὶς εἶπεν = '그가 대답했다'

   ἀποκριθεὶς : 동사 ἀποκρίνω [to answer]의 단순과거, 수동태, 분사, 남성, 단수, 주격. '대답하는.' 여기서는 주동사인 εἶπεν과 구별되는 어떤 동작이 아니라 동시에 이루어지는 동일한 동작을 표현한다. ἀποκριθεὶς εἶπεν = '대답하여 말했다,' 즉 '대답했다.' Burton, § 122 참조.

εἶπεν : 동사 λέγω [to say, speak]의 단순과거, 능동태, 직설법, 3인칭, 단수. '그(녀)가 말했다'

ἀμήν : 곡용하지 않는 형용사 ἀμήν [truly]. 히브리어 אָמֵן을 음역한 것이다. 무엇인가를 확언하거나 확증하기 위해서 사용된다. '아멘, 진실로'

λέγω : 동사 λέγω [to say, speak]의 현재, 능동태, 직설법, 1인칭, 단수. '내가 말한다'

ὑμῖν : 2인칭 대명사 σύ [you]의 복수, 여격. '너희에게'

οὐκ : 부정어(not)

οἶδα : 동사 οἶδα [to know]의 현재완료, 능동태, 직설법, 1인칭, 단수. 현재완료지만 현재의 의미를 가진다. '내가 알고 있다'

ὑμᾶς : 2인칭 대명사 σύ [you]의 복수, 대격. '너희를'

해석 "그러나 그는 대답했다. '내가 진실로 너희에게 말한다. 나는 너희를 알지 못한다.'"

2. καὶ ἀπεκρίθησαν μὴ εἰδέναι πόθεν. (눅 20:7)

ἀπεκρίθησαν : 동사 ἀποκρίνω [to answer]의 단순과거, 수동태, 직설법, 3인칭, 복수. '그(녀)들이 대답했다'

μή : 부정어(not).

εἰδέναι : 동사 οἶδα [to know]의 현재완료, 능동태, 부정사. '아는 것.' 의미상의 주어인 ὑμᾶς가 생략된 간접화법이다. μὴ εἰδέναι πόθεν = '(우리는) 어디로부터인지 알지 못한다.' BDF, § 396, 406(2) 참조.

πόθεν : 부사(whence, from what place?)

해석 "그리고 그들은 어디로부터인지 알지 못한다고 대답했다."

3. κἀγὼ οὐκ ᾔδειν αὐτόν, ἀλλ᾽ ὁ πέμψας με βαπτίζειν ἐν ὕδατι ἐκεῖνός μοι εἶπεν· (요 1:33)

κἀγώ : 1인칭 대명사 ἐγώ [I]의 단수, 주격과 접속사 καί의 축약형
(coronis, καί + ἐγώ). 여기서 접속사 καί는 '또한'(also)이라는 뜻으
로 쓰였다. κἀγώ = '나도'

οὐκ : 부정어(not)

ᾔδειν : 동사 οἶδα [to know]의 과거완료, 능동태, 직설법, 1인칭, 단수.
과거완료지만 단순과거의 의미로 쓰였다. '나는 알고 있었다'

αὐτόν : 3인칭 대명사(αὐτός, αὐτή, αὐτό)의 남성, 단수, 대격. '그를'

ἀλλ' : 대등접속사(but, except)

ὁ : 정관사(ὁ, ἡ, τό)의 남성, 단수, 주격. '그'

πέμψας : 동사 πέμπω [to send]의 단순과거, 능동태, 분사, 남성, 단수, 주
격. 명사 없이 독립적으로 사용되었다. '보낸 이가'

με : 1인칭 대명사 ἐγώ [I]의 단수, 대격. '나를'

βαπτίζειν : 동사 βαπτίζω [to baptize]의 현재, 능동태, 부정사. 목적을
나타낸다. ὁ πέμψας με βαπτίζειν = '세례를 베풀도록 나를
보내신 이'

ἐν : 여격을 취하는 전치사. '~안에'(in, within). 여기서는 수단이나 도구
를 나타낸다(by). ἐν ὕδατι = '물로.' BDAG, s.v. "ἐν," 328, 5번 항목
참조.

ὕδατι : 중성명사 ὕδωρ [water]의 단수, 여격. '물로'

ἐκεῖνος : 지시대명사(ἐκεῖνος, ἐκείνη, ἐκεῖνο)의 남성, 단수, 주격. 명사
없이 독립적으로 사용되었다. '그가'

μοι : 1인칭 대명사 ἐγώ [I]의 단수, 여격. '나에게'

εἶπεν : 동사 λέγω [to say, speak]의 단순과거, 능동태, 직설법, 3인칭, 단수.
'그(녀)가 말했다'

해석 "나도 그를 알지 못했다. 그러나 물로 세례를 베풀도록 나를
보내신 이, 그가 나에게 말씀하셨다."

4. Ἴστε, ἀδελφοί μου ἀγαπητοί· (약 1:19)

Ἴστε : 동사 οἶδα [to know]의 현재완료, 능동태, 명령법, 2인칭, 복수. '너
희는 알라!'

ἀδελφοί : 남성명사 ἀδελφός [a brother]의 복수, 호격. '형제들아!'

μου : 1인칭 대명사 ἐγώ [I]의 단수, 속격. '나의'

ἀγαπητοί : 형용사 ἀγαπητός [to be]의 남성, 복수, 호격. '사랑하는'

해석 "나의 사랑하는 형제들아! 너희는 알라!"

5. ἐὰν εἰδῆτε ὅτι δίκαιός ἐστιν, γινώσκετε ὅτι καὶ πᾶς ὁ ποιῶν τὴν δικαιοσύνην ἐξ αὐτοῦ γεγέννηται. (요일 2:29)

ἐάν : 조건을 나타내는 종속접속사(if)

εἰδῆτε : 동사 οἶδα [to know]의 현재완료, 능동태, 가정법, 2인칭, 복수. '너희가 안다면'

ὅτι : 종속접속사(that, because). 여기서는 동사 εἰδῆτε의 목적절을 이끈다.

δίκαιος : 형용사 δίκαιος [just, righteous]의 남성, 단수, 주격. '의로운'

ἐστιν : 동사 εἰμί [to be]의 현재, 능동태, 직설법, 3인칭, 단수. '그(녀)가 ~이다'

γινώσκετε : 동사 γινώσκω [to come to know, learn]의 현재, 능동태, 직설법, 2인칭, 복수. 미래적인 의미로 사용된 현재이다. '너희가 알 것이다.' Burton, § 15 참조.

ὅτι : 종속접속사(that, because). 여기서는 동사 γινώσκετε의 목적절을 이끈다.

καί : 대등접속사(and, also). 여기서는 '또한'(also)이라는 뜻으로 쓰였다.

πᾶς : 형용사 πᾶς, πᾶσα, πᾶν [all, every, all things]의 남성, 단수, 주격. '모든'

ὁ : 정관사(ὁ, ἡ, τό)의 남성, 단수, 주격. '그'

ποιῶν : 동사 εἰμί [to be]의 현재, 능동태, 분사, 남성, 단수, 주격. 명사 없이 독립적으로 사용되었다. ὁ ποιῶν = '행하는 자'

τήν : 정관사(ὁ, ἡ, τό)의 여성, 단수, 대격. '그'

δικαιοσύνην : 여성명사 δικαιοσύνη [righteousness]의 단수, 대격. '의를'

ἐξ : 속격을 취하는 전치사(from). 모음으로 시작되는 단어(αὐτοῦ) 앞에서 ἐξ로 변형되었다. 여기서는 기원이나 출처, 소속을 뜻한다. ἐξ αὐτοῦ='그로부터/그에게서.' BDAG, s.v. "ἐκ," 296, 3 항목 참조.

신약성경 헬라어 교본 연습문제 해제

αὐτοῦ : 3인칭 대명사(αὐτός, αὐτή, αὐτό)의 남성, 단수, 속격. '그의'

γεγέννηται : 동사 γεννάω [to beget]의 현재완료, 수동태, 직설법, 3인칭,
단수. '그(녀)가 태어났다'

해석 "만일 너희가 그가 의로우시다는 것을 안다면, 너희는 의를
행하는 자도 그에게서 난 것을 알 것이다."

연습문제 60

■ 아래 문장을 우리말로 옮기시오.

1. καὶ ἔσεσθε μισούμενοι ὑπὸ πάντων διὰ τὸ ὄνομά μου· (마 10:22)

   ἔσεσθε : 동사 εἰμί [to be]의 미래, 중간태, 직설법, 2인칭, 복수. '너희는 ~일 것이다'

   μισούμενοι : 동사 μισέω [to hate]의 현재, 수동태, 분사, 남성, 복수, 주격. ἔσεσθε와 함께 완곡어법을 구성하며, 지속적이고 반복적인 동작을 강조한다. ἔσεσθε μισούμενοι = '너희가 (계속적으로) 미움을 받을 것이다.' BDF, § 353(1); Moule, 18 참조.

   ὑπό : 속격(by)과 대격(under, below)을 취하는 전치사. 여기서는 속격을 취하여 '~에 의하여'(by)라는 뜻으로 사용되었다. ὑπὸ πάντων = '모든 자들에 의해서/모든 자들에게'

   πάντων : 형용사 πᾶς, πᾶσα, πᾶν [all, every, all things]의 남성, 복수, 속격. 명사 없이 독립적으로 사용되었다. '모든 자들의'

   διά : 속격과 대격을 취하는 전치사(through, on account of). 여기서는 대격을 취하여 '~때문에'라는 뜻으로 쓰였으며, 원인이나 이유를 나타낸다. διὰ τὸ ὄνομά μου = '나의 이름 때문에.' BDF, § 402(1); Burton, § 108 참조.

   τό : 정관사(ὁ, ἡ, τό)의 중성, 단수, 대격. '그'

   ὄνομά : 중성명사 ὄνομα [a name]의 단수, 대격. '이름을'

   μου : 1인칭 대명사 ἐγώ [I]의 단수, 속격. '나의'

   > **해석** "그리고 너희는 나의 이름 때문에 모든 자들에게 미움을 받을 것이다."

2. καὶ οἱ ἀστέρες ἔσονται ἐκ τοῦ οὐρανοῦ πίπτοντες (막 13:25)

   οἱ : 정관사(ὁ, ἡ, τό)의 남성, 복수, 주격. '그'

   ἀστέρες : 남성명사 ἀστήρ [a star]의 복수, 주격. '별들이'

ἔσονται : 동사 εἰμί [to be]의 미래, 중간태, 직설법, 3인칭, 복수. '그(너)
들이 ~일 것이다'

ἐκ : 속격을 취하는 전치사(from). ἐκ τοῦ οὐρανοῦ = '하늘로부터'

τοῦ : 정관사(ὁ, ἡ, τό)의 남성, 단수, 속격. '그'

οὐρανοῦ : 남성명사 οὐρανός [heaven]의 단수, 속격. '하늘의'

πίπτοντες : 동사 πίπτω [to fall]의 현재, 능동태, 분사, 남성, 복수, 주격.
'떨어지는.' ἔσονται와 함께 완곡어법을 구성하며, 지속적이
고 반복적인 동작을 강조한다.

해석 "그리고 별들이 하늘로부터 (지속적으로, 계속해서) 떨어질
것이다."

3. καὶ ἰδοὺ **ἔσῃ σιωπῶν** καὶ μὴ **δυνάμενος** λαλῆσαι ἄχρι ἧς ἡμέρας γένηται
ταῦτα (눅 1:20)

ἰδού : 감탄사(behold)

ἔσῃ : 동사 εἰμί [to be]의 미래, 중간태, 직설법, 2인칭, 단수. '네가 ~일
것이다'

σιωπῶν : 동사 σιωπάω [to be silent]의 현재, 능동태, 분사, 남성, 단수,
주격. ἔσῃ와 함께 완곡어법을 구성하며, 지속적이고 반복적인
동작을 강조한다. '너는 (지속적으로) 침묵할 것이다.' Moule,
18 참조.

μή : 부정어(not)

δυνάμενος : 동사 δύναμαι [to be able, be powerful]의 현재, 중간태, 분
사, 남성, 단수, 주격. ἔσῃ와 함께 완곡어법을 구성하며, 지속
적이고 반복적인 동작을 강조한다. 부정사를 취한다. ἔσῃ ···
μὴ δυνάμενος λαλῆσαι = '너는 (지속적으로) 말을 할 수 없
을 것이다.'

λαλῆσαι : 동사 λαλέω [to speak]의 단순과거, 능동태, 부정사. '말하는 것'

ἄχρι : 속격을 취하는 전치사(as far as, up to, until). 여기서는 관계대명
사와 함께 '~할 때까지'라는 뜻의 종속접속사로 쓰였다. BDAG,

s.v. "ἄχρι," 160, 항목, 1.b.α.; BDF, § 383, 455; Robertson, 974
참조. ἄχρι ἧς = '~할 때까지'

ἧς : 관계대명사(ὅς, ἥ, ὅ)의 여성, 단수, 속격.

ἡμέρας : 여성명사 ἡμέρα [a day]의 단수, 속격. 시간의 속격으로 쓰였다.
    '~하는 날에'

γένηται : 동사 γίνομαι [to become]의 단순과거, 중간태, 가정법, 3인칭,
    단수. '그(녀)가 ~이 된다면'

ταῦτα : 지시대명사(οὗτος, αὕτη, τοῦτο [this])의 중성, 복수, 주격. 명사
    없이 독립적으로 사용되었다. '이 일들이'

해석 "그리고 보라! 너는 이 일들이 이루어지는 날까지 (계속해서)
침묵할 것이고 말을 할 수 없을 것이다."

연습문제 61

■ 아래 문장을 우리말로 옮기시오.

1. ἀποκριθεὶς δὲ ὁ Ἰησοῦς εἶπεν πρὸς αὐτόν· (마 3:15)

   ἀποκριθείς : 동사 ἀποκρίνω [to answer]의 단순과거, 수동태, 분사, 남성, 단수, 주격. '대답하는.' 여기서는 주동사인 εἶπεν과 구별되는 어떤 동작이 아니라 동시에 이루어지는 동일한 동작을 표현한다. ἀποκριθεὶς εἶπεν = '대답하여 말했다,' 즉 '대답했다.' Burton, § 122 참조.

   ὁ : 정관사(ὁ, ἡ, τό)의 남성, 단수, 주격. '그'

   Ἰησοῦς : 고유명사 Ἰησοῦς [Jesus, Joshua]의 남성, 단수, 주격. '예수가'

   εἶπεν : 동사 λέγω [to say, speak]의 단순과거, 능동태, 직설법, 3인칭, 단수. '그(녀)가 말했다'

   πρός : 속격, 여격, 대격을 모두 취하는 전치사(toward, near, by, advantageous for). 여기서는 대격을 취하여 '~를 향하여'라는 뜻으로 사용되었다. πρὸς αὐτόν = '그에게'

   αὐτόν : 3인칭 대명사(αὐτός, αὐτή, αὐτό)의 남성, 단수, 대격. '그를'

   해석 "그러나 예수가 그에게 대답했다."

2. καὶ ἀποκριθεὶς ὁ ἑκατόνταρχος ἔφη· κύριε, οὐκ εἰμὶ ἱκανὸς ἵνα μου ὑπὸ τὴν στέγην εἰσέλθῃς, ἀλλὰ μόνον εἰπὲ λόγῳ, καὶ ἰαθήσεται ὁ παῖς μου. (마 8:8)

   ἀποκριθείς : 동사 ἀποκρίνω [to answer]의 단순과거, 수동태, 분사, 남성, 단수, 주격. '대답하는.' 여기서는 주동사인 ἔφη와 구별되는 어떤 동작이 아니라 동시에 이루어지는 동일한 동작을 표현한다. ἀποκριθεὶς ὁ ἑκατόνταρχος ἔφη = '백부장이 대답했다.' Burton, § 122 참조.

   ὁ : 정관사(ὁ, ἡ, τό)의 남성, 단수, 주격. '그'

ἑκατόνταρχος : 남성명사 ἑκατόνταρχης [a centurion]의 단수, 주격. '백부
　　　장이'

ἔφη : 동사 φημί [to say]의 단순과거/미완료, 능동태, 직설법, 3인칭, 단수.
　　　'그(녀)가 말했다'

κύριε : 남성명사 κύρις [a lord, Lord]의 단수, 호격. '주여!'

οὐκ : 부정어(not)

εἰμί : 동사 εἰμί [to be]의 현재, 능동태, 직설법, 1인칭, 단수. '내가 ~이다'

ἱκανός : 형용사 ἱκανός [able, sufficient]의 남성, 단수, 주격. '충분한'

ἵνα : 조건을 나타내는 종속접속사(in order that). 신약성경에서 ἵνα는 설
　　　명적인 보족어를 이끌거나 보충적인 설명을 위해 사용되기도 하며,
　　　이 경우는 부정사와 거의 유사한 의미를 지닌다. 여기서는 권위, 능
　　　력, 필요, 시간 등의 한계를 부여하여 설명한다. οὐκ εἰμί ἱκανὸς
　　　ἵνα = '나는 ~하기에 충분하지 않다.' Burton, § 215, 216 참조.
　　　유사한 용법으로 사용되는 부정사를 위해서는 Robertson, 1075-76
　　　참조.

μου : 1인칭 대명사 ἐγώ [I]의 단수, 속격. '나의'

ὑπό : 속격(by)과 대격(under, below)을 취하는 전치사. 여기서는 대격을
　　　취하여 '~아래로 이동하는 동작'(motion to beneath)을 표현한다.
　　　μου ὑπὸ τὴν στέγην εἰσέλθῃς = '당신이 나의 지붕 아래로 온다면'

τήν : 정관사(ὁ, ἡ, τό)의 여성, 단수, 대격. '그'

στέγην : 여성명사 στέγη [a roof]의 단수, 대격. '지붕을'

εἰσέλθῃς : 동사 ἔρχομαι [to come, go]의 단순과거, 능동태, 가정법, 2인
　　　칭, 단수. '당신이 온다면'

ἀλλά : 대등접속사(but, except)

μόνον : 부사(only, alone)

εἰπέ : 동사 λέγω [to say, speak]의 단순과거, 능동태, 명령법, 2인칭, 단
　　　수. '네가 말하라!'

λόγῳ : 남성명사 λόγος [a word]의 단수, 여격. 수단의 여격이다. μόνον
　　　εἰπὲ λόγῳ = '그저 말씀으로만 하라'

καί : 대등접속사(and, also). 여기서는 결과를 나타낸다(and so). '그러면.'
　　　BDF, § 442(2) 참조.

ἰαθήσεται : 동사 ἰάομαι [to heal]의 미래, 수동태, 직설법, 3인칭, 단수. '그(녀)가 치료될 것이다'

παῖς : 남성명사 παῖς [a boy, servant]의 단수, 주격. '종이'

μου : 1인칭 대명사 ἐγώ [I]의 단수, 속격. '나의'

> **해석** "그리고 그 백부장이 대답했다. '주여! 나는 당신이 나의 지붕 아래로 오시는 것을 감당할 수 없습니다. 오히려 말씀으로만 하십시오. 그러면 나의 종이 치료될 것입니다.'"

3. καὶ ἀποκριθεὶς ὁ βασιλεὺς ἐρεῖ αὐτοῖς· ἀμὴν λέγω ὑμῖν, ἐφ᾽ ὅσον ἐποιήσατε ἑνὶ τούτων τῶν ἀδελφῶν μου τῶν ἐλαχίστων, ἐμοὶ ἐποιήσατε. (마 25:40)

ἀποκριθείς : 동사 ἀποκρίνω [to answer]의 단순과거, 수동태, 분사, 남성, 단수, 주격. '대답하는.' 여기서는 주동사인 ἐρεῖ와 구별되는 어떤 동작이 아니라 동시에 이루어지는 동일한 동작을 표현한다. ἀποκριθεὶς ὁ βασιλεὺς ἐρεῖ = '왕이 대답할 것이다.' Burton, § 122 참조.

ὁ : 정관사(ὁ, ἡ, τό)의 남성, 단수, 주격. '그'

βασιλεύς : 남성명사 βασιλεύς [a king]의 단수, 주격. '왕이'

ἐρεῖ : 동사 λέγω [to say, speak]의 미래, 능동태, 직설법, 3인칭, 단수. '그(녀)가 말할 것이다'

αὐτοῖς : 3인칭 대명사(αὐτός, αὐτή, αὐτό)의 남성, 단수, 여격. '그들에게'

ἀμήν : 곡용하지 않는 형용사 ἀμήν [truly]. 히브리어 אָמֵן을 음역한 것이다. 무엇인가를 확언하거나 확증하기 위해서 사용된다. '아멘, 진실로'

λέγω : 동사 λέγω [to say, speak]의 현재, 능동태, 직설법, 1인칭, 단수. '내가 말한다'

ὑμῖν : 2인칭 대명사 σύ [you]의 복수, 여격. '너희에게'

ἐφ᾽ : 속격(on, over, at that time)과 여격(on the basis of, at)과 대격(on, to, against)을 모두 취하는 전치사. 여기서는 관계대명사와 함께 일

종의 접속사 역할을 한다. ἐφ’ ὅσον = ‘~하는 한, ~한 만큼.’
Robertson, 733; Porter, 250; BDAG, s.v. "ἐπί," 366, 항목 13 참조.

ὅσον : 관계대명사 ὅσος, -η, -ον [as many as, as great as]의 중성, 단수, 대격. ‘~한 것’

ἐποιήσατε : 동사 ποιέω [to do]의 단순과거, 능동태, 직설법, 2인칭, 복수, ‘너희가 행했다’

ἑνί : 형용사 εἷς, μιᾶ, ἕν [one]의 남성, 단수, 여격. ‘하나의’

τούτων : 지시대명사(οὗτος, αὕτη, τοῦτο [this])의 남성, 복수, 속격. ‘이’

τῶν : 정관사(ὁ, ἡ, τό)의 남성, 복수, 속격. ‘그’

ἀδελφῶν : 남성명사 ἀδελφος [a brother]의 복수, 속격. ‘형제들의’ 전체 가운데 일부분을 표현하는 속격(partitive genitive)이다. ἑνὶ τούτων τῶν ἀδελφῶν μου τῶν ἐλαχίστων=‘이 지극히 작은 나의 형제들 가운데 하나에게.’ BDF, § 164 참조.

μου : 1인칭 대명사 ἐγώ [I]의 단수, 속격. ‘나의’

ἐλαχίστων : 형용사 ἐλάσσων [lesser]의 최상급, 남성, 복수, 속격. ‘가장 작은’

ἐμοί : 1인칭 대명사 ἐγώ [I]의 단수, 여격. ‘나에게’

해석 "그리고 왕이 그들에게 대답할 것이다. ‘너희는 이 지극히 작은 나의 형제들 가운데 하나에게 행한 것만큼을 나에게 행한 것이다.’"

연습문제 62

■ 아래 문장을 우리말로 옮기시오.

1. ἡ δὲ ἐπὶ τῷ λόγῳ διεταράχθη καὶ διελογίζετο ποταπὸς **εἴη** ὁ ἀσπασμὸς οὗτος. (눅 1:29)

   ἡ : 정관사(ὁ, ἡ, τό)의 여성, 단수, 주격. '그.' 여기서는 인칭대명사 역할을 한다. '그녀가'

   ἐπί : 속격(on, over, at that time)과 여격(on the basis of, at)과 대격(on, to, against)을 모두 취하는 전치사. 여기서는 어떤 감정이나 태도의 근거/이유를 표현한다. ἐπὶ τῷ λόγῳ διεταράχθη = '그(녀)는 그 말에 당황하였다.' BDAG, s.v. "ἐπί," 365, 항목 6.c. 참조.

   τῷ : 정관사(ὁ, ἡ, τό)의 남성, 단수, 여격. '그

   λόγῳ : 남성명사 λόγος [a word]의 단수, 여격. '말에게'

   διεταράχθη : 동사 διαταράσσω [to confuse, perplex]의 단순과거, 수동태, 직설법, 3인칭, 단수. '그(녀)가 당황하였다'

   διελογίζετο : 동사 διαλογίζομαι [to debate, reason]의 미완료, 중간태, 직설법, 3인칭, 단수. '그(녀)가 생각했다'

   ποταπός : 의문을 나타내는 형용사 ποταπός, ποταπή, ποταπόν [from what region? what kind of?]의 남성, 단수, 주격. '어디에서?'

   εἴη : 동사 εἰμί [to be]의 현재, 능동태, 희구법, 3인칭, 단수. 신약성경(특히 누가의 저작)에서 사용되는 희구법 현재형들은 희구법이 지닌 소망이나 바람을 나타내기보다 통상 직접 화법이나 직접 의문문을 표현하는 현재 직설법 대신 사용되곤 한다. '그(녀)가 ~이다.' BDF, § 386; Burton, § 111; Wallace, 483 참조. ποταπὸς εἴη ὁ ἀσπασμὸς οὗτος = '이런 인사가 어디에서 온 것인가?/이런 인사는 무엇인가?'

   ὁ : 정관사(ὁ, ἡ, τό)의 남성, 단수, 주격. '그'

   ἀσπασμός : 남성명사 ἀσπασμός [a greeting]의 단수, 주격. '인사가'

   οὗτος : 지시대명사(οὗτος, αὕτη, τοῦτο [this])의 남성, 단수, 주격. '이'

해 석 "그녀는 그 말에 당황하였다. 그리고 '이런 인사가 어디에서 온 것인가?'하고 생각했다."

2. αὐτοὶ δὲ ἐπλήσθησαν ἀνοίας καὶ διελάλουν πρὸς ἀλλήλους τί ἂν
   ποιήσαιεν τῷ Ἰησοῦ. (눅 6:11)

αὐτοί : 3인칭 대명사(αὐτός, αὐτή, αὐτό)의 남성, 복수, 주격. 강조의 의
   미로 사용되었다. '그들이'

ἐπλήσθησαν : 동사 πίμπλημι [to fill]의 단순과거, 수동태, 직설법, 3인
   칭, 복수, '그(녀)들이 가득 찼다.'

ἀνοίας : 여성명사 ἄνοια [foolishness, folly]의 단수, 속격. 문자적으로는
   'ἄνοος('이해력이나 이성이 없는') 상태에 있는 사람의 특징'이라
   는 뜻이다. 여기에서처럼 매우 화가 난 사람들의 상태를 묘사하
   기도 한다. BDAG, s.v. "ἄνοια," 84 참조. 여기서는 내용의 속격
   으로 사용되었다. ἐπλήσθησαν ἀνοίας = '그들은 분노로 가득
   찼다.' Wallace, 94 참조.

διελάλουν : 동사 διαλαλέω [to discuss]의 미완료, 능동태, 직설법, 3인칭,
   복수. '그(녀)들이 의논했다'

πρός : 속격, 여격, 대격을 모두 취하는 전치사(toward, near, by,
   advantageous for). 그러나 전치사 πρός는 주로 대격과 함께 쓰이
   며 목적, 시간, 공간, 관계 등과 관련한 다양한 상황을 표현한다.
   여기서도 대격과 함께 쓰여 상호적인 방향을 표현한다. πρὸς
   ἀλλήλους = '서로를 향하여,' 즉 '서로서로'

ἀλλήλους : 상호대명사 ἀλλήλων [of one another]의 남성, 복수, 대격. '서
   로를'

τί : 의문대명사 τίς, τί(who, which)의 중성, 단수, 대격. '무엇을?'

ἄν : 뜻을 강조하는 불변화사. 여기서는 희구법과 함께 쓰여 간접 화법임
   을 보여준다.

ποιήσαιεν : 동사 ποιέω [to do]의 단순과거, 능동태, 희구법, 3인칭, 복
   수. '그(녀)들이 행하기를.' 무엇을 희망하거나 바란다기보다,
   직접 화법 대신 사용되었다. BDF, § 386; Burton, § 111;
   Wallace, 483 참조.

τῷ : 정관사(ὁ, ἡ, τό)의 남성, 단수, 여격. '그'

Ἰησοῦ : 고유명사 Ἰησοῦς [Jesus, Joshua]의 단수, 여격. '예수에게'

해석 "그러나 그들은 분노로 가득 찼다. 그리고 예수에게 무엇을 할 것인지 의논하였다."

3. ἐλεύσεται καὶ ἀπολέσει τοὺς γεωργοὺς τούτους καὶ δώσει τὸν ἀμπελῶνα ἄλλοις. ἀκούσαντες δὲ εἶπαν· μὴ γένοιτο. (눅 20:16)

ἐλεύσεται : 동사 ἔρχομαι [to come, go]의 미래, 중간태, 직설법, 3인칭, 단수. '그(녀)가 올 것이다'

ἀπολέσει : 동사 ἀπολύω [to destroy]의 미래, 능동태, 직설법, 3인칭, 단수. '그(녀)가 파괴할 것이다/진멸할 것이다'

τούς : 정관사(ὁ, ἡ, τό)의 남성, 복수, 대격. '그'

γεωργούς : 남성명사 γεωργός [a farmer]의 복수, 대격. '농부들을'

τούτους : 지시대명사(οὗτος, αὕτη, τοῦτο [this])의 남성, 복수, 대격. '이'

δώσει : 동사 δίδωμι [to give]의 미래, 능동태, 직설법, 3인칭, 단수. '그(녀)가 줄 것이다'

τόν : 정관사(ὁ, ἡ, τό)의 남성, 단수, 대격. '그'

ἀμπελῶνα : 남성명사 ἀμπελών [a vinyard]의 단수, 대격. '포도원을'

ἄλλοις : 형용사 ἄλλος [other, another]의 남성, 복수, 여격. 명사 없이 독립적으로 사용되었다. '다른 자들에게'

ἀκούσαντες : 동사 ἀκούω [to hear]의 단순과거, 능동태, 분사, 남성, 복수, 주격. '듣는'

εἶπαν : 동사 λέγω [to say, speak]의 단순과거, 능동태, 직설법, 3인칭, 복수. '그(녀)들이 말했다'

μή : 부정어(not). 직설법 이외의 서법을 부정한다.

γένοιτο : 동사 γίνομαι [to become]의 단순과거, 중간태, 희구법, 3인칭, 단수. 협의적 희구법이다. μὴ γένοιτο = '그렇게 되지 않기를!'

해석 "그가 와서 그 농부들을 진멸하고 그 포도원을 다른 자들에게 줄 것이다. 그들이 듣고 말했다. '그렇게 되지 않기를!'"

4. ὁ δὲ εἶπεν· πῶς γὰρ ἂν **δυναίμην** ἐὰν μή τις ὁδηγήσει με; (행 8:31)

ὁ : 정관사(ὁ, ἡ, τό)의 남성, 단수, 주격. '그.' 여기서는 일종의 인칭대명
   사로 사용되었다.

εἶπεν : 동사 λέγω [to say, speak]의 단순과거, 능동태, 직설법, 3인칭, 단수.
   '그(녀)가 말했다.'

πῶς : 부사(how?)

γάρ : 종속접속사(for). 여기서는 질문에 대한 부정이나 비난의 어감을 전
   달한다. '도대체, 그러니' 정도로 의역할 수 있다. BDF, § 452;
   BDAG, s.v. "γάρ," 190, 항목 3 참조.

ἄν : 불변화사.

δυναίμην : 동사 δύναμαι [to be able, be powerful]의 현재, 중간태, 희구
   법, 1인칭, 단수. '내가 할 수 있기를.' 여기서는 어떤 조건이
   충족되면 성취될 수 있는 바람이나 소망 등을 표현한다.
   Burton, § 178 참조.

ἐάν : 조건을 표현하는 종속접속사(if)

μή : 부정어(not). 직설법 이외의 서법을 부정한다.

τις : 부정대명사 τις, τι [someone, something]의 남성, 단수, 주격. '누군
   가가'

ὁδηγήσει : 동사 ὁδηγέω [to lead, guide, teach]의 미래, 능동태, 직설법,
   3인칭, 단수. '그(녀)가 지도할 것이다.' 보다 개연성이 큰 미
   래의 어떤 조건을 표현한다. Burton, § 250, 254 참조.

με : 1인칭 대명사 ἐγώ [I]의 단수, 대격. '나를'

해석 "그가 말했다. 누군가 나를 지도해 주지 않는다면, 내가 도대
   체 어떻게 (이해)할 수 있겠는가?"

5. οἵτινες ἐδέξαντο τὸν λόγον μετὰ πάσης προθυμίας καθ᾽ ἡμέραν
   ἀνακρίνοντες τὰς γραφὰς εἰ ἔχοι ταῦτα οὕτως. (행 17:11)

οἵτινες : 관계대명사(ὅστις, ἥτις, ὅτις)의 남성, 복수, 주격. '~하는 자들'

ἐδέξαντο : 동사 δέχομαι [to receive]의 단순과거, 중간태, 직설법, 3인칭,
   복수. '그(녀)들이 받아들였다'

τόν : 정관사(ὁ, ἡ, τό)의 남성, 단수, 대격. '그'

λόγον : 남성명사 λόγος [a word]의 단수, 대격. '말씀을'

μετά : 속격과 대격을 취하는 전치사(with, after). 여기서는 속격을 취하여 '~와 더불어, ~함께'라는 뜻으로 쓰였다. μετὰ πάσης προθυμίας = '간절한 마음으로'

πάσης : 형용사 πᾶς, πᾶσα, πᾶν [all, every, all things]의 여성, 단수, 속격. '모든/온'

προθυμίας : 여성명사 προθυμία [eagerness, readiness]의 단수, 속격. '열정의'

καθ' : 속격(down from, against)과 대격(according to, along, during)을 취하는 전치사. 여기서는 대격과 함께 일정한 시간적 측면을 표현하기 위해서 사용되었다. καθ' ἡμέραν='날마다.' BDAG, s.v. "κατά," 511, 항목 B.1.a. 참조.

ἡμέραν : 여성명사 ἡμέρα [a day]의 단수, 대격.

ἀνακρίνοντες : 동사 ἀνακρίνω [to examine]의 현재, 능동태, 분사, 남성, 복수, 주격. '조사하는'

τάς : 정관사(ὁ, ἡ, τό)의 여성, 복수, 대격. '그'

γραφάς : 여성명사 γραφή [a scripture, Scripture]의 복수, 대격. '성경들을'

εἰ : 조건을 표현하는 종속접속사(if). 여기서는 희구법과 함께 '~인지 아닌지'(weather)라는 뜻으로 쓰였다. BDAG, s.v. "εἰ," 278, 항목 5.b.γ. 참조.

ἔχοι : 동사 ἔχω [to have, hold]의 현재, 능동태, 희구법, 3인칭, 단수. 여기서는 '상황이 어떠하다, ~한 상황에 있다'(to be in some state or condition)이라는 뜻으로 쓰였으며, 직접 화법 대신 사용된 희구법이다. 또한 중성복수 주어는 단수 동사를 취하기도 한다. εἰ ἔχοι ταῦτα οὕτως = '이것들이 그러한 상태/상황인지,' 즉 '이것들의 그러한지' BDAG, s.v. "ἔχω," 422, 항목 10.a. 참조.

ταῦτα : 지시대명사(οὗτος, αὕτη, τοῦτο [this])의 중성, 복수, 주격. 명사 없이 독립적으로 사용되었다. '이것들이'

οὕτως : 부사(thus)

해석 "그들은 날마다 이것들이 그러한지 성경들을 검토하면서 말씀을 간절한 마음으로 받았다."

6. τί ἂν **θέλοι** ὁ σπερμολόγος οὗτος λέγειν; (행 17:18)

τί : 의문대명사 τίς, τί [who, which, what]의 중성, 단수, 대격. '무엇을?

ἂν : 불변화사. 특정 단어로 번역하기 어렵다.

θέλοι : 동사 θέλω [to wish]의 현재, 능동태, 희구법, 3인칭, 단수. '그(녀)가 말하고자 한다'

ὁ : 정관사(ὁ, ἡ, τό)의 남성, 단수, 주격. '그'

σπερμολόγος : 남성명사 σπερμολόγος [a scavenger, empty talker]의 '말쟁이가

οὗτος : 지시대명사(οὗτος, αὕτη, τοῦτο [this])의 남성, 단수, 주격. '이'

λέγειν : 동사 λέγω [to say, speak]의 현재, 능동태, 부정사. '말하는 것'

해석 "이 말쟁이가 무엇을 말하고자 하는가?"

연습문제 63

■ 아래 문장을 우리말로 옮기시오.

1. καὶ ἰδοὺ σεισμὸς ἐγένετο μέγας· (마 28:2)

    ἰδού : 감탄사(Behold!)

    σεισμός : 남성명사 σεισμός [an earthquake]의 단수, 주격. '지진이'

    ἐγένετο : 동사 γίνομαι [to become, be]의 단순과거, 중간태, 직설법, 3인
    칭, 단수. '그(녀)가 되었다, 있었다.' γίνομαι 동사는 통상
    become으로 번역되지만, 신약성경에서는 주격 술어 없이 쓰이는
    경우가 많으므로 '일어나다'(to happen), '생겨나다'(to be born, be
    produced), '~이 되다'(to become something) 등 매우 다양한 의
    미를 갖는다. 보다 자세하는 설명과 예문들을 위해서는 117과
    "γίνομαι의 용법" 및 BDAG, s.v. "γίνομαι"를 보라. 여기서는
    '일어났다, 발생했다(to happen)는 의미로 쓰였다. BDAG, s.v.
    "γίνομαι," 197, 항목 4를 보라.

    μέγας : 형용사 μέγας, μεγάλη, μέγα [large, great]의 남성, 단수, 주격. '큰'

    해석　"그리고 큰 지진이 일어난 것이 아닌가!"

2. καὶ ἐγένετο ἐν ἐκείναις ταῖς ἡμέραις ἦλθεν Ἰησοῦς ἀπὸ Ναζαρὲτ τῆς
    Γαλιλαίας ⋯ (막 1:9)

    ἐγένετο : 동사 γίνομαι [to become, be]의 단순과거, 중간태, 직설법, 3인
    칭, 단수. '그(녀)가 되었다, 있었다.' 칠십인역(LXX)은 히브리어
    본문의 וַיְהִי(and it come to pass, and it happened)를 주로 καὶ
    ἐγένετο나 καὶ ἐγένετο δέ로 번역했는데, 신약성경에도 이러한
    영향으로 καὶ ἐγένετο나 καὶ ἐγένετο δέ 다음에 실제로 ἐγένετο
    의 주어 역할을 하는 절이나 부정사가 뒤따른다. 이 경우 흔히 시
    간을 나타내는 구(句)가 동반된다. Burton, § 357, 358; BDAG,
    s.v. "γίνομαι," 197, 항목 4를 보라.

ἐν : 여격을 취하는 전치사. '~안에'(in, within). 여기서는 때를 나타낸다.

ἐκείναις : 지시대명사(ἐκεῖνος, ἐκείνη, ἐκεῖνο)의 여성, 복수, 여격.

ταῖς : 정관사(ὁ, ἡ, τό)의 여성, 복수, 여격.

ἡμέραις : 여성명사 ἡμέρα [a day]의 복수, 여격. ἐν ἐκείναις ταῖς
    ἡμέραις = '그 날들에,' 즉 '그 때에'

ἦλθεν : 동사 ἔρχομαι [to come, go]의 단순과거, 능동태, 직설법, 3인칭,
    단수. '그가 왔다'

Ἰησοῦς : 고유명사 Ἰησοῦς [Jesus, Joshua]의 남성, 단수, 주격. '예수가'

ἀπό : 속격을 취하는 전치사(from). '~로부터'

Ναζαρέτ : 고유명사 Ναζαρά, Ναζαρέθ [Nazareth]의 여성, 단수, 속격.
    '나사렛의'

τῆς : 정관사(ὁ, ἡ, τό)의 여성, 단수, 속격. '그'

Γαλιλαίας : 고유명사 Γαλιλαία [Galilee]의 여성, 단수, 속격. '갈릴리
    의.' ἀπὸ Ναζαρὲτ τῆς Γαλιλαίας = '갈릴리의 나사렛으로부터'

해 석   "그 때에 예수가 갈릴리의 나사렛으로부터 왔다."

3. καὶ φωνὴ ἐγένετο ἐκ τῶν οὐρανῶν· (막 1:11)

φωνή : 여성명사 φωνή [a sound, voice]의 단수, 주격. '소리가'

ἐγένετο : 동사 γίνομαι [to become]의 단순과거, 중간태, 직설법, 1인칭,
    단수. '그(녀)가 되었다.' 여기서는 '공간적인 위치를 바꾸다'(to
    make a change of location in space)라는 뜻에서 '이동하다'(to
    move)라는 의미로 쓰였다. ἐγένετο ἐκ τῶν οὐρανῶν = '하늘로
    부터 이동했다,' 즉 '하늘로부터 소리가 (들려) 왔다.' BDAG,
    s.v. "γίνομαι," 197, 항목 6.b. 참조.

ἐκ : 속격을 취하는 전치사(from). ἐκ τῶν οὐρανῶν = '하늘로부터'

τῶν : 정관사(ὁ, ἡ, τό)의 남성, 복수, 속격. '그'

οὐρανῶν : 남성명사 οὐρανός [heaven]의 복수, 속격. '하늘들의'

해 석   "그리고 하늘로부터 소리가 (들려) 왔다."

신약성경 헬라어 교본 연습문제 해제

4. τὸ σάββατον διὰ τὸν ἄνθρωπον ἐγένετο καὶ οὐχ ὁ ἄνθρωπος διὰ τὸ σάββατον· (막 2:27)

τό : 정관사(ὁ, ἡ, τό)의 중성, 단수, 주격. '그'

σάββατον : 중성 명사 σάββατον [the Sabbath] 단수, 주격. '안식일이'

διά : 속격과 대격을 취하는 전치사(through, on account of). 여기서는 대격을 취하여 '~을 위하여'라는 뜻으로 쓰였다.

τόν : 정관사(ὁ, ἡ, τό)의 남성, 단수, 대격. '그'

ἄνθρωπον : 남성명사 ἄνθρωπος [a man]의 단수, 대격. '사람을'

ἐγένετο : 동사 γίνομαι [to become, be]의 단순과거, 중간태, 직설법, 3인칭, 단수. '그(녀)가 되었다, 있었다.' 여기서는 '생겨나게 되었다'(to come into existence)는 뜻에서 '만들어졌다'(to be created)는 의미로 쓰였다. BDAG, s.v. "γίνομαι," 197, 항목 2 참조.

οὐχ : 부정어. '~아닌'

ὁ : 정관사(ὁ, ἡ, τό)의 남성, 단수, 주격. '그'

ἄνθρωπος : 남성명사 ἄνθρωπος [a man]의 단수, 주격. '사람이'

해석 "안식일이 사람을 위해서 만들어졌다. 그리고 사람이 안식일을 위해서 (지어진 것이) 아니다."

5. καὶ τὰ ἱμάτια αὐτοῦ ἐγένετο στίλβοντα λευκὰ λίαν (막 9:3)

τά : 정관사(ὁ, ἡ, τό)의 중성, 복수, 주격.

ἱμάτια : 중성명사 ἱμάτιον [a garment]의 복수, 주격. '옷들이'

αὐτοῦ : 3인칭 대명사(αὐτός, αὐτή, αὐτό)의 남성, 단수, 속격. '그의'

ἐγένετο : 동사 γίνομαι [to become]의 단순과거, 중간태, 직설법, 1인칭, 단수. '그(녀)가 되었다.' 여기서는 '성격이나 성질이 변화되어 새로운 상태가 되다'(to experience a change in nature and so indicate entry into a new condition)라는 뜻에서 '~이 되다'(to become something)라는 의미로 쓰였다. ἐγένετο στίλβοντα='빛나게 되었다,' 즉 '빛났다.' BDAG, s.v. "γίνομαι," 198, 항목 5를 보라.

στίλβοντα : 동사 στίλβω [to shine]의 현재, 능동태, 분사, 중성, 복수, 주
격. '빛나는'

λευκά : 형용사 λευκός [white]의 중성, 복수, 주격. '흰'

λίαν : 부사(greatly)

해 석 "그리고 그의 옷들이 매우 희게 빛났다."

6. Ἐγένετο δὲ ἐν τῷ εἶναι αὐτοὺς ἐκεῖ ἐπλήσθησαν αἱ ἡμέραι τοῦ τεκεῖν
αὐτήν (눅 2:6)

ἐγένετο : 동사 γίνομαι [to become]의 단순과거, 중간태, 직설법, 1인칭,
단수. '그(녀)가 되었다.' 상세한 의미를 위해서는 BDAG, s.v.
"γίνομαι," 196-99 참조.

ἐν : 여격을 취하는 전치사(in). 여기서는 관착 부정사와 함께 시간을 표
현한다. ἐν τῷ εἶναι αὐτοὺς ἐκεῖ = '그들이 거기에 있을 때에'

τῷ : 정관사(ὁ, ἡ, τό)의 중성, 단수, 여격. '그'

εἶναι : 동사 εἰμί [to be]의 현재, 능동태, 부정사. '~인 것'

αὐτούς : 3인칭 대명사(αὐτός, αὐτή, αὐτό)의 남성, 복수, 대격. 부정사
εἶναι의 의미상의 주어로 사용되었다.

ἐκεῖ : 부사(there)

ἐπλήσθησαν : 동사 πίμπλημι [to fill]의 단순과거, 수동태, 직설법, 3인칭,
복수, '그(녀)들이 가득 찼다.'

αἱ : 정관사(ὁ, ἡ, τό)의 여성, 복수, 주격. '그'

ἡμέραι : 여성명사 ἡμέρα [a day]의 복수, 주격. '날들이'

τοῦ : 정관사(ὁ, ἡ, τό)의 중성, 단수, 속격. 속격 관사가 붙은 부정사
(τοῦ+infinitive)가 명사 다음에 오는 경우 관착 부정사는 명사를 한
정하거나 제한하는 역할을 하기도 하는데, 여기에 해당하는 명사들
은 주로 시간, 적합성, 능력, 권위, 필요 등이다. αἱ ἡμέραι τοῦ
τεκεῖν αὐτήν = '그녀가 해산해야 하는 날들이.' Burton, § 400;
Robertson, 1076 참조.

τεκεῖν : 동사 τίκτω [to give birth to]의 단순과거, 능동태, 부정사. '낳는 것'

αὐτήν : 3인칭 대명사(αὐτός, αὐτή, αὐτό)의 여성, 여성, 단수, 대격. 부정사 τεκεῖν의 의미상의 주어로 사용되었다. τοῦ τεκεῖν αὐτήν = '그녀가 해산하는 것'

해 석 "그들이 거기에 있을 때에 그녀가 해산해야 하는 날들이 찼다."

7. Ἐγένετο δὲ ἐν τῷ τὸν ὄχλον ἐπικεῖσθαι αὐτῷ … (눅 5:1)

ἐγένετο : 동사 γίνομαι [to become]의 단순과거, 중간태, 직설법, 1인칭, 단수. '그(녀)가 되었다.' BDAG, s.v. "γίνομαι," 197, 항목 4를 보라.

ἐν : 여격을 취하는 전치사(in). 여기서는 부정사와 함께 시간을 나타낸다. ἐν τῷ τὸν ὄχλον ἐπικεῖσθαι = '무리가 몰려들 때에.' Moule, 76 참조.

τῷ : 정관사(ὁ, ἡ, τό)의 중성, 단수, 여격. '그.' 부정사 ἐπικεῖσθαι와 연결된다.

τόν : 정관사(ὁ, ἡ, τό)의 남성, 단수, 대격. '그'

ὄχλον : 남성명사 ὄχλος [a crowd, multitude]의 단수, 대격. '무리를.' 부정사의 의미상의 주어로 사용되었다. τὸν ὄχλον ἐπικεῖσθαι = '무리가 몰려드는 것'

ἐπικεῖσθαι : 동사 ἐπίκειμαι [to lie on, press upon]의 현재, 수동태, 부정사. '몰려오는 것.' 여기서는 의미상 실제로 ἐγένετο의 주어 역할을 한다. Burton, § 357, 358 참조.

αὐτῷ : 3인칭 대명사(αὐτός, αὐτή, αὐτό)의 남성, 단수, 여격. '그에게'

해 석 "그리고 무리가 그에게 모여들고 있을 때에 …"